# 개념어

중등 내신 **잡고** + 수능 국어 **실력** 다지는

# 어휘력

## 2

### 현대·고전 소설

꿈씨앗연구소 지음

# 개념어

중등 내신 **잡고**  수능 국어 **실력** 다지는

# 어휘력

# 2

## 현대·고전 소설

BM (주)도서출판 **성안당**

# 국어 성적을 올리는 어휘력의 비밀

> **국어 시험 오답의
> 99%는 어휘 때문이다.**

　초등 때까지는 그런대로 할만했던 국어가 중학교, 고등학교로 갈수록 점점 공부하기 어렵고
까다로운 과목으로 여겨집니다. 여러 이유 중에서 독해력 저하가 가장 큰 원인으로 지목됩니다.

　글을 읽고 그 내용을 이해하는 능력인 독해력은 모든 학습의 기본이자 학교 성적까지 좌우
하는 가장 중요한 능력입니다. 이러한 독해력을 높이는 데 가장 효과적인 방법이 바로 '어휘력'
을 키우는 것입니다. 아무리 독해력이 뛰어나도 모르는 단어가 많으면 글의 내용을 제대로 이해
하기 어렵습니다.

　소설 영역에서 자주 나오는 문제 유형을 예로 들어 보겠습니다. 만약 다음 문제의 밑줄 친 부
분의 의미를 정확하게 알지 못한다면 정답을 찾기 어렵습니다.

---

**01.** 이 글의 서술상 특징으로 적절한 것은?

① 과거의 사건들을 요약적으로 제시하고 있다.

② 편집자적 논평으로 서술자의 의견이 표현되었다.

③ 역순행적 구성으로 이야기에 긴장감을 높이고 있다.

④ 의식의 흐름 기법으로 인물의 분열된 내면을 표현한다.

⑤ 외양 묘사를 통한 간접 제시로 독자가 인물을 상상하게
　되다.

현재 표준국어대사전에 등재된 단어의 개수는 대략 51만 개입니다. 그런데 이 모든 단어를 알려면 너무 오랜 시간이 걸립니다. 무조건 많은 단어를 공부하는 것보다 꼭 필요한 단어들을 선택하여 집중하는 것이 더 효과적입니다.

그렇다면 어떤 어휘를 어떻게 공부해야 할까요? 시험을 대비해야 하는 학생의 경우 교과 과정에 포함된 필수 어휘를 공부해야 합니다. 특히 국어는 개념을 잘 알면 시험에서 요구하는 대로 작품을 해석하고 문제를 풀 수 있습니다. 그러므로 국어 시험에 자주 출제되는 개념어를 알아야 문제를 정확하게 이해하고 정답을 찾을 수 있습니다.

국어 시험에서 왜 틀렸는지 물어보면 많은 학생이 실수로 문제를 잘못 읽었다고 합니다. 엄밀히 따지면 이는 실수라기보다는 문제의 의도와 선지에 담긴 뜻을 정확하게 이해하지 못한 것입니다.

많은 사람이 국어는 언어적 감각으로 문제를 푸는 것으로 생각하지만, 실제 국어 시험은 명확한 근거를 가지고 논리적으로 접근해야 합니다. 출제되는 국어 시험의 유형을 분석해 보면, 영역별로 유형이 어느 정도 정해져 있습니다. 특히 시험 범위가 정해져 있는 내신 시험의 경우, 나올만한 문제 유형을 예측하고 준비할 수 있습니다. 소설의 경우 인물의 유형과 제시 방법, 소설의 시점, 갈등의 유형, 구성 방식 등에 대한 개념을 정확하게 알아야 문제의 의도를 파악하고 선지에서 정답을 고를 수 있습니다.

집을 팔아도 안 되는 것이 국어 점수 올리는 일이라는 말이 있을 정도로 국어 실력을 선천적 능력이라 여기는 사람들이 많습니다. 하지만 이는 국어 공부법을 알지 못하기에 하는 말입니다. 국어 실력의 가장 기본인 어휘력부터 차근차근 익히고 기출 문제 위주로 각 유형을 분석하면서 공부한다면, 누구의 도움 없이도 충분히 좋은 성적을 낼 수 있습니다. 국어 공부는 어렵다는 말에 현혹되지 않고 한 단계씩 실력을 쌓아가다 보면, 결국 가장 높은 곳에 도달할 수 있다는 믿음으로 꾸준히 노력하길 바랍니다.

꿈씨앗연구소

## 중등 내신부터 수능까지 국어 학습력 강화를 위한
# 국어 성적을 결정짓는 개념어·어휘력 시리즈

「중등 내신 잡고 수능 국어 실력 다지는 **개념어·어휘력**」 시리즈는 학년 구분 없이 중등 과정 전체를 총 3권으로 구성하였습니다. 국어 공부의 핵심인 개념 어휘를 '시 문학, 현대·고전 소설, 비문학'으로 구분하여 각 권에 나누어 담았고, 중등 국어 교육과정을 바탕으로 엄선한 필수 어휘와 실생활에서 가장 많이 사용되는 사자성어로 어휘력을 확장할 수 있습니다. 또한 단어의 사전적 정의를 단순히 나열하는 데 그치지 않고, 풍부한 예시와 실전 문제를 통해 개념을 더욱더 쉽게 이해하고 실제 시험에서 큰 효과를 발휘할 수 있습니다. 이 책에 수록된 어휘를 완전히 내 것으로 만들면 국어 공부가 쉬워지는 것은 물론이고, 국어를 이해하는 안목이 깊어질 것입니다.

| 대상 | • 중등 전 학년 & 고등 1학년 |
|---|---|

- 국어 시험에 자주 나오는 시 문학 개념어 학습
- 국어 교과서에서 뽑은 중등 과정 필수 어휘 익히기
- 실생활에서 많이 쓰는 사자성어 익히기
- 기출 예시와 실전 문제로 국어 실력 키우기

- 현대·고전 소설 개념어 학습
- 국어 교과서에서 뽑은 중등 과정 필수 어휘 익히기
- 실생활에서 많이 쓰는 사자성어 익히기
- 기출 예시와 실전 문제로 국어 실력 키우기

- 인문·예술 관련 개념어 익히기
- 사회·문화 관련 개념어 익히기
- 과학·기술 관련 개념어 익히기
- 기출 예시와 실전 문제로 국어 실력 키우기    (2023년 상반기 출간 예정)

# 차례

## STEP 1 기본 실력 점검하기

모든 공부에서 가장 기본은 '자신이 무엇을 알고 무엇을 모르는지 아는 것'입니다. 본격적인 어휘 학습에 앞서 '국어 실력 확인 문제'를 풀며 공부할 단원에서 아는 것과 모르는 것을 확인합니다. 틀린 문제가 많아도 실망할 필요는 없습니다. 찍어서 맞히거나 오답인 문제는 해당 부분을 공부할 때 더 집중해서 보게 되므로 오히려 학습에 큰 도움이 됩니다.

---

제1차시
### 국어 실력 확인 문제

※ 01~04 다음 설명에 맞는 소설의 특징을 보기에서 찾아 쓰시오.

보기
서사성   개연성   산문성   사실성

01 어떤 사건이나 상황을 시간의 흐름에 따라 서술하는 것은? ( )

02 글자 수나 운율 같은 형식을 따르지 않고 자유롭게 쓰는 것은? ( )

03 실제 일어날 법한 사건과 존재할 만한 인물로 표현하는 것은? ( )

04 실제처럼 느껴지도록 실존 인물의 이야기나 실제 사건을 넣는 것은? ( )

※ 05~06 다음 빈칸에 들어갈 소설의 특징을 쓰시오.

05
황순원의 「학」은 6·25 전쟁의 폭력 속에서 인간성의 회복과 화해의 길을 제시하고 있다는 점에서 □□□이 드러난다.
( )

06
전광용의 「꺼삐딴 리」는 해방 이전 친일파의 존재, 해방 직후 소련의 영향, 미군정 실시 등의 역사적 사실에 작가의 상상력을 더해 새롭게 꾸며 낸 점에서 □□□이 드러난다.
( )

※ 07~10 다음 설명에 맞는 단어를 보기에서 찾아 쓰시오.

보기
경각심 / 가속화   부득불   가치관

07 어떤 일이나 현상의 진행이 점점 더 빨라짐.
( )

08 어떤 대상에 부여하는 가치나 의의에 관한 견해.
( )

09 사태의 심각성을 깨달아 경계하고 조심하는 마음.
( )

10 마음이 내키지 아니하나 마지못하여.
( )

※ 11~14 다음 설명을 읽고 초성에 맞는 단어를 쓰시오.

11 책이나 인쇄물 등이 쉽게 읽히는 정도나 성질.

ㄱ ㄷ ㅅ □□□

12 실천할 생각이나 능력이 없이 떠들어 대는 주장을 비유한 말.

ㄱ ㅇ ㅂ □□□

13 사람이나 사물의 바탕이 같은 성질이나 특성.

ㄷ ㅈ ㅅ □□□

14 통계적인 관찰의 대상이 되는 집단.

ㅁ ㅈ ㄷ □□□

15 서로에게 속마음을 터놓고 이야기하는 친밀한 관계를 뜻하는 사자성어는?
① 각골통한(刻骨痛恨)   ② 감개무량(前途有望)
③ 각고면려(刻苦勉勵)   ④ 간담상조(感慨無量)

16 자기 비위에 맞으면 좋아하고 맞지 않으면 싫어한다는 뜻의 사자성어는?
① 각고면려(刻苦勉勵)   ② 간담상조(感慨無量)
③ 감탄고토(甘呑苦吐)   ④ 갑론을박(甲論乙駁)

---

- 1단계는 해당 단원에서 배우는 어휘에 대해 현재 실력을 점검하는 것이 목적이므로 이 페이지를 풀고 채점한 후 본격적인 학습을 시작합니다.

- 정답을 맞힌 문제라도 완벽하게 알지 못한다면 단원을 공부할 때 적극적으로 학습합니다.

# 시험 빈출 어휘로 국어 개념 잡기

국어 공부에 있어 가장 중요한 것은 국어 관련 개념어를 정확하게 아는 것입니다. 국어 개념어를 아느냐 모르느냐에 따라 국어 성적이 결정된다고 해도 결코 지나친 말이 아닙니다. 개념어를 정확하게 알지 못하면 국어 시험의 문제와 지문을 제대로 이해할 수 없습니다. 실제로 아이들이 국어 시험에서 틀리는 문제 대부분이 어휘와 관련된 것이고, 그중에서도 개념어를 가장 어려워합니다.

## ● 현대 소설

소설 개념어를 확실하게 알아두면 인물의 의도, 태도, 심리 및 성격 파악하기, 소설의 서술 방식, 시점과 거리, 사건의 전개 방법, 인물의 제시 방법 등 소설과 관련된 문제들을 능숙하게 풀 수 있습니다. 이 책에서는 소설 개념어의 뜻만을 익히는 것에 그치지 않고 실전 문제를 통해 실제 국어 실력으로 이어지도록 이끕니다.

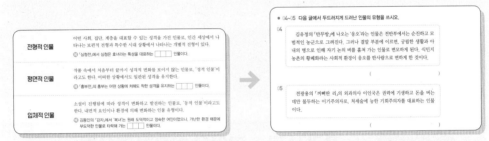

● 쉽고 상세한 설명과 실제 예제를 통해 개념어를 완벽하게 이해할 수 있습니다.

● 개념어를 제대로 이해했는지 기출 문제를 통해 확인하고, 실전 감각을 키울 수 있습니다.

## ● 고전 소설

고전 소설은 기본적인 특징이나 구성이 현대 소설과 비슷하지만, 요즘 사용하지 않는 낯선 어휘 때문에 학생들은 고전 소설이 더 어렵다고 느끼게 됩니다. 이 책에서는 고전 소설에 자주 나오는 어휘들을 구체적인 예시를 통해 명확하게 이해하게 됩니다.

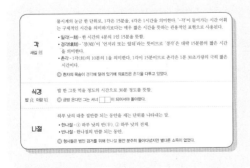

예를 들어, 시간을 나타내는 '삼경, 식경, 경각'과 같은 고전 어휘와 신분이나 직업을 나타내는 '규수, 여식, 비복, 초동, 노복' 등의 고전 어휘를 익힌다면, 고전 소설을 읽고 이해하는 데 큰 도움이 될 것입니다. 다양한 실전 문제를 풀면서 고전 소설의 어휘를 보다 완벽하게 이해하고 활용할 수 있게 됩니다.

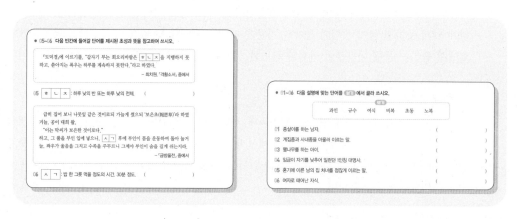

# STEP 3 교과서 필수 단어로 어휘력 키우기

가장 많은 중학교에서 사용하고 있는 국어 교과서 6종에서 엄선한 필수 단어를 학습하게 됩니다. 단어의 뜻 설명뿐만 아니라 실제 사용되는 예문을 직접 쓰면서 해당 단어를 익힐 수 있습니다.

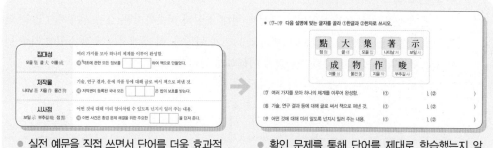

● 실전 예문을 직접 쓰면서 단어를 더욱 효과적으로 학습할 수 있습니다.

● 확인 문제를 통해 단어를 제대로 학습했는지 알 수 있습니다. 단어의 개념뿐만 아니라 한자의 뜻과 음도 익힐 수 있습니다.

# 사자성어로 어휘력 확장하기

사자성어는 국어 시험뿐만 아니라 일상생활에서도 유용한 배경지식입니다. 이 책에서는 한자들의 뜻을 풀이하면 의미를 알 수 있는 사자성어, 배경 설화를 알아야 이해할 수 있는 사자성어 등을 그 유래에 맞게 설명하고 있어 쉽게 이해하고 오래 기억할 수 있습니다.

● 눈으로 한 번 읽고 지나치는 것이 아니라 사자성어를 구성하는 한자들을 직접 쓰면서 뜻을 익힐 수 있습니다.

● 제시된 설명을 읽고 해당 뜻의 사자성어를 보기에서 찾아 씁니다. 사자성어를 정확하게 알아야만 답을 쓸 수 있습니다.

# 실전 문제로 어휘력 완성하기

5단계에서는 실전 문제를 통해 앞에서 학습한 내용을 제대로 알고 있는지 확인합니다. 대충 눈치로 찍어서 맞힐 수 있는 수준의 문제가 아니라, 관련 내용을 정확하게 알고 있어야만 답을 쓸 수 있는 실전형 문제로 구성되어 있습니다. 잘 모르거나 틀린 문제는 다시 한번 앞에서 공부하고 넘어갈 수 있도록 합니다.

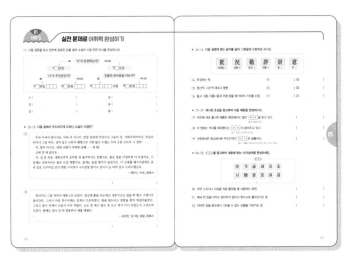

제1차시 | **국어 실력 확인 문제**

※ **01~04** 다음 설명에 맞는 소설의 특징을 보기 에서 찾아 쓰시오.

보기
서사성  개연성  산문성  사실성

**01** 어떤 사건이나 상황을 시간의 흐름에 따라 서술하는 것은?  (          )

**02** 글자 수나 운율 같은 형식을 따르지 않고 자유롭게 쓰는 것은?  (          )

**03** 실제 일어날 법한 사건과 존재할 만한 인물로 표현하는 것은?  (          )

**04** 실제처럼 느껴지도록 실존 인물의 이야기나 실제 사건을 넣는 것은?  (          )

※ **05~06** 다음 빈칸에 들어갈 소설의 특징을 쓰시오.

**05**
황순원의 「학」은 6·25 전쟁의 폭력 속에서 인간성의 회복과 화해의 길을 제시하고 있다는 점에서 ☐☐☐ 이 드러난다.

(          )

**06**
전광용의 「꺼삐딴 리」는 해방 이전 친일파의 존재, 해방 직후 소련의 영향, 미군정 실시 등의 역사적 사실에 작가의 상상력을 더해 새롭게 꾸며 낸 점에서 ☐☐☐ 이 드러난다.

(          )

※ **07~10** 다음 설명에 맞는 단어를 보기 에서 찾아 쓰시오.

보기
경각심  가속화  부득불  가치관

**07** 어떤 일이나 현상의 진행이 점점 더 빨라짐.
(          )

**08** 어떤 대상에 부여하는 가치나 의의에 관한 견해.
(          )

**09** 사태의 심각성을 깨달아 경계하고 조심하는 마음.
(          )

**10** 마음이 내키지 아니하나 마지못하여.
(          )

※ **11~14** 다음 설명을 읽고 초성에 맞는 단어를 쓰시오.

**11** 책이나 인쇄물 등이 쉽게 읽히는 정도나 성질.
ㄱㄷㅅ ☐☐☐

**12** 실천할 생각이나 능력이 없이 떠들어 대는 주장을 비유한 말.
ㄱㅇㅂ ☐☐☐

**13** 사람이나 사물의 바탕이 같은 성질이나 특성.
ㄷㅈㅅ ☐☐☐

**14** 통계적인 관찰의 대상이 되는 집단.
ㅁㅈㄷ ☐☐☐

**15** 서로에게 속마음을 터놓고 이야기하는 친밀한 관계를 뜻하는 사자성어는?

① 각골통한(刻骨痛恨)  ② 감개무량(前途有望)
③ 각고면려(刻苦勉勵)  ④ 간담상조(感慨無量)

**16** 자기 비위에 맞으면 좋아하고 맞지 않으면 싫어한다는 뜻의 사자성어는?

① 각고면려(刻苦勉勵)  ② 간담상조(感慨無量)
③ 감탄고토(甘呑苦吐)  ④ 갑론을박(甲論乙駁)

# 시험 빈출 어휘로 국어 개념 잡기

## 소설(작을 小, 말씀 說)의 특징

소설이란 현실 세계에서 있음 직한 일을 작가가 상상력을 발휘하여 꾸며 낸 이야기로, 독자에게 감동과 교훈을 주는 산문 문학이다.

### 허구성
빌 虛 얽을 構 성품 性

소설은 현실에 있는 소재나 사건에 작가가 상상력을 발휘하여 등장인물과 사건을 새롭게 꾸며 낸 허구의 이야기이다.

⑩ 역사 소설은 역사적 사건과 소설의 □□□을 융합한 것이다.

### 진실성
참 眞 열매 實 성품 性

소설은 허구의 세계를 다루지만, 인생의 진실과 참모습을 추구하여 삶의 의미를 깨닫게 한다. 문학에서 말하는 진실은 일정한 사실에 결부된 것으로, 어떤 사건의 실상을 밝히는 것이다.

⑩ 황순원의 「학」에서 전쟁 포로와 적군으로 만난 고향 친구라는 설정은 허구지만, 6·25 전쟁의 폭력 속에서 인간성의 회복과 화해의 길을 제시하고 있다는 점에서 □□□이 드러난다.

### 개연성
덮을 蓋 그럴 然 성품 性

어떤 일이 일어날 수 있는 가능성의 정도를 '개연성'이라 한다. 소설은 꾸며 낸 이야기지만, 터무니없이 전개되는 것이 아니라 실제 일어날 법한 사건과 존재할 만한 인물로 표현되어야 독자들의 공감을 받을 수 있다.

⑩ 손창섭의 「잉여 인간」에서는 주인공이 6·25 전쟁의 후유증을 겪고 있다고 설명함으로써 그의 이상한 행동에 □□□을 부여하였다.

### 서사성
펼 敍 일 事 성품 性

어떤 사건이나 상황을 시간의 흐름에 따라 서술하는 방식을 '서사성'이라 한다.

⑩ 소설이라는 장르 자체가 □□□을 띠고 있으므로, 모든 소설은 이미 시간의 흐름을 전제하고 있다.

### 산문성
흩을 散 글월 文 성품 性

글자의 수나 운율 같은 형식을 따르지 않고 자유롭게 쓰는 글을 '산문'이라 한다. 소설은 서술, 대화, 묘사와 같은 형태로 기록된 대표적인 산문 문학이다.

⑩ 김시습의 「이생규장전」에서는 중간에 시를 삽입하여 소설의 □□□에서 오는 단조로움을 극복하였다.

### 사실성
베낄 寫 열매 實 성품 性

소설은 비록 허구의 이야기이기는 해도 실제와 같은 현실감이 느껴져야 한다. 구체적인 시간과 장소를 제시하거나 실존 인물의 이야기 또는 실제 사건을 넣으면 작품에 사실성을 부여할 수 있다.

⑩ 조세희의 「난장이가 쏘아올린 작은 공」은 산업화로 도시 개발이 한창이었던 1970년대를 배경으로 하여 □□□을 부여하였다.

# 교과서 필수 단어로 어휘력 키우기

| **가독성**<br>옳을 可 읽을 讀 성품 性 | 책이나 인쇄물 등이 쉽게 읽히는 정도나 성질. 활자체, 자간, 행간, 띄어쓰기 등에 따라 달라짐.<br>예 신문에서 흔히 쓰는 바탕체는 다른 글씨체에 비해 [　][　][　] 이 높다. |
|---|---|
| **가속화**<br>더할 加 빠를 速 될 化 | 어떤 일이나 현상의 진행이 점점 더 빨라짐.<br>예 컴퓨터의 보급은 사무 자동화의 [　][　][　] 경향을 부추겼다. |
| **가치관**<br>값 價 값 値 볼 觀 | 인간이 자신을 포함한 세계, 어떤 대상에 부여하는 가치 또는 의의에 관한 견해나 입장.<br>예 부모는 자녀가 올바른 [　][　][　] 을 형성하도록 도와야 한다. |
| **경각심**<br>깨우칠 警 깨달을 覺 마음 心 | 사태의 심각성을 깨달아 경계하고 조심하는 마음.<br>예 화재 교육은 불에 대한 [　][　][　] 을 일깨워 주었다. |
| **공염불**<br>빌 空 생각 念 부처 佛 | • 믿는 마음 없이 입으로만 외는 헛된 염불.<br>• 실천할 생각이나 능력이 없이 떠들어 대는 주장을 비유한 말.<br>예 선거철만 되면 나오는 개혁 논의는 [　][　][　] 에 지나지 않았다. |
| **다반사**<br>차 茶 밥 飯 일 事 | 차 마시는 일이나 밥 먹는 일과 같이, 일상에서 늘 일어나 대수롭지 않은 일.<br>예 그는 일이 바쁘면 며칠씩 집에 안 들어가는 일이 [　][　][　] 였다. |
| **동질성**<br>한가지 同 바탕 質 성품 性 | 사람이나 사물의 바탕이 같은 성질이나 특성.<br>예 두 나라의 음식 문화에서는 [　][　][　] 을 발견할 수 있다. |
| **모집단**<br>어머니 母 모을 集 둥글 團 | 통계적인 관찰의 대상이 되는 집단. 전체를 조사하기가 어려울 때 여기서 표본을 추출함.<br>예 대다수인 노장년층이 [　][　][　] 에서 배제된 영향도 큰 것으로 보인다. |
| **부득불**<br>아닐 不 얻을 得 아닐 不 | • 하지 아니할 수 없어.　• 마음이 내키지 아니하나 마지못하여.<br>예 집안 사정이 어려워지자 아버지는 [　][　][　] 싼 전세방으로 이사를 준비하셨다. |
| **불가결**<br>아닐 不 옳을 可 이지러질 缺 | 없으면 절대 안 됨.<br>예 인간의 생존에서 물은 절대적으로 [　][　][　] 한 자원이다. |

# 사자성어로 어휘력 확장하기

※ 한자를 따라 쓰고 뜻과 음을 쓰세요.

### 각고면려

| 刻 | 苦 | 勉 | 勵 |
|---|---|---|---|
| 새길 | 쓸 | 힘쓸 | 힘쓸 |

| 刻 | 苦 | 勉 | 勵 |
|---|---|---|---|
| 새길 각 | 쓸 고 | 힘쓸 면 | 힘쓸 려 |

'모든 고생을 이겨 내며 부지런히 노력한다.'라는 뜻으로, 자신이 이루고자 하는 목표를 향해 고생을 무릅쓰고 몸과 마음을 다하여 무척 애쓰는 모습을 말한다.

### 각골통한

| 刻 | 骨 | 痛 | 恨 |
|---|---|---|---|
| 새길 | 뼈 | 아플 | 한 |

| 刻 | 骨 | 痛 | 恨 |
|---|---|---|---|

'뼈에 사무치도록 마음속 깊이 맺힌 원한'이라는 뜻으로, 마치 조각처럼 마음속 깊이 새겨져 결코 잊을 수 없는 원통함을 가리키는 말이다.

### 간담상조

| 肝 | 膽 | 相 | 照 |
|---|---|---|---|
| 간 | 쓸개 | 서로 | 비칠 |

| 肝 | 膽 | 相 | 照 |
|---|---|---|---|

'간과 쓸개를 내놓고 서로에게 꺼내 보인다.'라는 뜻으로, 서로에게 속마음을 터놓고 이야기할 정도로 친밀하게 지내는 관계를 가리킨다.

### 감개무량

| 感 | 慨 | 無 | 量 |
|---|---|---|---|
| 느낄 | 슬퍼할 | 없을 | 헤아릴 |

| 感 | 慨 | 無 | 量 |
|---|---|---|---|

'마음속에서 경험하는 감동이나 정서의 크기와 깊이가 이루 헤아릴 수 없을 만큼 크고 깊다.'라는 뜻으로, '무(無)'는 '없다'가 아니라 '헤아릴 수 없을 만큼'이라는 의미로 쓰였다.

### 감탄고토

| 甘 | 呑 | 苦 | 吐 |
|---|---|---|---|
| 달 | 삼킬 | 쓸 | 토할 |

| 甘 | 呑 | 苦 | 吐 |
|---|---|---|---|

'달면 삼키고 쓰면 뱉는다.'라는 뜻으로, 자기 비위에 맞으면 좋아하고 맞지 않으면 싫어한다는 의미에서 이기적인 사람이나 야박한 세태를 비유적으로 드러내는 표현이다.

### 갑론을박

| 甲 | 論 | 乙 | 駁 |
|---|---|---|---|
| 갑옷 | 논할 | 새 | 논박할 |

| 甲 | 論 | 乙 | 駁 |
|---|---|---|---|

'갑이라는 사람의 주장을 을이라는 사람이 반박한다.'라는 뜻으로, 여러 사람이 자기가 옳고 상대방이 그르다는 식으로 자신의 주장을 내세우며 다투는 모습을 가리킨다.

# 실전 문제로 어휘력 완성하기

● 01~02 다음 글을 읽고 빈칸에 들어갈 소설의 특징을 쓰시오.

현진건의 「운수 좋은 날」은 1920년대 도시 빈민층의 비참한 삶을 실제로 있었던 인물이나 사건이 아니라 작가가 꾸며 낸 이야기라는 점에서 <sup>01</sup>⬜⬜⬜이 드러난다. 작가에 의해 만들어진 내용이지만 주인공 김 첨지와 그의 아내의 거칠고 비참한 삶의 모습은 일제 강점하에서 고통받는 우리 민족의 일반적인 모습은 물론 당대 정서와 문화를 구체적으로 반영하고 있어 <sup>02</sup>⬜⬜⬜을 담고 있다.

01 (                 )

02 (                 )

● 03~04 다음 글을 읽고 빈칸에 들어갈 소설의 특징을 쓰시오.

03

김성한의 「바비도」는 역사적 사실을 소재로 하여 작가의 상상력을 더해 인물과 사건으로 재창조하여 교회와 권력의 횡포에 저항하는 내용이다. 1950년대 후반 독재 권력하에서 지조를 굽히거나 양심을 팔아 버리는 소설의 상황은 오늘날의 현실에서도 충분히 있음 직한 일이므로 ⬜⬜⬜을 얻게 된다.

(                         )

04

이인직의 『혈의 누』는 '일본 오사카, 기차 안, 미국 화성돈<sup>*</sup>' 등, 사건이 벌어지는 구체적인 공간을 제시함으로써 작품에 ⬜⬜⬜을 부여하고 있다.

<sup>*</sup>화성돈(華盛頓): 워싱턴의 한자 표기.

(                         )

● 05 다음 설명이 가리키는 소설의 특징을 쓰시오.

• 이야기 투로 형식을 갖춘 긴 글이다.
• 주로 서술과 대화, 묘사에 의하여 기술된다.
• 율격과 같은 외형적 규범에 얽매이지 않고 자유롭게 쓴다.

(                         )

● 06~08 다음 설명에 맞는 글자를 골라 ①한글과 ②한자로 쓰시오.

不 아닐 부　速 빠를 속　不 아닐 불　心 마음 심　覺 깨달을 각

警 깨우칠 경　加 더할 가　得 얻을 득　化 될 화

06 어떤 일이나 현상의 진행이 점점 더 빨라짐.　(①　　　　　　), (②　　　　　　)

07 사태의 심각성을 깨달아 경계하고 조심하는 마음.　(①　　　　　　), (②　　　　　　)

08 마음이 내키지 아니하나 마지못하여.　(①　　　　　　), (②　　　　　　)


● 09~11 제시된 초성을 참고하여 다음 예문을 완성하시오.

09 새롭게 출간된 책은 행간을 넓혀서 ㄱ ㄷ ㅅ 을 높였다.　(　　　　　　)
　　　　　책이나 인쇄물 등이 쉽게 읽히는 정도나 성질.

10 아무리 좋은 말도 실천할 마음이 없다면 ㄱ ㅇ ㅂ 에 지나지 않는다.　(　　　　　　)
　　　　　실천할 생각 없이 입으로만 떠들어 대는 것을 비유하는 말.

11 일이 바쁘면 며칠씩 집에 안 들어오는 일이 ㄷ ㅂ ㅅ 였다.　(　　　　　　)
　　　　　일상에서 늘 일어나 대수롭지 않은 일.


● 12~14 보기 를 참고하여 내용에 맞는 사자성어를 완성하세요.

보기

각 한 을 통 박 면
려 골 고 각 론 갑

12 목표를 이루고자 몸과 마음을 다하여 무척 애쓰는 모습.　(　　　　　　)

13 마치 조각처럼 마음속 깊이 새겨져 결코 잊을 수 없는 원통함.　(　　　　　　)

14 여러 사람이 서로 자기의 주장을 내세우며 다투는 모습.　(　　　　　　)

**STEP 1** 기본 실력 점검하기

## 국어 실력 확인 문제

제1차시

※ **01~05** 다음 설명이 가리키는 소설의 요소 또는 구성 요소를 쓰시오.

**01**

> 등장인물들이 시간적·공간적 배경 속에서 벌이는 사건에 바탕을 둔 이야기의 짜임새이다.

(                )

**02**

> 문장의 종류, 글쓴이에 따라 문장 전체나 부분에 드러나는 작가의 개성을 의미한다.

(                )

**03**

> 사건과 갈등의 주체로, 작중 상황에서의 역할이나 성격까지 포괄하는 개념이다.

(                )

**04**

> 등장인물들의 행동과 그로 인한 갈등을 중심으로 전개되는 일들을 의미한다.

(                )

**05**

> 인물이나 그의 행동, 사건에 신뢰성을 부여하는 요소로, 행위나 사건이 일어난 시간과 장소를 가리킨다.

(                )

※ **06~09** 다음 설명에 맞는 단어를 **보기** 에서 찾아 쓰시오.

**보기**

> 시사점    재구성    집대성    저작물

**06** 글로 써서 책으로 펴낸 것.    (                )

**07** 여럿을 모아 하나의 체계로 완성함.

(                )

**08** 한 번 구성되었던 것을 다시 새롭게 구성함.

(                )

**09** 어떤 것에 대해 미리 간접적으로 알려 주는 내용.

(                )

※ **10~13** 다음 설명을 읽고 초성에 맞는 단어를 쓰시오.

**10** 난리를 피해 다른 곳으로 떠나는 백성.

ㅍ ㄹ ㅁ ☐ ☐ ☐

**11** 다른 나라에서 온 사람.    ㅇ ㅂ ㅇ ☐ ☐ ☐

**12** 경험하지 않은 상태에서 미리 굳어진 견해.

ㅅ ㅇ ㄱ ☐ ☐ ☐

**13** 전쟁에서 적으로부터 빼앗은 물품.

ㅈ ㄹ ㅍ ☐ ☐ ☐

**14** 자신의 모든 운을 하늘에 맡기고 어떤 일을 단행함을 뜻하는 사자성어는?

① 거자필반(去者必返)    ② 건곤일척(乾坤一擲)
③ 감개무량(感慨無量)    ④ 격세지감(隔世之感)

**15** 사물의 참된 모습을 밝혀야 명확한 지식을 얻는다는 뜻의 사자성어는?

① 견마지로(犬馬之勞)    ② 견강부회(牽强附會)
③ 건곤일척(乾坤一擲)    ④ 격물치지(格物致知)

# 시험 빈출 어휘로 국어 개념 잡기

## 소설의 3요소

작가는 자신이 선택한 주제를 효과적으로 형상화하기 위하여 사건을 긴밀하게 구성하고 적절한 문체를 구사한다.

| | |
|---|---|
| **주제**<br>주인 主 제목 題 | 소설 작품을 통해 작가가 전하고자 하는 중심 생각.<br>예 황순원의 「소나기」는 여운이 남는 결말을 통해 ☐☐를 극대화하고 있다. |
| **구성**<br>얽을 構 이룰 成 | 등장인물들이 시간적·공간적 배경 속에서 벌이는 사건에 바탕을 둔 이야기의 짜임새. 주제를 효과적으로 전달하기 위해 인물들의 행동과 사건 등을 긴밀하고 짜임새 있게 배열하는 것을 말한다.<br>예 장편 소설은 인간의 삶을 총체적으로 그려내므로 ☐☐이 복잡하다. |
| **문체**<br>글월 文 몸 體 | 문장에서 드러나는 작가만의 개성. 문장의 종류, 글쓴이에 따라 그 특성이 문장의 전체 또는 부분에 드러난다. 작품에 구체적으로 나타나는 작가 특유의 언어적 표현이라 할 수 있다.<br>예 일제 강점기를 배경으로 한 채만식의 「태평천하」는 판소리와 유사한 구어체의 ☐☐로 서술되어 있다. |

## 소설 구성의 3요소

소설의 짜임인 구성은 "누가〔인물〕, 언제/어디에서〔배경〕, 무엇을〔사건〕 일으키는가?"라는 한 문장으로 요약할 수 있다. 인물과 사건, 배경은 소설의 가장 기본적인 뼈대를 이룬다.

| | |
|---|---|
| **인물**<br>사람 人 물건 物 | 소설에 등장하는 사람으로 사건과 갈등의 주체가 된다. 소설에서 '인물'은 단순히 작품 속의 특정인을 가리킬 뿐만 아니라, 그 사람이 작중 상황에서 담당하는 역할이나 성격까지 포괄하는 개념이다.<br>예 이 소설은 특이한 외양 묘사를 통해 ☐☐의 특성을 드러내고 있다. |
| **사건**<br>일 事 물건 件 | 등장인물들이 작중 상황에서 선택하는 행동과 그로 인해 생겨나는 갈등을 중심으로 전개되는 일들을 '사건'이라 한다. 작품 속 사건들은 인과 관계에 따라 필연적으로 일어난다.<br>예 소설 「사랑손님과 어머니」에서 작가는 옥희를 관찰자로 내세워 ☐☐을 전개하고 있다. |
| **배경**<br>등 背 볕 景 | 사건이 벌어지는 시간적 환경과 공간적 환경을 말한다. 인물이나 그의 행동, 사건에 신뢰성을 부여하는 데 있어서 필수적인 구성 요소로, 작품의 전반적인 분위기를 형성하고, 작품의 의미나 주제와 깊이 관련되어 있다.<br>예 6·25 전쟁의 아픔을 다룬 윤흥길의 「장마」에서 작품 제목이자 ☐☐인 '장마'는 한 가족의 갈등이 지속되는 고통스러운 기간을 의미한다. |

# 교과서 필수 단어로 어휘력 키우기

| | | |
|---|---|---|
| **재구성**<br>두 再 얽을 構 이룰 成 | 한 번 구성한 것을 여러 부분이나 요소를 얽어 짜서 다시 새롭게 구성함.<br>예 변화하는 시대에 맞게 조직의 ⬚⬚⬚ 이 필요하다. | |
| **집대성**<br>모을 集 클 大 이룰 成 | 여러 가지를 모아 하나의 체계를 이루어 완성함.<br>예 약초에 관한 모든 정보를 ⬚⬚⬚ 하여 책으로 만들었다. | |
| **저작물**<br>나타날 著 지을 作 물건 物 | 기술, 연구 결과, 문예 작품 등에 대해 글로 써서 책으로 펴낸 것.<br>예 저작권이 등록된 국내 모든 ⬚⬚⬚ 은 법의 보호를 받는다. | |
| **선입견**<br>먼저 先 들 入 볼 見 | 어떤 사람이나 주장에 대하여, 직접 경험하지 않은 상태에서 미리 마음속에 굳어진 견해.<br>예 성별에 따른 직업에 대한 ⬚⬚⬚ 이 깨지고 있다. | |
| **시사점**<br>보일 示 부추길 唆 점 點 | 어떤 것에 대해 미리 알아차릴 수 있도록 넌지시 일러 주는 내용.<br>예 이번 사건은 환경 문제 해결을 위한 주요한 ⬚⬚⬚ 을 던져 준다. | |
| **애당초** | 일의 맨 처음이라는 뜻.<br>예 그런 무리한 부탁은 ⬚⬚⬚ 거절을 했어야 한다. | |
| **어깃장** | 순순히 따르지 않고 반항하는 말이나 행동.<br>예 어차피 할 거면 기분 좋게 할 것이지 괜히 ⬚⬚⬚ 을 놓았다. | |
| **이방인**<br>다를 異 나라 邦 사람 人 | 다른 나라에서 온 사람.<br>예 『하멜 표류기』는 낯선 ⬚⬚⬚ 의 눈에 비친 조선의 모습을 담고 있다. | |
| **피란민**<br>피할 避 어지러울 亂 백성 民 | 난리를 피해 다른 곳으로 떠나는 백성.<br>예 전쟁을 피해 남쪽으로 향하는 ⬚⬚⬚ 의 행렬이 줄을 이었다. | |
| **전리품**<br>싸움 戰 이로울 利 물건 品 | 전쟁에서 적으로부터 빼앗은 물품.<br>예 군대는 전쟁에서 승리 후 적군의 깃발을 ⬚⬚⬚ 으로 가져갔다. | |

# 사자성어로 어휘력 확장하기

※ 한자를 따라 쓰고 뜻과 음을 쓰세요.

### 거자필반

| 去 | 者 | 必 | 返 |
|---|---|---|---|
| 갈 | 놈 | 반드시 | 돌이킬 |

| 去 | 者 | 必 | 返 |
|---|---|---|---|
| 갈 거 | 놈 자 | 반드시 필 | 돌이킬 반 |

'헤어진 사람은 언젠가 반드시 돌아오게 된다.'라는 뜻으로, 인간관계나 일, 사물 등 모든 것에서 만남과 이별이 반복되는 인생의 무상함을 나타낸다.

### 건곤일척

| 乾 | 坤 | 一 | 擲 |
|---|---|---|---|
| 하늘 | 땅 | 한 | 던질 |

| 乾 | 坤 | 一 | 擲 |
|---|---|---|---|

'하늘이냐 땅이냐를 한 번 던져서 결정한다.'라는 뜻으로, 자신의 모든 운을 하늘에 맡기고 어떤 일을 단행함을 비유한다.

### 격물치지

| 格 | 物 | 致 | 知 |
|---|---|---|---|
| 격식 | 물건 | 이를 | 알 |

| 格 | 物 | 致 | 知 |
|---|---|---|---|

'모든 사물의 이치를 끝까지 파고들어 앎에 이른다.'라는 뜻으로, 사물의 참된 모습을 밝혀야 명확한 지식이 얻어짐을 의미한다.

### 격세지감

| 隔 | 世 | 之 | 感 |
|---|---|---|---|
| 사이 뜰 | 인간 | 갈 | 느낄 |

| 隔 | 世 | 之 | 感 |
|---|---|---|---|

'아주 많이 바뀌어 다른 세상이 된 것 같은 느낌'이라는 뜻으로, 오래지 않은 동안에 몰라보게 변하여 완전히 다른 세상이 된 것 같을 때 사용한다.

### 견강부회

| 牽 | 強 | 附 | 會 |
|---|---|---|---|
| 이끌 | 강할 | 붙을 | 모일 |

| 牽 | 強 | 附 | 會 |
|---|---|---|---|

'가당치도 않은 말을 억지로 끌어다 붙인다.'라는 뜻으로, 근거가 없고 이치에 맞지 않은 것을 억지로 끌어 대어 자기에게 유리하게 맞추는 것을 의미한다.

### 견마지로

| 犬 | 馬 | 之 | 勞 |
|---|---|---|---|
| 개 | 말 | 갈 | 일할 |

| 犬 | 馬 | 之 | 勞 |
|---|---|---|---|

'개와 말 정도의 하찮은 힘'이라는 뜻으로, 임금이나 나라를 위한 노력을 낮추어 이르는 말이다. 윗사람에게 바치는 자신의 노력을 겸손하게 표현할 때 사용한다.

# 실전 문제로 어휘력 완성하기

● 01~03 다음 글을 읽고 빈칸에 알맞은 소설의 요소 또는 구성 요소를 쓰시오.

<sup>01</sup>☐☐은 소설에 등장하는 사람으로, 작가가 전하고자 하는 중심 생각인 <sup>02</sup>☐☐를 구현해 가는 주체이다. 소설에서 사건이 일어나는 시간적·공간적 <sup>03</sup>☐☐은 작품의 사상, 분위기 등에 큰 영향을 미친다.

01 (                    )

02 (                    )

03 (                    )

● 04 다음 글을 읽고 알맞은 소설의 요소를 쓰시오.

• 작가가 언어를 선택하고 질서화하며 배열하는 개성적인 방법을 가리킨다.
• 이것의 종류는 작가의 수만큼 많으며, 그 작가의 기질과 깊이 관계되어 있다.
• 문학 작품에만 쓰이는 특수한 문장 표현 방식으로, '문학적 언어'라 불린다.

(                    )

● 05~06 다음 글을 읽고 빈칸에 공통으로 들어갈 소설의 요소 또는 구성 요소를 쓰시오.

05
☐☐은 소설의 뼈대이다. 그러므로 ☐☐ 속에 담기는 사건들, 여러 사건 간의 인과 관계와 필연성에 대한 이해가 부족할 경우에는 소설을 제대로 감상할 수 없다. ☐☐은 반드시 시작과 중간과 끝을 가지고 있어야 하고, 그럴듯하며 논리적이어야 한다.

(                    )

06
등장인물들이 작중 상황에서 선택하는 행동과 그로 인해 생겨나는 갈등을 중심으로 전개되는 일들을 ☐☐이라 한다. 작품 속 ☐☐들은 인과 관계에 따라 필연적으로 일어난다. 하나의 ☐☐이 진행되는 중에 새로운 ☐☐이 일어나면서 앞선 ☐☐과 연결되어 이야기가 전개된다.

(                    )

● 07~09 다음 설명에 맞는 글자를 골라 ①한글과 ②한자로 쓰시오.

| 點 점 점 | 大 클 대 | 集 모을 집 | 著 나타날 저 | 示 보일 시 |
|---|---|---|---|---|
| 成 이룰 성 | 物 물건 물 | 作 지을 작 | 唆 부추길 사 | |

07 여러 가지를 모아 하나의 체계를 이루어 완성함.　　(①　　　　), (②　　　　)

08 기술, 연구 결과 등에 대해 글로 써서 책으로 펴낸 것.　　(①　　　　), (②　　　　)

09 어떤 것에 대해 미리 알도록 넌지시 일러 주는 내용.　　(①　　　　), (②　　　　)


● 10~12 제시된 초성을 참고하여 다음 예문을 완성하시오.

10 밥을 먹지 않고 살을 빼겠다는 생각 자체가 ㅇㄷㅊ 무리였다.　　(　　　　)
　　일의 맨 처음이라는 뜻.

11 어차피 수업에 참가할 거면서 괜히 ㅇㄱㅈ 을 놓는다.　　(　　　　)
　　순순히 따르지 않고 반항하는 말이나 행동.

12 전쟁 중에 철도는 병력의 수송과 ㅈㄹㅍ 운반에 사용되었다.　　(　　　　)
　　전쟁에서 적으로부터 빼앗은 물품.


● 13~15 보기 를 참고하여 내용에 맞는 사자성어를 완성하시오.

보기

| 감 | 세 | 거 | 로 | 반 | 마 |
|---|---|---|---|---|---|
| 자 | 견 | 지 | 격 | 필 | 지 |

13 모든 것에서 만남과 이별이 반복되는 인생의 무상함을 나타내는 말.　　(　　　　)

14 너무 많은 것이 변하여 아주 다른 세상이 된 것 같은 느낌.　　(　　　　)

15 자신의 노력을 겸손하게 표현하는 말.　　(　　　　)

제1차시

# 국어 실력 확인 문제

※ **01~04** 다음 설명에 맞는 인물의 유형을 보기 에서 찾아 쓰시오.

보기

중심인물   주동 인물   주변 인물   반동 인물

**01** 이야기에서 중심 사건을 주도하거나 작가가 의도하는 주제의 방향과 부합하는 인물.
(                    )

**02** 주인공 또는 중요한 역할을 하는 인물.
(                    )

**03** 주인공과 대립하여 갈등을 일으키는 인물.
(                    )

**04** 사건의 진행을 돕는 인물로, 주인공을 돋보이게 함.
(                    )

※ **05~06** 다음 글을 읽고 알맞은 인물의 유형을 쓰시오.

**05**

어떤 사회, 집단, 계층을 대표할 수 있는 성격을 가진 인물을 가리킨다.

☐☐☐ 인물

**06**

개인만의 독특한 성격을 지닌 인물로 감정과 본능 면에서 남과 다른 특성을 보인다.

☐☐☐ 인물

※ **07~10** 다음 설명에 맞는 단어를 보기 에서 찾아 쓰시오.

보기

유해성   순기능   진정서   응집성

**07** 본래 목적한 대로 작용하는 긍정적인 기능.
(                    )

**08** 해로운 성질이나 특성. (                    )

**09** 한곳에 엉기어 모이는 성질. (                    )

**10** 어떤 문제를 해결하기 위하여 관련 관공서나 공공 기관 등에 제출하는 글.
(                    )

※ **11~14** 다음 설명을 읽고 초성에 맞는 단어를 쓰시오.

**11** 재물이 계속 나오는 보물단지.

ㅎ ㅅ ㅂ ☐☐☐

**12** 남의 일에 특별히 흥미를 느끼고 말하기 좋아하는 사람.

ㅎ ㅅ ㄱ ☐☐☐

**13** 어떤 물건이나 장소 등을 둘러싼 끝이나 가장자리.

ㅇ ㅈ ㄹ ☐☐☐

**14** 조마조마하여 마음을 졸임.

ㅈ ㅂ ㅅ ☐☐☐

**15** 사소한 일에 지나치게 대응하는 사람을 뜻하는 사자성어는?

① 견문발검(見蚊拔劍)   ② 경국지색(傾國之色)
③ 계란유골(鷄卵有骨)   ④ 계명구도(鷄鳴狗盜)

**16** 좋은 고기와 곡식으로 만든 맛있는 음식을 뜻하는 사자성어는?

① 각고면려(刻苦勉勵)   ② 고량진미(膏粱珍味)
③ 고립무원(孤立無援)   ④ 견문발검(見蚊拔劍)

# 시험 빈출 어휘로 국어 개념 잡기

## ─ 인물의 유형 ─

소설 속 사건과 행동의 주체인 인물은 작품 속에서의 역할, 중요도와 성격 변화의 여부에 따라 나눌 수 있다. 인물의 유형은 한 가지로 고정되어 있지 않고, 여러 성격을 가진 인물로 그려지거나 다르게 변할 수 있다.

---

**주동 인물**
주인 主 움직일 動

이야기에서 중심 사건을 주도하거나 작가가 의도하는 주제의 방향과 부합하는 인물로 대개 주인공이 주동 인물이 된다.
(예) 「춘향전」에서 이몽룡과 성춘향은 □□ □□ 에 해당한다.

---

**반동 인물**
돌이킬 反 움직일 動

이야기에서 주인공과 대립하여 갈등을 일으키는 인물이다. 주동 인물의 의지나 행위에 맞서 갈등 구조를 만드는 중요한 역할을 하는 인물이다.
(예) 「춘향전」에서 변사또는 □□ □□ 에 해당한다.

---

**중심인물**

주인공이나 그에 버금가는 중요한 역할을 하는 인물이다.
(예) 「춘향전」에서 성춘향과 이몽룡, 변사또는 □□□ 에 해당한다.

---

**주변 인물**

중심인물의 주변에서 사건의 진행을 돕는 인물로, 중심인물을 돋보이게 한다.
(예) 「춘향전」에서 향단과 방자는 □□ □□ 에 해당한다.

---

**전형적 인물**

어떤 사회, 집단, 계층을 대표할 수 있는 성격을 가진 인물로, 인간 세상에서 나타나는 보편적 전형과 특수한 시대 상황에서 나타나는 개별적 전형이 있다.
(예) 「심청전」에서 심청은 효녀라는 특성을 대표하는 □□□ 인물이다.

---

**개성적 인물**

일반적이고 평범하지 않은 개인만의 독특한 성격을 지닌 인물로, 감정과 본능 면에서 남과 두드러지게 다른 특성을 보인다.
(예) 이상의 「날개」의 주인공은 독자적인 성격을 보여 주는 □□□ 인물이다.

---

**평면적 인물**

작품 속에서 처음부터 끝까지 성격적 변화를 보이지 않는 인물로, '정적 인물'이라고도 한다. 어떠한 상황에서도 일관된 성격을 유지한다.
(예) 「흥부전」의 흥부는 어떤 상황에 처해도 착한 성격을 유지하는 □□□ 인물이다.

---

**입체적 인물**

소설이 진행됨에 따라 성격이 변화하고 발전하는 인물로, '동적 인물'이라고도 한다. 내면적 요인이나 환경에 의해 변화하는 인물 유형이다.
(예) 김동인의 「감자」에서 '복녀'는 원래 도덕적이고 정숙한 여인이었으나, 가난한 환경 때문에 부도덕한 인물로 타락해 가는 □□□ 인물이다.

---

# 교과서 필수 단어로 어휘력 키우기

| | |
|---|---|
| **순기능**<br>순할 順 틀 機 능할 能 | 본래 목적한 대로 작용하는 긍정적인 기능.<br>**예** 사회관계망 서비스(SNS)의 [　　　] 은 다양한 정보를 빠르게 공유할 수 있다는 점이다. |
| **역기능**<br>거스를 逆 틀 機 능할 能 | 본래 의도한 것과 반대로 작용하는 부정적인 기능.<br>**예** 과학 기술의 발달은 여러 순기능과 함께 환경 파괴라는 [　　　] 도 가져왔다. |
| **화수분** | 재물이 계속 나오는 보물단지. 그 안에 온갖 물건을 담아 두면 아무리 써도 줄지 않는다는 설화에서 나온 말.<br>**예** 돈을 그렇게 흥청망청 써 버리면 제아무리 [　　　] 이라도 못 당한다. |
| **언저리** | • 어떤 물건이나 장소 등을 둘러싼 끝이나 가장자리.<br>• 어떤 나이나 시간의 전후.<br>**예** 가을이 되면 호수의 [　　　] 는 코스모스와 들풀로 가득하다. |
| **엉겁결** | 미처 생각하지 못하거나 뜻하지 않은 순간.<br>**예** 나는 너무 놀라서 [　　　] 에 비명을 질렀다. |
| **호사가**<br>좋을 好 일 事 집 家 | 남의 일에 특별히 흥미를 느끼고 말하기 좋아하는 사람.<br>**예** 둘 사이의 소문이 [　　　] 들의 입에 오르내렸다. |
| **응집성**<br>엉길 凝 모을 集 성품 性 | 한곳에 엉기어 모이는 성질.<br>**예** 청년층이 장년층에 비해서 세대 [　　　] 이 높다는 연구 결과가 있다. |
| **유해성**<br>있을 有 해할 害 성품 性 | 해로운 성질이나 특성.<br>**예** 전자파의 [　　　] 문제가 여전히 논란이 되고 있다. |
| **진정서**<br>베풀 陳 뜻 情 글 書 | 어떤 문제를 해결하기 위하여 관련 관공서나 공공 기관 등에 제출하는 글.<br>**예** 주택가 악취 문제를 해결해 달라는 내용의 [　　　] 를 구청에 제출하였다. |
| **조바심** | 조마조마하여 마음을 졸임.<br>**예** 그녀는 약속한 시간에 늦을까 봐 [　　　] 을 냈다. |

# 사자성어로 어휘력 확장하기

※ 한자를 따라 쓰고 뜻과 음을 쓰세요.

## 견문발검

| 見 | 蚊 | 拔 | 劍 |
|---|---|---|---|
| 볼 | 모기 | 뽑을 | 칼 |

| 見 | 蚊 | 拔 | 劍 |
|---|---|---|---|
| 볼 견 | 모기 문 | 뽑을 발 | 칼 검 |

'모기를 보고 칼을 뽑는다.'라는 뜻으로, 사소한 일에 지나치게 대응하거나 조그만 일에 화를 내는 소견이 좁은 사람을 가리킨다.

## 경국지색

| 傾 | 國 | 之 | 色 |
|---|---|---|---|
| 기울 | 나라 | 갈 | 빛 |

'임금을 매혹시켜서 나라가 기울어져도 모르게 만들 정도로 대단한 미인'이라는 뜻으로, 국가의 운명을 위태롭게 할 만한 절세미인을 가리키는 표현이다.

## 계란유골

| 鷄 | 卵 | 有 | 骨 |
|---|---|---|---|
| 닭 | 알 | 있을 | 뼈 |

'달걀에도 뼈가 있다.'라는 뜻으로, 운이 나쁜 사람은 모처럼 좋은 기회를 만나도 일이 잘 안 풀림을 이르는 말이다.

## 계명구도

| 鷄 | 鳴 | 狗 | 盜 |
|---|---|---|---|
| 닭 | 울 | 개 | 도둑 |

'닭 울음소리를 잘 내는 사람과 개의 흉내를 잘 내는 좀도둑'이라는 뜻으로, 아무리 하잘것없는 재주라도 다 쓸 곳이 있다는 말이다. 제나라 맹상군이 개와 닭 울음소리를 잘 내는 하인들 덕분에 무사히 진나라를 빠져나왔다는 고사에서 유래하였다.

## 고량진미

| 膏 | 粱 | 珍 | 味 |
|---|---|---|---|
| 기름 | 기장 | 보배 | 맛 |

'살진 고기와 좋은 곡식으로 만든 맛있는 음식'이라는 뜻으로, '고(膏)'는 기름진 고기를, '량(粱)'은 좋은 곡식을 의미한다.

## 고립무원

| 孤 | 立 | 無 | 援 |
|---|---|---|---|
| 외로울 | 설 | 없을 | 도울 |

'고립되어 구원을 받을 데가 없다.'라는 뜻으로, 힘든 상황에서 아무런 도움을 받지 못하는 상태를 의미한다.

# 실전 문제로 어휘력 완성하기

● **01~03** 다음 글을 읽고 빈칸에 알맞은 인물의 유형을 쓰시오.

> 채만식의 「레디메이드 인생」에 나오는 P는 주인공인 동시에, 작가가 말하려는 주제에 부합하는 <sup>01</sup>□□ 인물이다. P는 현실에 강한 적개심과 분노를 가지고 있지만 현실을 개혁하려는 의지가 없는 <sup>02</sup>□□ 인물이다. 또한 식민지 시대 무기력한 지식인층을 대변하는 <sup>03</sup>□□□ 인물이기도 하다.

01 (                    )

02 (                    )

03 (                    )

● **04~05** 다음 글에서 두드러지게 드러난 인물의 유형을 쓰시오.

**04**

> 김유정의 「만무방」에 나오는 '응오'라는 인물은 전반부에서는 순진하고 모범적인 농군으로 그려진다. 그러나 결말 부분에 이르면, 궁핍한 생활과 아내의 병으로 인해 자기 논의 벼를 훔쳐 가는 인물로 변모하게 된다. 식민지 농촌의 황폐화라는 사회적 환경이 응오를 딴사람으로 변하게 한 것이다.

(                    )

**05**

> 전광용의 「꺼삐딴 리」의 외과의사 이인국은 권력에 기생하고 돈을 버는 데만 몰두하는 이기주의자로, 처세술에 능한 기회주의자를 대표하는 인물이다.

(                    )

● **06** 다음 글을 읽고 빈칸에 알맞은 인물의 유형을 쓰시오.

> 김유정의 「봄·봄」은 딸과의 혼인을 핑계로 3년 7개월을 무일푼으로 일만 시키는 장인과 그런 장인에게 이용당하는 어리숙한 머슴인 '나'의 갈등을 해학적으로 그린 작품이다. 여기서 교활한 성격의 장인은 주인공 '나'의 목표인 점순과의 결혼을 방해하는 인물이므로 □□ 인물로 볼 수 있다.

(                    )

● **07~09** 다음 설명에 맞는 글자를 골라 ①한글과 ②한자로 쓰시오.

| 陳<br>베풀 진 | 事<br>일 사 | 書<br>글 서 | 情<br>뜻 정 | 集<br>모을 집 |
|---|---|---|---|---|
| 性<br>성품 성 | 好<br>좋을 호 | 凝<br>엉길 응 | 家<br>집 가 | |

**07** 남의 일에 관심을 가지고 말하기 좋아하는 사람.  (①        ), (②        )

**08** 한곳에 엉기어 모이는 성질.  (①        ), (②        )

**09** 문제 해결을 위하여 관련 기관에 제출하는 글.  (①        ), (②        )

● **10~12** 제시된 초성을 참고하여 다음 예문을 완성하시오.

**10** 과학 기술의 발전은 편리한 만큼의 ㅇ ㄱ ㄴ 을 수반한다.  (        )
   본래 의도한 것과 반대로 작용하는 부정적인 기능.

**11** 벌이 손등에 앉자 너무 놀라서 ㅇ ㄱ ㄱ 에 비명을 질렀다.  (        )
   미처 생각하지 못하거나 뜻하지 않은 순간.

**12** 예정된 공연 시간에 늦을까 봐 ㅈ ㅂ ㅅ 이 나기 시작했다.  (        )
   조마조마하여 마음을 졸임.

● **13~15** 보기 를 참고하여 내용에 맞는 사자성어를 완성하세요.

보기

| 문 | 계 | 구 | 립 | 무 | 발 |
|---|---|---|---|---|---|
| 검 | 도 | 견 | 고 | 명 | 원 |

**13** 사소한 일에 지나치게 대응하거나 조그만 일에 화를 내는 소견이 좁을 사람을 가리키는 말.
   (        )

**14** 아무 하잘것없는 재주도 다 쓸 곳이 있다는 말.  (        )

**15** 힘든 상황에서 아무런 도움을 받지 못하는 상태를 의미하는 말.  (        )

제1차시

# 국어 실력 확인 문제

※ 01~02 다음 설명에 맞는 소설 관련 개념어를 쓰시오.

**01**

> 서술자가 독자에게 인물의 내면과 사건, 배경 등을 직접 설명하는 것으로, 사건이나 생각 따위를 차례대로 말하거나 적는 것을 가리킨다.

**02**

> 작가를 대신하여 독자에게 소설 속 이야기를 들려주는 인물을 뜻하며, 그가 누구냐에 따라 소설의 관점과 감상이 달라진다.

※ 03~04 다음 글에 사용된 인물의 제시 방법을 쓰시오.

**03**

> 대석 언니는 똘똘하고 기운 세고 싸움 잘하고, 그러느라고 선생님들한테 꾸지람과 매는 도맡아 맞고, 반에서 성적은 제일 꼴찌인 천하 말썽꾼이었다.
>
> – 채만식, 「이상한 선생님」 중에서

[　] [　] 제시

**04**

> "암만 사람이 변하기로 어째 그렇게도 변하는기오? 그 숱 많던 머리가 훌렁 다 벗어졌더마. 눈은 푹 들어가고 그 이들이들하던 얼굴빛도 마치 유산을 끼얹은 듯하더마."
>
> – 현진건, 「고향」 중에서

[　] [　] 제시

※ 05~08 다음 설명에 맞는 단어를 보기 에서 찾아 쓰시오.

보기

| 익명성 | 역발상 | 타당성 | 함구령 |

**05** 일반적인 생각과 반대가 되는 생각.

(　　　　)

**06** 행위를 한 사람이 누구인지 드러나지 않는 특성.

(　　　　)

**07** 특정한 사실에 대해 말하는 것을 금지하는 명령.

(　　　　)

**08** 사물의 이치에 맞는 옳은 성질. (　　　　)

※ 09~12 다음 설명을 읽고 초성에 맞는 단어를 쓰시오.

**09** 지나치게 아무 일에나 참견하는 사람을 비유함.

ㅇㅈㄹ [　] [　]

**10** 사람들과 사귀며 세상을 살아가는 방법이나 수단.

ㅊㅅㅅ [　] [　]

**11** 좋음과 좋지 않음.　ㅎㅂㅎ [　] [　]

**12** 자동차가 다닐 수 있게 넓게 새로 낸 길.

ㅅㅈㄹ [　] [　]

**13** 작은 흠이나 결점을 고치려다가 도리어 일을 그르치는 것을 뜻하는 사자성어는?

① 고장난명(孤掌難鳴)　② 공평무사(公平無私)
③ 교각살우(矯角殺牛)　④ 권불십년(權不十年)

**14** 친절하지만 해칠 마음을 품은 것을 뜻하는 사자성어는?

① 권불십년(權不十年)　② 갑론을박(甲論乙駁)
③ 구우일모(九牛一毛)　④ 구밀복검(口蜜腹劍)

# 시험 빈출 어휘로 국어 개념 잡기

| | |
|---|---|
| **서술**<br>펼 敍 펼 述 | 사건이나 생각 따위를 차례대로 말하거나 적음. 서술자가 독자에게 인물의 내면, 사건, 배경 등을 직접 설명하는 방식으로 묘사와 대화가 아닌 것은 모두 서술이라 볼 수 있다.<br><br>◉ 인물의 특성을 직접 요약해서 설명하면 ▢▢ 시간을 절약할 수 있다. |
| **서술자**<br>펼 敍 펼 述 사람 者 | 작가를 대신하여 독자에게 소설 속 이야기를 들려주는 인물이다. 서술자가 누구이며 어떻게 서술하는지를 파악하는 것이 소설 감상의 기본이다.<br><br>◉ 김유정의 「동백꽃」은 어수룩한 인물을 ▢▢▢로 내세워 웃음을 유발한다. |

─── **인물의 제시 방법** ───

소설을 제대로 감상하려면 작품에 등장하는 인물 간의 관계를 파악하고 인물의 성격과 심리 등을 이해해야 한다. 인물의 성격이나 태도를 제시하는 방법은 누가 인물의 심리와 성격을 판단하느냐에 따라 직접 제시와 간접 제시로 나눌 수 있다.

| | |
|---|---|
| **직접 제시**<br>(말하기, telling) | 서술자가 인물의 성격이나 심리를 직접 말로 설명하는 것이다. 독자가 쉽게 인물의 특성을 파악할 수 있지만, 서술자가 인물의 성격을 단정하므로 독자의 상상력이 개입하기 어렵다. 작가가 서술자를 통해 인물에 관한 것을 직접 전달하기 때문에 '말하기(telling)'라고도 한다.<br><br>◉ 채만식, 「이상한 선생님」 중에서<br><br>> 대석 언니는 똘똘하고 기운 세고 싸움 잘하고, 그러느라고 선생님들한테 꾸지람과 매는 도맡아 맞고, 반에서 성적은 제일 꼴찌인 천하 말썽꾼이었다.<br><br>➡ 대석 언니의 성격을 ▢▢ 제시로 설명하고 있다. |
| **간접 제시**<br>(보여 주기, showing) | 인물의 외양 묘사나 행동, 대화 등을 통해 인물의 심리 상태나 성격을 간접적으로 드러내는 방법이다. 서술자가 인물의 행동이나 대화 장면을 보여 주면, 독자가 이를 토대로 인물의 성격과 심리를 판단한다. 작가는 인물을 생동감 있게 그려 낼 수 있고, 독자는 상상력을 발휘할 여지가 생기는 것이 장점이다. 작가가 인물의 행동, 대화를 통해 성격과 심리를 간접적으로 전달하기 때문에 '보여 주기(showing)'라고도 한다.<br><br>◉ 현진건, 「고향」 중에서<br><br>> "암만 사람이 변하기로 어째 그렇게도 변하는기오? 그 숱 많던 머리가 훌렁 다 벗어졌더마. 눈은 푹 들어가고 그 이들이들하던 얼굴빛도 마치 유산을 끼얹은 듯하더마."<br><br>➡ 해당 인물의 비참하고 기구한 삶을 직접 설명하는 대신에, 외양 묘사를 통해 ▢▢ 제시로 설명하고 있다. |

# 교과서 필수 단어로 어휘력 키우기

| 역발상<br>거스를 逆 필 發 생각 想 | 일반적인 생각과 반대가 되는 생각.<br>예 학생들은 시험 출제자의 관점에서 공부하는 □□ 이 필요하다. |
|---|---|
| **오지랖** | • 웃옷이나 윗도리의 앞자락.<br>• 지나치게 아무 일에나 참견하는 사람을 '오지랖이 넓다'고 함.<br>예 그는 물이 묻은 손을 웃옷 □□□ 에 문질러 닦았다. |
| **짜깁기** | • 찢어진 옷이나 옷감을 실의 가닥을 이용해서 흠집 없이 꿰매는 일.<br>• 기존의 글이나 영상 등을 편집해서 하나의 완성품으로 만드는 일.<br>예 그녀는 찢어진 바지를 □□□ 하여 새 옷처럼 만들었다. |
| 처세술<br>곳 處 인간 世 재주 術 | 사람들과 사귀며 세상을 살아가는 방법이나 수단.<br>예 그는 능란한 □□□ 덕분에 초고속 승진을 할 수 있었다. |
| 은연중<br>숨을 隱 그럴 然 가운데 中 | 의식하지 못하거나 알지 못하는 사이.<br>예 그녀는 대화 속에서 □□□ 자기의 본심을 내보였다. |
| 익명성<br>숨길 匿 이름 名 성품 性 | 어떤 행위를 한 사람이 누구인지 드러나지 않는 특성.<br>예 인터넷의 □□□ 을 악용하는 온라인 폭력이 심해지고 있다. |
| 함구령<br>봉할 緘 입 口 하여금 令 | 특정한 사실에 대해 말하는 것을 금지하는 명령.<br>예 모든 배우와 제작진에게 드라마 결말에 대한 □□□ 이 내려졌다. |
| 타당성<br>온당할 妥 마땅 當 성품 性 | 사물의 이치에 맞는 옳은 성질.<br>예 관련 기관에서 전문가를 파견하여 프로젝트의 □□□ 을 검토하였다. |
| 호불호<br>좋을 好 아닐 不 좋을 好 | 좋음과 좋지 않음.<br>예 두리안은 특유의 향으로 인해 □□□ 가 갈리는 과일이다. |
| 신작로<br>새 新 지을 作 길 路 | '새로 만든 길'이라는 뜻으로, 자동차가 다닐 수 있을 정도로 넓게 새로 낸 길을 말함.<br>예 최근 고향 마을에 □□ 가 뚫려서 버스가 다니게 되었다. |

# 사자성어로 어휘력 확장하기

※ 한자를 따라 쓰고 뜻과 음을 쓰세요.

### 고장난명

| 孤 | 掌 | 難 | 鳴 |
|---|---|---|---|
| 외로울 | 손바닥 | 어려울 | 울 |

| 孤 | 掌 | 難 | 鳴 |
|---|---|---|---|
| 외로울 고 | 손바닥 장 | 어려울 난 | 울 명 |

'외손뼉은 울릴 수 없다.'라는 뜻으로, 한 손만 가지고서는 소리가 나지 않는다는 말이다. 혼자서는 일을 이룰 수 없음을 의미하거나 맞서는 사람이 없으면 싸움이 되지 않음을 비유할 때 쓴다.

### 공평무사

| 公 | 平 | 無 | 私 |
|---|---|---|---|
| 공평할 | 평평할 | 없을 | 사사 |

| 公 | 平 | 無 | 私 |
|---|---|---|---|

'공평하고 사사로움이 없다.'라는 뜻으로, 개인의 감정에 따라 어느 한쪽으로 치우치지 않고 모든 사람을 공평하게 대하는 것을 가리키는 표현이다.

### 교각살우

| 矯 | 角 | 殺 | 牛 |
|---|---|---|---|
| 바로잡을 | 뿔 | 죽일 | 소 |

| 矯 | 角 | 殺 | 牛 |
|---|---|---|---|

'쇠뿔을 바로잡으려다 소를 죽인다.'라는 뜻으로, 작은 흠이나 결점을 고치려다가 도리어 일을 그르치는 것을 의미한다.

### 구밀복검

| 口 | 蜜 | 腹 | 劍 |
|---|---|---|---|
| 입 | 꿀 | 배 | 칼 |

| 口 | 蜜 | 腹 | 劍 |
|---|---|---|---|

'입에는 꿀을 바르고 뱃속에는 칼을 품고 있다.'라는 뜻으로, 겉으로는 친절하게 대하지만 속으로는 해칠 마음을 품고 있거나 뒤에서 헐뜯는 것을 가리킨다.

### 구우일모

| 九 | 牛 | 一 | 毛 |
|---|---|---|---|
| 아홉 | 소 | 한 | 터럭 |

| 九 | 牛 | 一 | 毛 |
|---|---|---|---|

'아홉 마리 소에 털 한 가닥이 빠진 정도'라는 뜻으로, 대단히 많은 것 중에서 아주 적은 것을 비유하는 말이다.

### 권불십년

| 權 | 不 | 十 | 年 |
|---|---|---|---|
| 저울추 | 아닐 | 열 | 해 |

| 權 | 不 | 十 | 年 |
|---|---|---|---|

'권세는 10년을 넘지 못한다.'라는 뜻으로, 영원할 것 같은 막강한 권력도 결코 오래가지 못함을 의미한다.

# 실전 문제로 어휘력 완성하기

● **01~04** 다음 예시에 사용된 인물의 제시 방법을 쓰시오.

**01** 어릴 적 그녀는 키 작고 뚱뚱한 새침데기였다. (          )

**02** 그의 얼굴에서 핏기가 걷히고 몸이 그대로 굳어 버렸다.

                                  (          )

**03** 어머니는 싱글벙글 웃으며 녀석의 등을 요란스럽게 토닥거렸다.

                                  (          )

**04** 그는 타고난 심성이 밝고 긍정적인 사람이다. (          )

● **05~06** 다음 글에서 두드러지게 드러난 인물의 제시 방법을 쓰시오.

**05**

> 머리통이 그렇게 큰 박 선생님의 얼굴은 어떻게 생겼느냐 하면, 또한 여느 사람과는 많이 달랐다.
> 뒤통수와 앞이마가 툭 내솟고 내솟은 좁은 이마 밑으로 눈썹이 시꺼멓고, 왕방울 같은 두 눈은, 부리부리하니 정기가 있고도 사납고, 코는 매부리코요, 입은 메기입으로 귀밑까지 넓죽 째지고 그리고 목소리는 쇠꼬챙이로 찌르는 것처럼 쨍쨍하고.
>
> – 채만식, 「이상한 선생님」 중에서

                                  (          )

**06**

> 나는 고개도 돌리지 않고 일하던 손으로 그 감자를 도로 어깨 너머로 쑥 밀어 버렸다. 그랬더니 그래도 가는 기색이 없고, 뿐만 아니라 쌔근쌔근하고 심상치 않게 숨소리가 점점 거칠어진다. 이건 또 뭐야 싶어서 그때에야 비로소 돌아다보니 나는 참으로 놀랐다. 우리가 이 동네에 들어온 것은 근 삼 년째 되어 오지만 여태껏 가무잡잡한 점순이의 얼굴이 이렇게까지 홍당무처럼 새빨개진 법이 없었다. 게다 눈에 독을 올리고 한참 나를 요렇게 쏘아보더니 나중에는 눈물까지 어리는 것이 아니냐. 그리고 바구니를 다시 집어들더니 이를 꼭 악물고는 엎어질 듯 자빠질 듯 논둑으로 횅하게 달아나는 것이다.
>
> – 김유정, 「동백꽃」 중에서

                                  (          )

● **07~09** 다음 설명에 맞는 글자를 골라 ①한글과 ②한자로 쓰시오.

| 妥 | 發 | 性 | 當 | 口 |
|---|---|---|---|---|
| 온당할 타 | 필 발 | 성품 성 | 마땅 당 | 입 구 |

| 令 | 逆 | 緘 | 想 |
|---|---|---|---|
| 하여금 령 | 거스를 역 | 봉할 함 | 생각 상 |

**07** 일반적인 생각과 반대가 되는 생각.　　　　　　　(① 　　　　　　), (② 　　　　　　)

**08** 특정한 사실에 대해 말하는 것을 금지하는 명령.　　　(① 　　　　　　), (② 　　　　　　)

**09** 사물의 이치에 맞는 옳은 성질.　　　　　　　　　(① 　　　　　　), (② 　　　　　　)


● **10~12** 제시된 초성을 참고하여 다음 예문을 완성하시오.

**10** 이 보고서는 기존의 자료 중에서 이것저것 ｜ㅉ｜ㄱ｜ㄱ｜ 한 것이었다.　　　( 　　　　　　)
　　　　　　　　　　　　　　이미 있는 글이나 영상 등을 편집해서 하나의 완성품으로 만드는 일.

**11** 직업 군인인 그는 나라와 민족을 지킨다는 자부심을 ｜ㅇ｜ㅇ｜ㅈ｜ 에 드러냈다.　　( 　　　　　　)
　　　　　　　　　　　　　　　　　　　　　　의식하지 못하거나 알지 못하는 사이.

**12** 인터넷의 ｜ㅇ｜ㅁ｜ㅅ｜ 뒤에 숨어 사이버 폭력을 저지르는 사례가 점점 늘고 있다.　　( 　　　　　　)
　　　　　어떤 행위를 한 사람이 누구인지 드러나지 않는 특성.


● **13~15** 보기 를 참고하여 내용에 맞는 사자성어를 완성하세요.

보기

| 장 | 구 | 년 | 고 | 불 | 우 |
|---|---|---|---|---|---|
| 난 | 모 | 명 | 일 | 권 | 십 |

**13** 맞서는 사람이 없으면 싸움이 되지 않음을 비유하는 말.　　　( 　　　　　　)

**14** 대단히 많은 것 중에서 아주 적은 것을 비유하는 말.　　　　( 　　　　　　)

**15** 영원할 것 같은 막강한 권력도 결코 오래가지 못한다는 말.　　( 　　　　　　)

04

## 국어 실력 확인 문제

제1차시

※ 01~04 다음 글에 사용된 소설의 시점을 쓰시오.

**01**
> 나는 나와 마주앉은 그를 매우 흥미있게 바라보고 또 바라보았다.
> … 중략 … 그러자 그의 신세타령의 실마리는 풀려 나왔다. 그의 고향은 대구에서 멀지 않은 K군 H란 외딴 동리였다.
>
> – 현진건, 「고향」 중에서

(                    )

**02**
> 이래서 나는 애최 계약이 잘못된 걸 알았다. 이태면 이태, 삼 년이면 삼 년, 기한을 딱 작정하고 일을 했어야 원할 것이다.
>
> – 김유정, 「봄 · 봄」 중에서

(                    )

**03**
> C는 자기에게 부탁한 취직 운동을 단념하란 말이다. 그러면 벌써 C가 K 사장에게 이야기를 하였고 그 결과 일이 틀어진 것을 P는 모르고 와서 헛노릇을 한바탕 한 것이다. P는 먼저 C를 만나 보지 아니하고 K 사장을 만난 것을 후회하였다.
>
> – 채만식, 「레디메이드 인생」 중에서

(                    )

**04**
> 남편은 아무 대답이 없다. 아내는 손으로 남편의 얼굴을 괴어들려고 할 즈음에, 그것이 뜨뜻하게 눈물에 젖는 것을 깨달았다.
>
> – 현진건, 「술 권하는 사회」 중에서

(                    )

※ 05~08 다음 설명에 맞는 단어를 보기 에서 찾아 쓰시오.

**보기**

| 호평   비평   기색   혹평 |

**05** 옳고 그름을 평가하여 가치를 논함.
(                    )

**06** 좋게 평하는 평가.                  (                    )

**07** 몹시 모질고 심하게 평가함.      (                    )

**08** 마음속의 생각이나 감정이 얼굴이나 행동에 나타나는 것.                  (                    )

※ 09~12 다음 설명을 읽고 초성에 맞는 단어를 쓰시오.

**09** 옳고 그름을 이성적으로 따지지 않고 무조건 믿음.

ㅁ ㅅ □ □

**10** 실제로 있지 않은 것을 머릿속으로 생각하는 것.

ㄱ ㅅ □ □

**11** 아름다운 경치나 유적, 특산물 등으로 유명한 장소.

ㅁ ㅅ □ □

**12** 작고 보잘것없는 벌레나 짐승.    ㅁ ㅁ □ □

**13** 귀중한 법칙이나 규정이라는 뜻의 사자성어는?
① 금과옥조(金科玉條)      ② 금수강산(錦繡江山)
③ 기호지세(騎虎之勢)      ④ 낙화유수(落花流水)

**14** 어떠한 일을 중도에서 그만둘 수 없는 상황을 뜻하는 사자성어는?
① 금시초문(今始初聞)      ② 금의야행(錦衣夜行)
③ 낙화유수(落花流水)      ④ 기호지세(騎虎之勢)

# 시험 빈출 어휘로 국어 개념 잡기

## 소설의 시점(볼 視 점 點)

서술자가 소설 속 사건을 어떻게 전개하느냐에 따라 사건의 흐름의 속도와 독자와 서술자 사이의 심리적 거리 등이 달라진다. 서술자가 단순히 사건을 전달하는 역할만 한다면 독자와의 거리는 멀어지고, 서술자가 자신의 의견을 독자에게 말하면 심리적 거리는 가까워진다.

### 1인칭 주인공 시점

'나'가 작품 속 주인공으로 등장하여 이야기를 전개해 나간다. 서술자 '나'가 자신의 내면을 직접 전달하고, 다른 인물들의 내면은 간접적으로 전달한다. 주인공에게 직접 이야기를 전해 듣기 때문에 독자는 친근감을 느끼지만, 주인공이 보고 느낀 것만 알 수 있다.

예 김유정, 「봄·봄」 중에서

> 이래서 나는 애최 계약이 잘못된 걸 알았다. 이태면 이태, 삼 년이면 삼 년, 기한을 딱 작정하고 일을 했어야 할 것이다.

### 1인칭 관찰자 시점

작품 속 주변 인물인 '나'가 주인공을 관찰하며 이야기를 이끌어 가는 시점이다. 이 시점에서 서술자 '나'는 관찰자이므로 주인공과 등장인물의 속마음까지는 알지 못한다. 독자들은 '나'가 전해 주는 내용을 근거로 등장인물의 심리나 성격을 추측해야 한다.

예 현진건, 「고향」 중에서

> 나는 나와 마주앉은 그를 매우 흥미있게 바라보고 또 바라보았다.

### 3인칭 관찰자 시점
(작가 관찰자 시점)

서술자가 작품 외부의 관찰자라서 사건이나 인물의 행동에 대해 객관적인 태도로 이야기를 이끌어 가고, 등장인물들을 부를 때 '그', '그녀' 등 3인칭이나 고유 명사로 부른다. 독자는 서술자의 객관적인 설명을 바탕으로 작가의 의도와 주제를 추측해야 한다.

예 현진건, 「술 권하는 사회」 중에서

> 남편은 아무 대답이 없다. 아내는 손으로 남편의 얼굴을 괴어들려고 할 즈음에, 그것이 뜨뜻하게 눈물에 젖는 것을 깨달았다.

### 전지적 작가 시점

작품 밖의 서술자가 인물의 심리뿐만 아니라 과거와 미래, 사건의 정황 등 모든 것을 마치 전지전능한 신처럼 꿰뚫어 본다. 서술자가 직접 작가의 의도나 주제를 드러내기 때문에 독자는 이해가 쉽지만, 이를 그대로 받아들이면 상상이 제약받을 수 있다.

예 채만식, 「레디메이드 인생」 중에서

> C는 자기에게 부탁한 취직 운동을 단념하란 말이다. 그러면 벌써 C가 K 사장에게 이야기를 하였고 그 결과 일이 틀어진 것을 P는 모르고 와서 헛노릇을 한바탕 한 것이다. P는 먼저 C를 만나 보지 아니하고 K 사장을 만난 것을 후회하였다.

# 교과서 필수 단어로 어휘력 키우기

| | |
|---|---|
| **경의**<br>공경 敬 뜻 意 | 존경하는 뜻.<br>예 많은 사람의 생명을 구한 그의 고귀한 희생에 ☐☐ 를 표하였다. |
| **경황**<br>볕 景 상황 況 | 정신적·시간적 여유나 형편.<br>예 늦잠을 자는 바람에 준비물을 챙길 ☐☐ 이 없었다. |
| **비평**<br>비평할 批 평할 評 | 옳고 그름, 아름다움과 추함 등을 평가하여 가치를 논함.<br>예 그의 신작에 대한 평론가들의 ☐☐ 은 무척 가혹하였다. |
| **호평**<br>좋을 好 평할 評 | 좋게 평하는 평가.<br>예 주인공 배우는 섬세한 감정 연기로 뜨거운 ☐☐ 을 받았다. |
| **혹평**<br>심할 酷 평할 評 | 몹시 모질고 심하게 평가함.<br>예 오디션에서 ☐☐ 을 받은 참가자는 결국 탈락하였다. |
| **기색**<br>기운 氣 빛 色 | • 마음속의 생각이나 감정이 얼굴이나 행동에 나타나는 것.<br>• 어떤 행동이나 현상이 일어날 것을 짐작하게 하는 눈치나 분위기.<br>예 아픈 아이를 보는 어머니의 얼굴에는 걱정스러운 ☐☐ 이 가득하였다. |
| **맹신**<br>맹인 盲 믿을 信 | 옳고 그름을 이성적으로 따지지 않고 무조건 믿음.<br>예 검증되지 않은 민간요법을 ☐☐ 한 결과 병이 악화되었다. |
| **공상**<br>빌 空 생각 想 | 실제로 있지 않거나 실현될 가망이 없는 것을 머릿속으로 생각하는 것.<br>예 그의 주장은 전혀 과학적이지 않고 헛된 ☐☐ 에 가깝다. |
| **명소**<br>이름 名 바 所 | 아름다운 경치나 유적, 특산물 등으로 유명한 장소.<br>예 이곳이 드라마 촬영지로 쓰이면서 관광 ☐☐ 가 되었다. |
| **미물**<br>작을 微 물건 物 | 작고 보잘것없는 벌레나 짐승.<br>예 아무리 보잘것없는 ☐☐ 이라도 함부로 괴롭혀서는 안 된다. |

# 사자성어로 어휘력 확장하기

※ 한자를 따라 쓰고 뜻과 음을 쓰세요.

| 금과옥조 | | | |
|---|---|---|---|
| 金<br>쇠 | 科<br>과목 | 玉<br>구슬 | 條<br>가지 |

| 金 | 科 | 玉 | 條 |
|---|---|---|---|
| 쇠 금 | 과목 과 | 구슬 옥 | 가지 조 |

'금이나 옥처럼 아주 귀중한 법칙이나 규정'이라는 뜻으로, 중국 한나라 양웅이 반란으로 정권을 찬탈한 왕망에게 아첨하기 위해 쓴 글에서 유래하였다.

| 금수강산 | | | |
|---|---|---|---|
| 錦<br>비단 | 繡<br>수놓을 | 江<br>강 | 山<br>메 |

| 錦 | 繡 | 江 | 山 |
|---|---|---|---|

'비단을 수놓은 것처럼 아름다운 강과 산'이라는 뜻으로, 빼어난 국토의 경관에 빗대어 쓰는 말이다.

| 금시초문 | | | |
|---|---|---|---|
| 今<br>이제 | 始<br>비로소 | 初<br>처음 | 聞<br>들을 |

| 今 | 始 | 初 | 聞 |
|---|---|---|---|

'이제야 비로소 처음으로 들음.'이라는 뜻으로, 어떤 소식이나 사실을 처음 들었을 때 사용하는 표현이다.

| 금의야행 | | | |
|---|---|---|---|
| 錦<br>비단 | 衣<br>옷 | 夜<br>밤 | 行<br>다닐 |

| 錦 | 衣 | 夜 | 行 |
|---|---|---|---|

'비단옷을 입고 밤길을 다닌다.'라는 뜻으로, 멋진 비단옷을 자랑하러 나섰지만 캄캄한 밤이라 알아주는 사람이 없어서 아무런 보람이 없다는 의미다. 애써 한 일을 아무도 알아주지 않아서 헛수고로 돌아감을 비유한 말이다.

| 기호지세 | | | |
|---|---|---|---|
| 騎<br>말 탈 | 虎<br>범 | 之<br>갈 | 勢<br>형세 |

| 騎 | 虎 | 之 | 勢 |
|---|---|---|---|

'호랑이를 타고 달리는 기세'라는 뜻으로, 호랑이를 타고 달리다가 중간에 내리려고 하면 호랑이에게 잡아먹히기 때문에 도중에 그만두거나 물러설 수 없음을 의미한다. 어떠한 일을 중도에서 그만둘 수 없는 상황을 가리킨다.

| 낙화유수 | | | |
|---|---|---|---|
| 落<br>떨어질 | 花<br>꽃 | 流<br>흐를 | 水<br>물 |

| 落 | 花 | 流 | 水 |
|---|---|---|---|

'떨어지는 꽃과 흐르는 물'이라는 뜻으로, 끝나 가는 봄의 경치를 표현하거나 힘과 세력이 약해져 쇠퇴해 감을 비유하는 말이다.

# 실전 문제로 어휘력 완성하기

● **01** 다음 질문을 읽고 빈칸에 알맞은 답을 넣어 소설의 시점 관련 도식을 완성하시오.

예 ── '나'가 등장하는가? ── 아니오

① ☐ 인칭      ② ☐ 인칭

'나'가 주인공인가?      인물의 속마음을 아는가?

예   아니오      예   아니오

③ ☐ 인칭 ☐☐☐   ④ ☐ 인칭 ☐☐☐   ⑤ ☐☐☐☐ 시점   ⑥ ☐ 인칭 ☐☐☐

① (               )         ② (               )

③ (               )         ④ (               )

⑤ (               )         ⑥ (               )

● **02~03** 다음 글에서 두드러지게 드러난 소설의 시점은?

**02**

우리 아저씨 말이지요, 아따 저 거시키, 한참 당년에 무엇이냐 그놈의 것, 사회주의라더냐, 막걸리라더냐 그걸 하다, 징역 살고 나와서 폐병으로 시방 앓고 누웠는 우리 오촌 고모부 그 양반…….

머, 말두 마시오. 대체 사람이 어쩌면 글쎄…… 내 원!

신세 간 데 없지요.

자, 십 년 적공, 대학교까지 공부한 것 풀어먹지도 못했지요, 좋은 청춘 어영부영 다 보냈지요, 신분에는 전과자라는 붉은 도장 찍혔지요, 몸에는 몹쓸 병까지 들었지요, 이 신세를 해가지굴랑은 굴속 같은 오두막집 단간 셋방 구석에서 사시장철 밤이나 낮이나 눈 따악 감고 드러누웠군요.

– 채만식, 「치숙」 중에서

(                   )

**03**

속 타는 불김을 입으로 불어 가며 허덕지덕 올라오다 엄지손가락으로 코를 힝 풀어 그 옆 전봇대 허리에 쓱 문댈 때에는 그는 어지간히 가슴이 답답하였다. 당장 지게를 벗어던지고 푸른 그늘에 가 나자빠지고 싶은 생각이 굴뚝같으련만 그걸 못 하니 짜증이 안 날 수 없다.

– 김유정, 「땡볕」 중에서

(                   )

● 04~06 다음 설명에 맞는 글자를 골라 ①한글과 ②한자로 쓰시오.

| 批 비평할 비 | 況 상황 황 | 敬 공경 경 | 評 평할 평 | 景 볕 경 | 意 뜻 의 |
|---|---|---|---|---|---|

04 존경하는 뜻.                                          (①      ), (②       )

05 정신적·시간적 여유나 형편.                              (①      ), (②       )

06 옳고 그름, 아름다움과 추함 등을 평가하여 가치를 논함.   (①      ), (②       )


● 07~09 제시된 초성을 참고하여 다음 예문을 완성하시오.

07 이번에 새로 출시된 제품은 해외에서도 많은 ㅎㅍ 을 받고 있다.          (       )
좋게 평하는 평가.

08 이 영화는 역사를 왜곡했다는 ㅎㅍ 이 쏟아지고 있다.                  (       )
몹시 모질고 심하게 평가함.

09 사랑에서든 종교에서든 무조건적인 ㅁㅅ 은 금물이다.                  (       )
옳고 그름을 이성적으로 따지지 않고 무조건 믿음.


● 10~12 보기 를 참고하여 내용에 맞는 사자성어를 완성하세요.

보기

| 의 | 기 | 금 | 세 | 지 | 초 |
|---|---|---|---|---|---|
| 시 | 행 | 문 | 호 | 야 | 금 |

10 어떤 소식이나 사실을 처음 들었을 때 사용하는 표현.          (       )

11 애써 한 일을 아무도 알아주지 않아서 헛수고로 돌아간다는 말.   (       )

12 어떠한 일을 중도에서 그만둘 수 없는 상황을 가리키는 말.      (       )

05

---

제1차시 | ## 국어 실력 확인 문제

※ **01~03** 다음 글에 사용된 소설의 서술 방식을 **보기** 에서 찾아 쓰시오.

**보기**

대화　의식의 흐름 기법　요약적 제시　묘사

**01**

> 자, 십 년 적공, 대학교까지 공부한 것 풀어 먹지도 못했지요. 좋은 청춘 어영부영 다 보냈지요, 신분에는 전과자라는 붉은 도장 찍혔지요. 몸에는 몹쓸 병까지 들었지요.
>
> – 채만식, 「치숙」 중에서

( 　　　　　 )

**02**

> 산골에 가을은 무르녹았다.
> 아름드리 노송은 뻑뻑이 늘어박혔다. 무거운 송낙을 머리에 쓰고 건들건들. 새새이 끼인 도토리, 벚, 돌배, 갈잎들은 울긋불긋. 잔디를 적시며 맑은 샘이 쫄쫄거린다. 산토끼 두 놈은 한가로이 마주 앉아 그 물을 할짝거리고. 이따금 정신이 나는 듯 가랑잎은 부수수하고 떨린다.
>
> – 김유정, 「만무방」 중에서

( 　　　　　 )

**03**

> "고향에 가시니 반가워하는 사람이 있습디까?"
> 나는 탄식하였다.
> "반가워하는 사람이 다 뭐기오, 고향이 통 없어졌더머."
> "그렇겠지요. 구 년 동안이면 퍽 변했겠지요."
> "변하고 뭐고 간에 아무것도 없더마. 집도 없고 사람도 없고 개 한 마리도 얼씬을 않더마."
>
> – 현진건, 「고향」 중에서

( 　　　　　 )

※ **04~07** 다음 설명에 맞는 단어를 **보기** 에서 찾아 쓰시오.

**보기**

가설　논거　논지　방책

**04** 어떤 일을 해결할 방법과 꾀. ( 　　　 )

**05** 이론이나 주장을 뒷받침하는 근거.

( 　　　 )

**06** 주장하는 말이나 글의 목적이나 취지.

( 　　　 )

**07** 어떤 사실을 설명하려고 임시로 세운 이론.

( 　　　 )

※ **08~11** 다음 설명을 읽고 초성에 맞는 단어를 쓰시오.

**08** 반대하거나 반항하는 감정.　ㅂㄱ ☐☐

**09** 서로 도우며 함께 살아가는 것.　ㄱㅅ ☐☐

**10** 실수로 잘못 말해 남에게 실례를 범하는 것.

ㅅㅇ ☐☐

**11** 알맞지 않게 쓰거나 나쁜 일에 씀.

ㅇㅇ ☐☐

**12** 어떤 일을 이루기가 매우 어려울 때 쓰는 사자성어는?

① 난형난제(難兄難弟)　② 낭중지추(囊中之錐)
③ 난공불락(難攻不落)　④ 남가일몽(南柯一夢)

**13** 공을 세운 사람에게 상을 주고 피해를 준 사람에게 벌을 준다는 뜻의 사자성어는?

① 남부여대(男負女戴)　② 논공행상(論功行賞)
③ 남가일몽(南柯一夢)　④ 낭중지추(囊中之錐)

# 시험 빈출 어휘로 국어 개념 잡기

## ─── 서술 방식 ───

서술자가 이야기를 전하는 방식과 관계된 모든 사항을 '서술 방식'이라고 한다. 소설 표현의 중심을 이루는 진술 방식에는 요약적 제시(서술), 묘사, 대화 등이 있다.

---

### 요약적 제시
요긴할 要 맺을 約

서술자가 사건의 정황이나 인물에 관한 설명 등을 핵심적인 내용만 요약해서 독자에게 전달하는 것이다. 긴 내용을 압축하여 전달하므로 독자는 사건이 빠르게 전개된다고 느끼게 된다.

예 채만식, 「치숙」 중에서

> 자, 십 년 적공, 대학교까지 공부한 것 풀어 먹지도 못했지요. 좋은 청춘 어영부영 다 보냈지요, 신분에는 전과자라는 붉은 도장 찍혔지요. 몸에는 몹쓸 병까지 들었지요.

➡ 서술자 '나'가 아저씨의 과거를 □□ 제시로 설명하고 있다.

---

### 묘사
그릴 描 베낄 寫

하나의 장면을 그림을 보듯 글로 상세하게 표현하는 것이다. 어떤 대상의 모양이나 감촉, 빛깔, 냄새, 소리 등을 구체적으로 표현하는 것이다.

예 김유정, 「만무방」 중에서

> 산골에 가을은 무르녹았다.
> 아름드리 노송은 뻑뻑이 늘어박혔다. 무거운 송낙을 머리에 쓰고 건들건들. 새새이 끼인 도토리, 벚, 돌배, 갈잎들은 울긋불긋. 잔디를 적시며 맑은 샘이 쫄쫄거린다. 산토끼 두 놈은 한가로이 마주 앉아 그 물을 할짝거리고. 이따금 정신이 나는 듯 가랑잎은 부수수하고 떨린다.

➡ 산골의 가을 풍경을 생생하게 □□하여 표현하였다.

---

### 대화
대할 對 말씀 話

인물과 인물이 주고받는 말로, 인물의 성격과 심리를 드러내고 사건을 전개시킨다. 대화를 적절히 활용하면 사건이나 상황을 생생한 장면으로 만들어 보여 줄 수 있다.

예 현진건, 「고향」 중에서

> "고향에 가시니 반가워하는 사람이 있습디까?"
> 나는 탄식하였다.
> "반가워하는 사람이 다 뭐기오, 고향이 통 없어졌더마."
> "그렇겠지요. 구 년 동안이면 퍽 변했겠지요."
> "변하고 뭐고 간에 아무것도 없더마. 집도 없고 사람도 없고 개 한 마리도 얼씬을 않더마."
> "그러면 아주 폐농이 되었단 말씀이오."
> "흥, 그렇구마. 무너지다가 담만 즐비하게 남았즈마. 우리 살던 집도 터야 안 남았겠는기오."

➡ 인물과 인물 사이의 □□로 내용이 전개된다.

# 교과서 필수 단어로 어휘력 키우기

| | |
|---|---|
| **가설**<br>거짓假 말씀說 | 어떤 사실을 설명하려고 임시로 세운 이론.<br>예 공룡 멸종에 대해 운석 충돌설과 같이 다양한 ☐☐ 이 존재한다. |
| **논지**<br>논할論 뜻旨 | 주장하는 말이나 글의 목적이나 취지.<br>예 각 문단을 요약해 보면 글의 ☐☐ 를 쉽게 파악할 수 있다. |
| **논거**<br>논할論 근거據 | 이론이나 주장을 뒷받침하는 근거.<br>예 토론할 때 상대방에게 명백한 ☐☐ 를 제시해야 한다. |
| **궁색**<br>다할窮 변방塞 | 매우 가난함.<br>예 이도령은 ☐☐ 한 차림에 바싹 여윈 얼굴로 나타났다. |
| **반감**<br>돌이킬反 느낄感 | 반대하거나 반항하는 감정.<br>예 경쟁에서 상대를 비방하면 오히려 ☐☐ 을 살 수 있다. |
| **공생**<br>한가지共 날生 | 서로 도우며 함께 살아가는 것.<br>예 더불어 사는 세상에서는 경쟁보다 ☐☐ 이 더 중요하다. |
| **방책**<br>모方 꾀策 | 어떤 일을 해결할 방법과 꾀.<br>예 대중교통의 이용이 미세먼지를 줄이는 최선의 ☐☐ 이다. |
| **실언**<br>잃을失 말씀言 | 실수로 잘못 말해 남에게 실례를 범하는 것.<br>예 사고 현장을 찾은 정치인은 무례한 ☐☐ 으로 물의를 빚었다. |
| **심보** | • 마음을 쓰는 태도.<br>• 남을 대하는 마음 자세.<br>예 어떤 노력도 하지 않고 쉽게 성공하려는 ☐☐ 를 버려야 한다. |
| **악용**<br>악할惡 쓸用 | 알맞지 않게 쓰거나 나쁜 일에 씀.<br>예 안락사가 법적으로 허용되면 ☐☐ 될 가능성이 크다. |

# 사자성어로 어휘력 확장하기

※ 한자를 따라 쓰고 뜻과 음을 쓰세요.

### 난공불락

| 難 | 攻 | 不 | 落 |
|---|---|---|---|
| 어려울 | 칠 | 아닐 | 떨어질 |

| 難 | 攻 | 不 | 落 |
|---|---|---|---|
| 어려울 난 | 칠 공 | 아닐 불 | 떨어질 락 |

'공격하기 어려워 쉽게 함락되지 않는다.'라는 뜻으로, 무너뜨리기 어려운 상대를 지칭하거나 어떤 일을 이루기가 매우 어려운 경우에 쓰는 말이다.

### 난형난제

| 難 | 兄 | 難 | 弟 |
|---|---|---|---|
| 어려울 | 형 | 어려울 | 아우 |

| 難 | 兄 | 難 | 弟 |
|---|---|---|---|

'누구를 형이라 하고 누구를 아우라 하기 어렵다.'라는 뜻으로, 누가 더 낫다고 할 수 없을 정도로 우열을 판단하기 어려움을 의미한다.

### 남가일몽

| 南 | 柯 | 一 | 夢 |
|---|---|---|---|
| 남녘 | 가지 | 한 | 꿈 |

| 南 | 柯 | 一 | 夢 |
|---|---|---|---|

'남쪽 나뭇가지에서의 꿈'이라는 뜻으로, 덧없는 꿈이나 한때의 헛된 부귀영화를 이르는 말이다.

### 남부여대

| 男 | 負 | 女 | 戴 |
|---|---|---|---|
| 사내 | 짐을 질 | 여자 | 일 |

| 男 | 負 | 女 | 戴 |
|---|---|---|---|

'남자는 짐을 지고, 여자는 짐을 머리에 인다.'라는 뜻으로, 가난한 사람이나 재난을 당한 사람들이 살 곳을 찾아서 이리저리 떠돌아다니는 것을 의미한다.

### 낭중지추

| 囊 | 中 | 之 | 錐 |
|---|---|---|---|
| 주머니 | 가운데 | 갈 | 송곳 |

| 囊 | 中 | 之 | 錐 |
|---|---|---|---|

'주머니 속에 들어 있는 송곳'이라는 뜻으로, 뾰족한 송곳은 가만히 있어도 주머니를 뚫고 나오듯이 재주가 뛰어난 사람은 어디서든 두각을 나타냄을 의미한다.

### 논공행상

| 論 | 功 | 行 | 賞 |
|---|---|---|---|
| 논할 | 공 | 다닐 | 상줄 |

| 論 | 功 | 行 | 賞 |
|---|---|---|---|

'공적의 크고 작음을 따져서 거기에 알맞은 상을 내린다.'라는 뜻으로, 여럿이 모여 어떠한 일을 도모할 때 공적에 따라 서열을 매겨서 상을 주는 것을 가리킨다.

# 실전 문제로 어휘력 완성하기

● 01~03 다음 글에서 두드러지게 드러난 서술 방식을 쓰시오.

**01**

> 밤중을 지난 무렵인지 죽은 듯이 고요한 속에서 짐승 같은 달의 숨소리가 손에 잡힐 듯이 들리며, 콩 포기와 옥수수 잎새가 한층 달에 푸르게 젖었다. 산허리는 온통 메밀밭이어서 피기 시작한 꽃이 소금을 뿌린 듯이 흐뭇한 달빛에 숨이 막힐 지경이다.
>
> — 이효석, 「메밀꽃 필 무렵」 중에서

(                    )

**02**

> "모친의 친정은 원래부터 제천이었던가?"
> "웬걸요. 시원스리 말은 안 해주나 봉평이라는 것만은 들었죠."
> "봉평? 그래, 그 아비 성은 무엇이구?"
> "알 수 있나요. 도무지 듣지를 못했으니까."
>
> …중략…
>
> "그래 모친은 아비를 찾지는 않는 눈치지?"
> "늘 한 번 만나고 싶다고는 하는데요."
> "지금 어디 계신가?"
> "의부와도 갈라져서 제천에 있죠. 가을에는 봉평에 모셔 오려고 생각 중인데요. 이를 물고 벌면 이럭저럭 살아갈 수 있겠죠."
>
> — 이효석, 「메밀꽃 필 무렵」 중에서

(                    )

**03**

> 드팀전 장돌이를 시작한 지 이십 년이나 되어도 허 생원은 봉평장을 빼논 적은 드물었다. 충주 제천 등의 이웃 군에도 가고, 멀리 영남 지방도 헤매기는 하였으나 강릉쯤에 물건 하러 가는 외에는 처음부터 끝까지 군내를 돌아다녔다.
>
> — 이효석, 「메밀꽃 필 무렵」 중에서

(                    )

● 04~06 다음 설명에 맞는 글자를 골라 ①한글과 ②한자로 쓰시오.

| 論 | 說 | 策 | 旨 | 假 | 方 |
|---|---|---|---|---|---|
| 논할 논 | 말씀 설 | 꾀 책 | 뜻 지 | 거짓 가 | 모 방 |

04 어떤 사실을 설명하려고 임시로 세운 이론.　　　　(① 　　　　　), (② 　　　　　)

05 어떤 일을 해결할 방법과 꾀.　　　　(① 　　　　　), (② 　　　　　)

06 주장하는 말이나 글의 목적이나 취지.　　　　(① 　　　　　), (② 　　　　　)

● 07~09 제시된 초성을 참고하여 다음 예문을 완성하시오.

07 지도부에 ㅂㄱ 을 가졌던 사람을 중심으로 탈퇴가 이루어졌다.　　　( 　　　　　)
　　　반대하거나 반항하는 감정.

08 공적인 위치에 있는 사람의 ㅅㅇ 은 국민들에게 용서를 받기 어렵다.　　　( 　　　　　)
　　　실수로 잘못 말해 남에게 실례를 범하는 것.

09 분실한 신분증이 범죄에 ㅇㅇ 되는 사례가 늘고 있다.　　　( 　　　　　)
　　　알맞지 않게 쓰거나 나쁜 일에 씀.

● 10~12 보기 를 참고하여 내용에 맞는 사자성어를 완성하세요.

보기

| 가 | 중 | 공 | 낭 | 일 | 상 |
|---|---|---|---|---|---|
| 몽 | 남 | 추 | 행 | 논 | 지 |

10 덧없는 꿈이나 한때의 헛된 부귀영화를 이르는 말.　　　( 　　.　　 )

11 재주가 뛰어난 사람은 어디서든 두각을 나타낸다는 말.　　　( 　　　　　)

12 어떠한 일을 도모할 때 공적에 따라 서열을 매겨 상을 주는 것을 가리키는 말.　　　( 　　　　　)

## 국어 실력 확인 문제

제1차시

※ **01~03** 다음 제시문에서 두드러진 서술 방식을 보기 에서 찾아 쓰시오.

보기
- 서술자의 개입
- 의식의 흐름 기법
- 신뢰성 없는 서술자 효과

**01**
> 어사또 남원의 공무 다한 후에 춘향 모녀와 향단이를 서울로 데려갈새. 위의가 찬란하니 세상 사람들이 누가 아니 칭찬하랴. 이때 춘향이 남원을 하직할새. 영귀하게 되었건만 고향을 이별하니 일희일비가 아니 되랴.
>
> – 작자 미상, 「춘향전」 중에서

( )

**02**
> 잔소리를 두루 늘어놓다가 남이 들을까 봐 손으로 입을 틀어막고는 그 속에서 깔깔댄다. 별로 우스울 것도 없는데 날씨가 풀리더니 이 놈의 계집애가 미쳤나 하고 의심하였다.
>
> – 김유정, 「동백꽃」 중에서

( )

**03**
> 나는 그러나 그들의 아무와도 놀지 않는다. 놀지 않을 뿐만 아니라 인사도 않는다. 나는 내 아내와 인사하는 외에 누구와도 인사하고 싶지 않았다.
>
> – 이상, 「날개」 중에서

( )

※ **04~07** 다음 설명에 맞는 단어를 보기 에서 찾아 쓰시오.

보기

인용   신망   편찬   관문

**04** 남의 글에서 일부를 자신의 글 속에 넣어 사용함.
( )

**05** 여러 가지 자료를 모아 체계적으로 정리하여 책을 만듦.
( )

**06** 믿고 기대함.
( )

**07** 어떤 일을 하기 위해 반드시 거쳐야 하는 중요한 과정.
( )

※ **08~11** 다음 설명을 읽고 초성에 맞는 단어를 쓰시오.

**08** 처음 쓴 글.  ㅊㄱ ☐☐

**09** 원고 쓰기를 마침.  ㅌㄱ ☐☐

**10** 같은 종류의 개체 사이에서 모양이나 성질이 다르게 나타남.  ㅂㅇ ☐☐

**11** 옷을 꾸민 모양 또는 옷과 장신구.  ㅂㅅ ☐☐

**12** 아슬아슬하고 위태로운 상황을 뜻하는 사자성어는?
① 능소능대(能小能大)  ② 누란지위(累卵之危)
③ 다기망양(多岐亡羊)  ④ 단도직입(單刀直入)

**13** 소박하게 사는 청빈한 삶을 뜻하는 사자성어는?
① 단사표음(簞食瓢飲)  ② 대경실색(大驚失色)
③ 능소능대(能小能大)  ④ 다기망양(多岐亡羊)

# 시험 빈출 어휘로 국어 개념 잡기

── 다양한 서술 방식 ──

사회가 복잡해지고 다양한 사회 문제가 발생하면서 소설 속 사건들이 시간 순서대로 전개되는 것이 아니라, 서술 자가 직접 의견을 표현하거나 의식에 떠오르는 그대로 이야기를 서술하는 등 다양한 서술 방식으로 전개된다.

## 서술자의 개입
(편집자적 논평)

작품 밖에 있는 서술자가 작품 속에서 사건이나 인물에 대한 자신의 감정, 생각 을 드러내거나 독자에게 말을 거는 것을 '서술자의 개입' 또는 '편집자적 논평'이 라고 한다. 고전 소설에 많이 나타나는 서술 방식이다.

예 작자 미상, 「춘향전」 중에서

> 어사또 남원의 공무 다한 후에 춘향 모녀와 향단이를 서울로 데려갈새. 위의가 찬란 하니 세상 사람들이 누가 아니 칭찬하랴. 이때 춘향이 남원을 하직할새. 영귀하게 되었 건만 고향을 이별하니 일희일비가 아니 되랴.

➡ 서술자가 직접 춘향의 절개를 칭찬하는 '☐☐의 ☐☐' 또는 '☐☐☐☐ ☐☐'이다.

## 의식의 흐름 기법

한 인물의 머릿속에 떠오르는 기억이나 생각, 느낌 등을 떠오르는 그대로 줄줄 써 내려가는 서술 방식이다. 따라서 의도된 구성이나 논리적인 인과 관계 없이 개인의 의식의 흐름에 따라 자유분방하게 전개된다.

예 이상, 「날개」 중에서

> 나는 그러나 그들의 아무와도 놀지 않는다. 놀지 않을 뿐만 아니라 인사도 않는다. 나 는 내 아내와 인사하는 외에 누구와도 인사하고 싶지 않았다. 내 아내 외의 다른 사람과 인사를 하거나 놀거나 하는 것은 내 아내 낯을 보아 좋지 않은 일인 것만 같이 생각이 되었기 때문이다. 나는 이만큼까지 내 아내를 소중히 생각한 것이다.

➡ 혼란스러운 주인공의 내면을 ☐☐의 ☐☐ ☐☐으로 표현하고 있다.

## 신뢰성 없는 서술자 효과

'신뢰성 없는 서술자'란 자기가 서술하는 일들에 관한 인식과 평가가 미성숙하고 무지하여 정확하게 파악하지 못하는 서술자를 말한다. 보통 순진한 사람이나 어 린이를 서술자로 설정하는데, 화자의 내면과 외부 세계의 차이를 통해 주제를 부 각시킬 때 효과적이다.

예 김유정, 「동백꽃」 중에서

> 잔소리를 두루 늘어놓다가 남이 들을까 봐 손으로 입을 틀어막고는 그 속에서 깔깔댄다. 별로 우스울 것도 없는데 날씨가 풀리더니 이놈의 계집애가 미쳤나 하고 의심하였다.

➡ 순진하고 어리숙한 주인공을 서술자로 설정함으로써 사춘기 남녀 간의 순수한 사랑을 더욱 부각시킨다.

# 교과서 필수 단어로 어휘력 키우기

| | |
|---|---|
| **결속**<br>맺을 結 묶을 束 | 뜻이 같은 사람들끼리 하나로 뭉침.<br>예 감독은 선수들의 ☐☐ 을 강화하고자 단합 훈련을 결정했다. |
| **인용**<br>끌 引 쓸 用 | 남의 말이나 글에서 필요한 부분을 끌어다가 자신의 말이나 글 속에 넣어 사용함.<br>예 성경에서 가장 좋아하는 구절을 ☐☐ 하여 머리말을 작성했다. |
| **편찬**<br>엮을 編 모을 纂 | 여러 가지 자료를 모아 체계적으로 정리하여 책을 만듦.<br>예 시골 분교 학생들이 쓴 일기를 ☐☐ 한 책이다. |
| **초고**<br>풀 草 볏짚 稿 | 처음 쓴 글.<br>예 집필을 시작한 지 다섯 달 만에 ☐☐ 가 완성되었다. |
| **탈고**<br>벗을 脫 볏짚 稿 | 원고 쓰기를 마침.<br>예 작가는 몇 차례 수정을 거쳐 ☐☐ 한 원고를 출판사에 넘겼다. |
| **수모**<br>받을 受 업신여길 侮 | 모욕을 받음.<br>예 가난한 이민자로 온갖 ☐☐ 를 겪었지만, 지금은 사업가로 성공했다. |
| **신망**<br>믿을 信 바랄 望 | 믿고 기대함.<br>예 그는 성실함과 정직함으로 사람들의 ☐☐ 을 한몸에 받았다. |
| **관문**<br>관계할 關 문 門 | • 어떤 곳에 가려면 반드시 지나야만 하는 부분이나 장소.<br>• 어떤 일을 하려면 반드시 거쳐야 하는 힘들고 중요한 과정.<br>예 입국의 첫 ☐☐ 인 공항이 방역에서 가장 중요하다. |
| **변이**<br>변할 變 다를 異 | 같은 종류의 개체 사이에서 모양이나 성질이 다르게 나타남.<br>예 독감 바이러스는 매년 ☐☐ 를 일으키기 때문에 새로운 백신이 필요하다. |
| **복식**<br>옷 服 꾸밀 飾 | 옷을 꾸민 모양 또는 옷과 장신구를 뜻함.<br>예 한복은 우리 민족의 역사와 혼이 담긴 전통 ☐☐ 이다. |

# 사자성어로 어휘력 확장하기

※ 한자를 따라 쓰고 뜻과 음을 쓰세요.

## 누란지위

| 累 | 卵 | 之 | 危 |
|---|---|---|---|
| 묶을 | 알 | 갈 | 위태할 |

| 累 | 卵 | 之 | 危 |
|---|---|---|---|
| 묶을 누 | 알 란 | 갈 지 | 위태할 위 |

'알을 쌓아 놓은 듯한 위태로움'이라는 뜻으로, 여러 개의 알을 쌓아 놓은 것처럼 위태위태한 형편을 이르는 말이다.

## 능소능대

| 能 | 小 | 能 | 大 |
|---|---|---|---|
| 공평할 | 평평할 | 없을 | 사사 |

| 能 | 小 | 能 | 大 |
|---|---|---|---|

'작은 것에도 능하고 큰 것에도 능하다.'라는 뜻으로, 모든 일에 두루 능숙한 경우 쓰는 말이다.

## 다기망양

| 多 | 岐 | 亡 | 羊 |
|---|---|---|---|
| 많을 | 갈림길 | 망할 | 양 |

| 多 | 岐 | 亡 | 羊 |
|---|---|---|---|

'여러 갈림길이 있어 양을 잃어버렸다.'라는 뜻으로, 학문의 길이 너무 많아서 참된 진리를 찾기 어렵다는 것을 의미한다. 방침이 많아 어찌 할지 헷갈리는 경우를 가리키는 말로도 쓰인다.

## 단도직입

| 單 | 刀 | 直 | 入 |
|---|---|---|---|
| 홑 | 칼 | 곧을 | 들 |

| 單 | 刀 | 直 | 入 |
|---|---|---|---|

'혼자서 칼 한 자루를 들고 거침없이 쳐들어간다.'라는 뜻으로, 곧바로 요점부터 말하고 시작하는 것을 가리킨다.

## 단사표음

| 簞 | 食 | 瓢 | 飮 |
|---|---|---|---|
| 소쿠리 | 먹이 | 바가지 | 마실 |

| 簞 | 食 | 瓢 | 飮 |
|---|---|---|---|

'대나무 그릇에 담긴 밥과 표주박의 물'이라는 뜻으로, 작은 것에 만족하며 소박하게 사는 청빈한 삶을 가리킨다.

## 대경실색

| 大 | 驚 | 失 | 色 |
|---|---|---|---|
| 클 | 놀랄 | 잃을 | 빛 |

| 大 | 驚 | 失 | 色 |
|---|---|---|---|

'크게 놀라 얼굴빛을 잃는다.'라는 뜻으로, 너무 놀라 얼굴빛이 하얗게 변하는 모습을 의미한다.

# 실전 문제로 어휘력 완성하기

● 다음 소설을 읽고 물음에 답하시오.

"…… 멋 하러 오냐? 돈 달라러 오지?"
"동경서 전보가 왔는데요……."
<u>지체를 바꾸어, 윤 주사*를 점잖고 너그러운 아버지로, 윤 직원* 영감을 속사 납고 경망스런 어린 아들로 둘러놓았으면 꼬옥 맞겠습니다.</u>
"동경서? 전보?"
"종학이 놈이 경시청*에 붙잽혔다구요!"
"으엉?"

– 채만식, 『태평천하』 중에서

*주사: 예전에 군청에서 일하던 '군 서기'를 일컫던 말.
*직원: 일제 강점기에 향교나 경학원의 직무를 맡아 하던 사람.
*경시청: 대한 제국 때, 한성부와 경기도의 경찰 및 소방 업무를 맡아 보던 관청.

**01** 밑줄 친 부분은 작품 밖의 서술자가 자신의 생각을 드러낸 부분이다.
이러한 서술 방식을 가리키는 용어는?

(                ) 또는 (                )

● 다음 소설을 읽고 물음에 답하시오.

'박제가 되어 버린 천재'를 아시오? 나는 유쾌하오. 이런 때 연애까지가 유쾌하오.
육신이 <u>흐느적흐느적하도록</u> 피로했을 때만 정신이 은화처럼 맑소. 니코틴이 내 횟배 앓는 뱃속으로 스미면 머릿속에 으레 백지가 준비되는 법이오. 그 위에다 나는 위트와 파라독스*를 바둑 포석*처럼 늘어놓소. 가증할 상식의 병이오.

– 이상, 「날개」 중에서

*파라독스: 모순 속에 중요한 진리를 함축하고 있는 역설. '패러독스'가 바른 표기.
*포석: 바둑에서 중반전의 싸움이나 집 차지에 유리하도록 초반에 돌을 벌여 놓는 일.

**02** 이 글의 서술상의 특징으로 적절한 것은?
① 사건의 경과를 요약하여 제시하고 있다.
② 인과 관계를 통해 사건을 전개하고 있다.
③ 작품 밖의 서술자가 인물을 분석하여 평가를 내린다.
④ 서술자가 구체적인 묘사를 통해 사건을 진술하고 있다.
⑤ 의식의 흐름 기법을 통해 인물의 내면세계를 표현하고 있다.

● 03~05  다음 설명에 맞는 글자를 골라 ①한글과 ②한자로 쓰시오.

| 信 | 束 | 編 | 望 | 結 | 纂 |
|---|---|---|---|---|---|
| 믿을 신 | 묶을 속 | 엮을 편 | 바랄 망 | 맺을 결 | 모을 찬 |

03  뜻이 같은 사람들끼리 하나로 뭉침.　　　　　　　　　　(①　　　　　　), (②　　　　　　)

04  여러 가지 자료를 체계적으로 정리하여 책을 만듦.　　(①　　　　　　), (②　　　　　　)

05  믿고 기대하는 것.　　　　　　　　　　　　　　　　　(①　　　　　　), (②　　　　　　)


● 06~08  제시된 초성을 참고하여 다음 예문을 완성하시오.

06  유명한 시의 한 구절이 드라마 대사에 | ㅇ | ㅇ | 되었다.　　　　　　　　(　　　　　　)
　　　　　　　　　　　　　　남의 말이나 글에서 필요한 부분을 자신의 말이나 글에 넣어 사용함.

07  이 책은 | ㅌ | ㄱ | 한 지 5년이 지나서야 출판하게 되었다.　　　　　　(　　　　　　)
　　　　　원고 쓰기를 마침.

08  대관령은 영동 지역으로 들어오는 가장 큰 | ㄱ | ㅁ | 인 셈이다.　　　(　　　　　　)
　　　　　　　　　　　　　　　어떤 곳에 가려면 반드시 지나야만 하는 부분이나 장소.


● 09~11  보기 를 참고하여 내용에 맞는 사자성어를 완성하세요.

보기

| 란 | 입 | 단 | 대 | 색 | 지 |
|---|---|---|---|---|---|
| 도 | 누 | 경 | 위 | 실 | 직 |

09  아슬아슬하고 위태로운 상황을 비유한 말.　　　　　　　　　　(　　　　　　)

10  곧바로 요점부터 말하는 것을 가리키는 말.　　　　　　　　　　(　　　　　　)

11  너무 놀라 얼굴빛이 하얗게 변하는 모습을 가리키는 말.　　　　(　　　　　　)

07

## 국어 실력 확인 문제

제1차시

※ 01~04 다음 설명에 해당하는 문체를 보기 에서 찾으시오.

보기

만연체　강건체　우유체　구어체　문어체

01
일상의 대화체가 아니라 글에서 쓰는 문체이다.

(　　　　　)

02
말하는 투가 부드럽고 우아하며 다정하게 느껴지는 문체이다.

(　　　　　)

03
주장이 뚜렷하여 호소력이 느껴지는 문체이다.

(　　　　　)

04
많은 어구를 이용하여 같은 말을 되풀이하고, 덧붙이고, 꾸미고, 설명함으로써 문장을 길게 표현하는 문체이다.

(　　　　　)

※ 05~08 다음 설명에 맞는 단어를 보기 에서 찾아 쓰시오.

보기

개요　과오　논증　논박

05 부주의나 태만에서 비롯된 잘못이나 실수.

(　　　　　)

06 전체 중에서 주요 내용을 뽑아 간략히 정리한 것.

(　　　　　)

07 주장의 잘못된 점을 조리 있게 공격하여 말함.

(　　　　　)

08 옳고 그름에 대하여 그 이유나 근거를 들어 밝힘.

(　　　　　)

※ 09~12 다음 설명을 읽고 초성에 맞는 단어를 쓰시오.

09 산등성이를 따라 죽 이어진 선.

ㄴㅅ ☐☐

10 글, 노래 등을 지을 때 다른 사람 작품의 일부를 몰래 따와서 씀.

ㅍㅈ ☐☐

11 출판하였던 책을 더 이상 펴내지 않음.

ㅈㅍ ☐☐

12 소리 내지 않고 속으로 글을 읽음.

ㅁㄷ ☐☐

13 가혹한 정치로 백성들이 고통스러운 처지를 겪는 상황을 뜻하는 사자성어는?

① 독수공방(獨守空房)　② 도탄지고(塗炭之苦)
③ 대기만성(大器晚成)　④ 독불장군(獨不將軍)

14 남의 의견을 무시하고 혼자 모든 일을 처리하는 사람을 비유하는 사자성어는?

① 대성통곡(大聲痛哭)　② 독불장군(獨不將軍)
③ 독서삼도(讀書三到)　④ 대기만성(大器晚成)

# 시험 빈출 어휘로 국어 개념 잡기

| | |
|---|---|
| **간결체**<br>대쪽 簡 깨끗할 潔 몸 體 | 문장을 짧게 끊어 간단명료하게 표현한 문체이다. 간결체는 문장이 짧다 보니 내용이 생략되거나 압축되어 있어 독자가 숨은 내용을 추측하며 읽어야 한다.<br><br>**예** 그는 대답이 없었다. 그가 뱉는 한숨 소리만 귀에 들렸다. 무거운 침묵만 감돌았다. |
| **만연체**<br>덩굴 蔓 넓을 衍 몸 體 | 많은 어구를 이용하여 같은 말을 되풀이하고, 덧붙이고, 꾸미고, 설명함으로써 문장을 길게 표현하는 문체이다.<br><br>**예** 박태원, 「아름다운 풍경」 중에서<br><br>내가 현저정 정류소에서 전차를 내렸을 때 나와 함께 내리는 그들을 위하여 그곳에는 일찍부터 그들의 가족이 우산을 준비하여 기다리고 있었고, 더러는 살이 부러지고 구멍이 군데군데 뚫어지고 한 지우산(紙雨傘)을, 박쥐우산을 그들은 반갑게 받아 들고, 그들의 어머니와 그들의 아내와 혹은 그들의 누이와 어깨를 나란히 하고 그들의 집으로 향하여 들어가는 것이 아닌가. |
| **강건체**<br>굳셀 剛 굳셀 健 몸 體 | 매우 강렬한 어투의 문체로 주장이 강하고 뚜렷한 문장을 통해 굳셈과 웅장함, 호소력이 느껴진다.<br><br>**예** 자유! 지금의 자유는 순국선열들의 고귀한 희생으로 얻은 것이다. 절대로 빼앗기거나 물러설 수 없다. |
| **우유체**<br>넉넉할 優 부드러울 柔 몸 體 | 말하는 투가 부드럽고 우아하며 다정하게 느껴지는 문체이다.<br><br>**예** 봄 산에 퍼지는 연두색 물결이 움츠렸던 생명을 흔들어 깨운다. |
| **구어체**<br>입 口 말씀 語 몸 體 | 글에서 쓰는 말투가 아닌 일상생활에서 쓰는 말 그대로 문장에 사용한 문체이다.<br><br>**예** 이인직, 「혈의 누」 중에서<br><br>에그, 갸륵한 부인일세. 저 철없는 옥련이가 그 은혜를 다 알는지. 알기는 무엇을 알아. |
| **문어체**<br>글월 文 말씀 語 몸 體 | 일상적인 대화체인 구어체와 달리 글에서 쓰는 문체이다. 오래된 시대의 말투가 많이 들어 있고, '-느라, -하도다, -더라' 등으로 끝맺는다.<br><br>**예** 이인직, 「혈의 누」 중에서<br><br>무슨 소회가 그리 대단한지 그 부인더러 물을 지경이면 대답할 여가도 없이 옥련이를 부르면서 돌아다니더라. |

# 교과서 필수 단어로 어휘력 키우기

| | |
|---|---|
| **필사**<br>반드시 必 죽을 死 | 죽기를 각오하고 힘을 다함.<br>예 전쟁 포로였던 그는 ⬚⬚ 의 노력으로 탈출에 성공하였다. |
| **표절**<br>겁박할 剽 훔칠 竊 | 글, 노래 등을 지을 때 다른 사람 작품의 일부를 몰래 따와서 씀.<br>예 이번 대회에서 대상 받은 작품이 ⬚⬚ 시비에 휘말렸다. |
| **절판**<br>끊을 絕 판목 版 | • 출판된 책이 다 팔려서 없음.<br>• 출판하였던 책을 더 이상 펴내지 않음.<br>예 그 책은 ⬚⬚ 된 책이라 서점에서 구할 수 없다. |
| **곤욕**<br>곤할 困 욕될 辱 | 심한 모욕이나 참기 힘든 일.<br>예 CCTV가 없었다면 도둑으로 몰려 ⬚⬚ 을 치를 뻔하였다. |
| **과오**<br>지날 過 그르칠 誤 | 부주의나 태만에서 비롯된 잘못이나 실수.<br>예 동생은 지난날 자신의 ⬚⬚ 를 뉘우치며 눈물을 흘렸다. |
| **개요**<br>대개 槪 요긴할 要 | 전체 내용 중에서 주요 내용을 뽑아 간략히 정리한 것.<br>예 글을 잘 쓰려면 먼저 ⬚⬚ 를 작성하고 써야 한다. |
| **능선**<br>모날 稜 줄 線 | 산등성이를 따라 죽 이어진 선.<br>예 이 산은 ⬚⬚ 이 완만하여 초보자도 쉽게 오를 수 있다. |
| **논박**<br>논할 論 논박할 駁 | 어떤 주장이나 의견에 대하여 그 잘못된 점을 조리 있게 공격하여 말함.<br>예 변호사는 수사 내용을 ⬚⬚ 하며 의뢰인의 무죄를 증명하였다. |
| **논증**<br>논할 論 증거 證 | 옳고 그름에 대하여 그 이유나 근거를 들어 밝힘.<br>예 연구 결과는 전문가들의 철저한 ⬚⬚ 을 거치게 된다. |
| **묵독**<br>잠잠할 默 읽을 讀 | 소리 내지 않고 속으로 글을 읽음.<br>예 공공 도서관에서는 소리 내지 않고 ⬚⬚ 으로 책을 읽어야 한다. |

# 사자성어로 어휘력 확장하기

※ 한자를 따라 쓰고 뜻과 음을 쓰세요.

## 대기만성

| 大 | 器 | 晩 | 成 |
|---|---|---|---|
| 클 | 그릇 | 늦을 | 이룰 |

| 大 | 器 | 晩 | 成 |
|---|---|---|---|
| 클 대 | 그릇 기 | 늦을 만 | 이룰 성 |

'큰 그릇은 늦게 이루어진다.'라는 뜻으로, 큰 인물이 되려면 많은 시간과 노력이 필요하다는 의미다.

## 대성통곡

| 大 | 聲 | 痛 | 哭 |
|---|---|---|---|
| 클 | 소리 | 아플 | 울 |

| 大 | 聲 | 痛 | 哭 |
|---|---|---|---|

'큰 소리로 목을 놓아 슬피 욺.'이라는 뜻으로, 목 놓아 큰 소리로 우는 모습을 가리키는 표현이다.

## 도탄지고

| 塗 | 炭 | 之 | 苦 |
|---|---|---|---|
| 칠할 | 숯 | 갈 | 쓸 |

| 塗 | 炭 | 之 | 苦 |
|---|---|---|---|

'진흙에 빠지고 숯불에 타는 것과 같은 고통'이라는 뜻으로, 가혹한 정치로 말미암아 백성들이 몹시 고통스러운 처지를 겪는 상황을 말한다.

## 독불장군

| 獨 | 不 | 將 | 軍 |
|---|---|---|---|
| 홀로 | 아닐 | 장수 | 군사 |

| 獨 | 不 | 將 | 軍 |
|---|---|---|---|

'혼자서는 장군을 못한다.'라는 뜻으로, 남의 의견을 무시하고 혼자 모든 일을 처리하는 사람을 비유한 말이다.

## 독서삼도

| 讀 | 書 | 三 | 到 |
|---|---|---|---|
| 읽을 | 글 | 석 | 이를 |

| 讀 | 書 | 三 | 到 |
|---|---|---|---|

'독서를 하는 데 지켜야 할 세 가지 길'이라는 뜻으로, 책을 읽을 때는 눈으로 보고, 입으로 읽고, 마음으로 깨우쳐 정독해야 한다는 의미이다.

## 독수공방

| 獨 | 守 | 空 | 房 |
|---|---|---|---|
| 홀로 | 지킬 | 빌 | 방 |

| 獨 | 守 | 空 | 房 |
|---|---|---|---|

'빈방에서 혼자 잔다.'라는 뜻으로, 부부가 서로 따로 지내거나 혼자서 외롭게 지내는 것을 의미한다.

08

# 실전 문제로 어휘력 완성하기

● **01~03** 다음 제시문을 읽고 두드러지게 드러난 문체의 유형을 고르시오.

**01**

> 아! 분한지고. 우리 2천만 동포여, 노예 된 동포여! 살았는가, 죽었는가? 단군, 기자* 이래 사천 년 국민정신이 하룻밤 사이에 홀연* 망하고 말 것인가. 원통하고 원통하다. 동포여! 동포여!
>
> — 장지연, 「시일야방성대곡」(논설) 중에서
>
> *기자: 고조선 때에 있었다는 전설상의 국가인 기자 조선의 시조(始祖).
> *홀연: 뜻하지 않게 갑자기.

① 구어체 　② 우유체 　③ 간결체 　④ 강건체 　⑤ 만연체

**02**

> 우리 아저씨 말이지요, 아따 저 거시키, 한참 당년에 무엇이냐 그놈의 것, 사회주의라더냐, 막걸리라더냐 그걸 하다, 징역 살고 나와서 폐병으로 시방 앓고 누웠는 우리 오촌 고모부 그 양반……. 머, 말두 마시오. 대체 사람이 어쩌면 글쎄…… 내 원!
>
> — 채만식, 「치숙」 중에서

① 구어체 　② 문어체 　③ 우유체 　④ 강건체 　⑤ 만연체

**03**

> 나는 두어 번 소리 나게 읊은 뒤에 담배를 붙여 물었다. 담뱃내는 무럭무럭 하늘로 올라간다. 하늘에도 봄이 왔다.
>
> …중략…
>
> 그러나 나는 오래 서 있을 수가 없었다. 어떻든 찾아보자 하고, 현무문으로 가서 문밖에 썩 나섰다. 기자묘의 깊은 솔밭은 눈앞에 쫙 퍼진다.
>
> — 김동인, 「배따라기」 중에서

① 강건체 　② 만연체 　③ 간결체 　④ 우유체 　⑤ 구어체

● 04~06 다음 설명에 맞는 글자를 골라 ①한글과 ②한자로 쓰시오.

| 槪 | 竊 | 剽 | 死 | 必 | 要 |
|---|---|---|---|---|---|
| 대개 개 | 훔칠 절 | 겁박할 표 | 죽을 사 | 반드시 필 | 요긴할 요 |

04 죽기를 각오하고 힘을 다함.        (①          ), (②          )

05 글, 노래 등을 지을 때 다른 사람 작품의 일부를 몰래 따라서 씀.

                                     (①          ), (②          )

06 전체 내용 중에서 주요 내용을 뽑아 간략히 정리한 것.   (①          ), (②          )


● 07~09 제시된 초성을 참고하여 다음 예문을 완성하시오.

07 그 책은 출판한 지 한 달 만에 ㅈㅍ 되어 재판에 들어갔다.     (          )
출판된 책이 다 팔려서 없음.

08 경찰에 붙잡힌 사람은 자신의 ㄱㅇ 를 뉘우치며 눈물을 흘렸다.   (          )
부주의나 태만에서 비롯된 잘못이나 실수.

09 그는 자신의 이론을 ㄴㅈ 하기 위하여 많은 실험과 연구를 진행하였다.   (          )
옳고 그름에 대하여 그 이유나 근거를 들어 밝힘.

● 10~12 보기 를 참고하여 내용에 맞는 사자성어를 완성하시오.

보기

| 성 | 도 | 지 | 방 | 만 | 공 |
|---|---|---|---|---|---|
| 기 | 수 | 고 | 대 | 독 | 탄 |

10 큰 인물이 되려면 많은 시간과 노력이 필요하다는 말.               (          )

11 가혹한 정치로 말미암아 백성들이 몹시 고통스러운 처지를 겪는 상황을 가리키는 말.   (          )

12 부부가 서로 따로 지내거나 혼자서 외롭게 지내는 것을 가리키는 말.       (          )

08

제1차시 **국어 실력 확인 문제**

※ **01~04** 다음 설명에 해당하는 소설 속 갈등의 기능을 보기 에서 찾아 쓰시오.

보기
- 주제 표출
- 극적 긴장감 부여
- 사건 전개
- 인물의 성격 부각

**01**

> 소설에서는 앞에서 발생한 갈등의 결과가 뒤의 사건으로 이어지므로, 앞의 사건에서 벌어진 갈등은 다음 사건을 일으키는 중요한 연결 고리가 된다.

(                    )

**02**

> 작품 속에 드러난 극적인 갈등은 재미를 유발하는 한편 갈등이 심화될수록 위기감이 고조되면서 큰 긴장이나 감동을 불러일으킨다.

(                    )

**03**

> 소설의 갈등은 인물의 내적 요인이나 외부적 환경으로 인해 발생하는데, 이 과정에서 자연스럽게 인물의 가치관과 태도가 드러나게 된다.

(                    )

**04**

> 작품 속에 드러난 극적인 갈등은 독자들에게 흥미를 유발하는 한편 작가가 작품을 통해 말하고자 하는 의도가 드러난다.

(                    )

※ **05~08** 다음 설명에 맞는 단어를 보기 에서 찾아 쓰시오.

보기
결탁        행간        만용        아량

**05** 너그럽고 속이 깊은 마음씨.  (                    )

**06** 글에 직접 드러나 있지 않고 글 속에 숨어 있는 뜻.
(                    )

**07** 어렵거나 위험한 일에 함부로 나서는 지나친 용기.
(                    )

**08** 주로 나쁜 일을 꾸미려고 서로 짜고 한통속이 됨.
(                    )

※ **09~12** 다음 설명을 읽고 초성에 맞는 단어를 쓰시오.

**09** 존재하는 사실이나 사물 따위를 아주 없애 버림.

ㅁ ㅅ □□

**10** 행동이나 일 등을 처음 시작함.  ㄱ ㅅ □□

**11** 예술, 과학 등의 분야에서 특히 뛰어난 사람.

ㄱ ㅈ □□

**12** 두 눈썹의 사이.  ㅁ ㄱ □□

**13** 굳은 의지가 변치 않음을 비유하는 사자성어는?

① 독서삼매(讀書三昧)
② 독야청청(獨也靑靑)
③ 동가홍상(同價紅裳)
④ 동고동락(同苦同樂)

**14** 겉으로 드러나는 행동은 같지만, 속으로는 각자 딴 생각을 하는 것을 뜻하는 사자성어는?

① 동상이몽(同床異夢)
② 두문불출(杜門不出)
③ 동고동락(同苦同樂)
④ 대경실색(大驚失色)

# 시험 빈출 어휘로 국어 개념 잡기

| 갈등<br>칡 葛 등나무 藤 | 어원적으로는 '칡과 등나무처럼 서로 얽혀 있다'는 의미인데, 소설에서는 인물의 내적 심리, 인물 간의 의견이나 관계가 서로 복잡하게 얽혀 있는 것을 말한다. 작가는 현실에서의 다양한 갈등을 토대로 작품을 창작하고, 독자는 작품 속에 나타난 갈등과 그 해결 과정을 간접적으로 경험하면서 현실에서의 갈등 해결에 도움을 받는다.<br>갈등은 소설에서 사건을 전개하는 원동력이자 핵심이므로 반드시 갈등과 사건의 원인과 유형을 파악해야 한다. 갈등은 인물의 성격을 뚜렷하게 제시하고 사건을 전개시킬 뿐만 아니라 작가가 전달하려는 주제 의식을 드러내기도 한다. |
|---|---|

--- 갈등의 기능 ---

| 사건 전개 | 소설은 갈등이 발생하고 해소되는 과정을 통해 이야기가 전개된다. 갈등의 기본적인 기능은 앞뒤 사건을 원인과 결과의 구조로 연결하여 사건을 전개하는 것이다. 앞에서 발생한 갈등의 결과가 뒤의 사건으로 이어지므로, 앞의 사건에서 벌어진 갈등은 다음 사건을 일으키는 중요한 연결 고리가 된다.<br>예 현덕의 「하늘은 맑건만」에서 문기와 수만 사이의 외적 갈등은 문기로 하여금 숙모의 돈을 훔치게 만들고, 점순이 누명을 쓰게 되는 다른 사건으로 전개된다. |
|---|---|
| 극적 긴장감 부여 | '극적'의 사전적 의미는 '극(연극)을 보는 것처럼 큰 긴장이나 감동을 불러일으키는 것'이다. 작품 속에 드러난 극적인 갈등은 재미를 유발하는 한편, 갈등이 심화되면서 위기감이 고조되어 극적 긴장감을 높인다.<br>예 「춘향전」에서 춘향이 수청을 요구하는 변 사또에게 맞서 목숨을 걸고 이를 거부하는 장면에서 극적 긴장감은 고조된다. |
| 인물 성격 부각 | 소설의 갈등은 인물의 내적 요인이나 외부적 환경으로 인해 발생하는데, 이 과정에서 자연스럽게 인물의 가치관과 태도가 드러나게 된다. 이렇게 갈등 상황에서 드러나는 인물의 성격을 보다 분명하게 제시한다.<br>예 채만식의 「태평천하」에서 윤 직원 영감이 인력거꾼과 삯을 놓고 벌이는 갈등에서 윤 직원 영감의 인색한 성격이 잘 드러난다. |
| 주제 표출 | 작품 속에 드러난 극적인 갈등은 독자들에게 흥미를 유발하는 한편 작품의 주제를 분명하게 드러내는 역할을 한다.<br>예 하근찬의 「수난 이대」에서 아버지 만도는 태평양 전쟁에서 한쪽 팔을 잃었고, 아들 진수는 6·25 전쟁에서 한쪽 다리를 잃었다. 작가는 두 부자의 갈등을 통해 민족 전체의 아픔을 화합으로 극복하자는 주제를 드러내고 있다. |

# 교과서 필수 단어로 어휘력 키우기

| | |
|---|---|
| **아량**<br>맑을 雅 헤아릴 量 | 너그럽고 속이 깊은 마음씨.<br>예 선생님은 넓은 [ ][ ]으로 제자의 잘못을 용서하였다. |
| **역정**<br>거스를 逆 뜻 情 | 매우 못마땅하고 언짢아서 내는 화.<br>예 자식의 잘못을 들은 아버지는 얼굴색이 변하며 [ ][ ]을 냈다. |
| **말살**<br>지울 抹 죽일 殺 | 존재하는 사실이나 사물 따위를 아주 없애 버림.<br>예 일제는 삼일 운동 이후 다양한 민족 [ ][ ] 정책을 펼쳤다. |
| **행간**<br>다닐 行 사이 間 | • 쓰거나 인쇄한 글의 줄과 줄 사이.<br>• 글에 직접 드러나 있지 않고 글 속에 숨어 있는 뜻.<br>예 보고서를 읽기 쉽게 글자 크기를 키우고 [ ][ ]을 넓혔다. |
| **개시**<br>열 開 비로소 始 | 행동이나 일 등을 처음 시작함.<br>예 모든 직원은 업무를 [ ][ ] 하기 전에 출근 카드를 찍어야 한다. |
| **거장**<br>클 巨 장인 匠 | 예술, 과학 따위의 어느 일정 분야에서 특히 뛰어난 사람.<br>예 봉 감독은 이번 영화로 세계적인 [ ][ ] 반열에 올라섰다. |
| **미간**<br>눈썹 眉 사이 間 | 두 눈썹의 사이.<br>예 그녀는 머리가 아픈지 [ ][ ]을 잔뜩 찌푸리고 있었다. |
| **만용**<br>오랑캐 蠻 날랠 勇 | 자신의 상황이나 능력을 생각하지 않고 어렵거나 위험한 일에 함부로 나서는 지나친 용기.<br>예 아무런 안전 장비도 없이 절벽을 오르는 것은 지나친 [ ][ ]이다. |
| **결탁**<br>맺을 結 부탁할 託 | 주로 나쁜 일을 꾸미려고 서로 짜고 한통속이 됨.<br>예 그는 부정한 권력과의 [ ][ ]을 거부하고 끝까지 양심을 지켰다. |
| **탈수**<br>벗을 脫 물 水 | • 몸속의 수분이 부족해 생기는 증상.<br>• 물체 안에 들어 있는 물기를 뺌.<br>예 감기에 걸린 아이는 고열로 인해 [ ][ ] 증세를 보였다. |

# 사자성어로 어휘력 확장하기

※ 한자를 따라 쓰고 뜻과 음을 쓰세요.

## 독서삼매

| 讀 | 書 | 三 | 昧 |
|---|---|---|---|
| 읽을 | 글 | 석 | 어두울 |

| 讀 | 書 | 三 | 昧 |
|---|---|---|---|
| 읽을 독 | 글 서 | 석 삼 | 어두울 매 |

'책을 읽는 데에만 골몰하여 아무런 잡념이 일어나지 않는 상태'라는 뜻으로, 이때 '삼매(三昧)'는 하나의 대상에만 마음을 집중시키는 경지를 가리키며 '삼매경(三昧境)'이라고도 한다.

## 독야청청

| 獨 | 也 | 靑 | 靑 |
|---|---|---|---|
| 홀로 | 잇기 | 푸를 | 푸를 |

| 獨 | 也 | 靑 | 靑 |
|---|---|---|---|

'홀로 푸르다.'라는 뜻으로, 굳은 의지를 변치 않고 늘 한결같은 자세로 있는 모습을 비유적으로 이르는 말이다.

## 동가홍상

| 同 | 價 | 紅 | 裳 |
|---|---|---|---|
| 한가지 | 값 | 붉을 | 치마 |

| 同 | 價 | 紅 | 裳 |
|---|---|---|---|

'같은 값이면 다홍치마'라는 뜻으로, 조선 시대에 왕족의 전유물이던 다홍치마는 일반 여성의 경우 결혼식 날에 딱 한 번 입을 수 있는 귀한 옷이었다. 따라서 '동가홍상'에는 값이 같거나 같은 노력을 할 바에는 이왕이면 품질이 더 좋은 쪽을 선택한다는 의미가 담겨 있다.

## 동고동락

| 同 | 苦 | 同 | 樂 |
|---|---|---|---|
| 한가지 | 쓸 | 한가지 | 노래 |

| 同 | 苦 | 同 | 樂 |
|---|---|---|---|

'괴로움과 즐거움을 함께한다.'라는 뜻으로, 힘들 때나 즐거울 때나 어떤 상황에서도 운명을 함께하는 사이를 가리킨다.

## 동상이몽

| 同 | 床 | 異 | 夢 |
|---|---|---|---|
| 한가지 | 평상 | 다를 | 꿈 |

| 同 | 床 | 異 | 夢 |
|---|---|---|---|

'같은 침상에서 서로 다른 꿈을 꾼다.'라는 뜻으로, 겉으로는 같이 행동하면서 속으로는 서로 다른 생각이나 입장을 갖는 것을 의미한다.

## 두문불출

| 杜 | 門 | 不 | 出 |
|---|---|---|---|
| 막을 | 문 | 아닐 | 날 |

| 杜 | 門 | 不 | 出 |
|---|---|---|---|

'문을 닫고 나가지 않는다.'라는 뜻으로, 집에만 틀어박혀 바깥 활동을 하지 않고 지내는 것을 비유한 말이다.

# 실전 문제로 어휘력 완성하기

● 01~02 다음 제시문을 읽고 물음에 답하시오.

"이까짓 것!"

그는 발을 들어서 치장한 신부의 머리를 찼다.

"자, 가자우, 가자우."

왕 서방은 와들와들 떨었다. 왕 서방은 복녀의 손을 뿌리쳤다. 복녀는 쓰러졌다. 그러나 곧 다시 일어섰다. 그가 다시 일어설 때는 그의 손에 얼른얼른하는 낫이 한 자루 들리어 있었다.

"이 되놈, 죽어라. 이놈, 나 때렸디! 아이구 사람 죽이누나."

그는 목을 놓고 처울면서 낫을 휘둘렀다. 칠성문 밖 외딴 밭 가운데 홀로 서 있는 왕 서방의 집에서는 일장의 활극이 일어났다. 그러나 그 활극도 곧 잠잠하게 되었다. 복녀의 손에 들리어 있던 낫이 어느덧 왕 서방의 손으로 넘어가고, 복녀는 목으로 피를 쏟으며 그 자리에 고꾸라져 있었다.

– 김동인, 「감자」 중에서

**01** 소설 속 갈등의 역할을 설명한 보기 를 읽고 빈칸에 들어갈 알맞은 말을 쓰시오.

보기

이 글은 김동인의 「감자」에서 가장 극적인 장면으로, 복녀가 왕 서방을 찾아가 살해하려다가 오히려 살해되는 부분이다. 이처럼 갈등이 심화되면 위기감이 고조되어 ☐☐ ☐☐☐을 높이는 역할을 한다.

( )

**02** 문학 작품에서 갈등의 역할로 적절하지 않은 것은?

① 사건을 이끌고 전개하는 원동력이다.

② 갈등이 해결되는 과정에서 주제가 드러난다.

③ 독자의 재미와 흥미, 긴장감을 불러일으킨다.

④ 갈등 상황을 통해 등장인물의 성격을 알 수 있다.

⑤ 앞의 사건과 다음 사건의 갈등은 서로 관계가 없다.

● 03~05 다음 설명에 맞는 글자를 골라 ①한글과 ②한자로 쓰시오.

| 蠻 | 水 | 行 | 勇 | 脫 | 間 |
|---|---|---|---|---|---|
| 오랑캐 만 | 물 수 | 다닐 행 | 날랠 용 | 벗을 탈 | 사이 간 |

03 글에 직접 드러나 있지 않고 글의 속에 숨어 있는 뜻.　　　　　(①　　　　), (②　　　　)

04 자신의 능력을 생각하지 않고 어려운 일에 함부로 나서는 지나친 용기.

　　　　　　　　　　　　　　　　　　　　　　　　(①　　　　), (②　　　　)

05 몸속의 수분이 부족하여 생기는 증상.　　　　　(①　　　　), (②　　　　)


● 06~08 제시된 초성을 참고하여 다음 예문을 완성하시오.

06 그는 상대편 선수에게 악수를 청해 승자로서의 ㅇㄹ 을 보였다.　　　　（　　　　）
　　　너그럽고 속이 깊은 마음씨.

07 토호 세력은 지방 관리와 ㄱㅌ 하여 재산을 축적해 갔다.　　　　（　　　　）
　　　주로 나쁜 일을 꾸미려고 서로 짜고 한통속이 됨.

08 그는 민족의 혼과 역사를 ㅁㅅ 하려는 일제에 맞서 싸웠다.　　　　（　　　　）
　　　존재하는 사실이나 사물 따위를 아주 없애 버림.


● 09~11 보기 를 참고하여 내용에 맞는 사자성어를 완성하세요.

보기

| 동 | 서 | 문 | 출 | 고 | 매 |
|---|---|---|---|---|---|
| 삼 | 불 | 동 | 두 | 독 | 락 |

09 오직 책을 읽는 데에만 골몰하여 아무런 잡념이 일어나지 않는 상태를 가리키는 말.　（　　　　）

10 힘들 때나 즐거울 때나 어떤 상황에서도 운명을 함께하는 사이를 가리키는 말.　（　　　　）

11 집에만 틀어박혀 바깥 활동을 하지 않는 것을 비유한 말.　（　　　　）

---

제1차시

# 국어 실력 확인 문제

※ **01~04** 다음 설명에 해당하는 소설 속 갈등의 유형을 보기 에서 찾아 쓰시오.

보기

- 내적 갈등
- 인물과 인물 간의 갈등
- 인물과 운명 간의 갈등
- 인물과 사회 간의 갈등

**01**

『홍길동전』에서 서자인 길동은 조선 시대의 신분 제도 때문에 호부호형(呼父呼兄)과 입신양명(立身揚名)의 꿈을 이루지 못해 갈등을 겪는다.

( )

**02**

김동리의 「역마」에서 주인공은 역마살이라는 운명을 벗어나려 하지만, 결국은 운명을 받아들여 유랑 생활을 하게 된다.

( )

**03**

박완서의 「자전거 도둑」에서 '수남'은 자전거를 들고 도망친 자신의 행동이 과연 도덕적으로 옳았는지 고민한다.

( )

**04**

박완서의 「자전거 도둑」에서 어떻게든 물건 대금을 받아 내려는 '수남'과 물건 대금을 주지 않으려는 상회 주인 사이의 갈등을 가리킨다.

( )

※ **05~08** 다음 설명에 맞는 단어를 보기 에서 찾아 쓰시오.

보기

| 결재 | 격조 | 결제 | 화법 |

**05** 고상하고 우아한 품격과 멋. ( )

**06** 윗사람이 부하가 제출한 안건을 승인함.

( )

**07** 내어줄 돈을 주고 거래를 끝냄. ( )

**08** 말하는 방법. ( )

※ **09~12** 다음 설명을 읽고 초성에 맞는 단어를 쓰시오.

**09** 지난 일에 대한 마음속 생각이나 느낌.

ㄱ ㅎ □ □

**10** 몸에 열이 나면서 오슬오슬 춥고 떨리는 증세.

ㅇ ㅎ □ □

**11** 어려움을 겪는 사람을 물품이나 돈으로 도움.

ㅇ ㅈ □ □

**12** 동물을 주인공으로 하여 풍자하는 내용의 이야기.

ㅇ ㅎ □ □

**13** 아무리 어려운 일도 노력하면 이룰 수 있음을 뜻하는 사자성어는?

① 득의양양(得意揚揚)  ② 등고자비(登高自卑)
③ 마부작침(磨斧作針)  ④ 막역지우(莫逆之友)

**14** 세월이 아무리 흘러도 절대 변하지 않음을 뜻하는 사자성어는?

① 동상이몽(同床異夢)  ② 도탄지고(塗炭之苦)
③ 만시지탄(晩時之歎)  ④ 만고불변(萬古不變)

# 시험 빈출 어휘로 국어 개념 잡기

## ─ 소설 속 갈등의 유형 ─

소설 속에 반영된 삶의 양상이 복잡할수록 소설의 갈등 구조 역시 복잡한 양상을 나타내는 경우가 많다.

| | | |
|---|---|---|
| **내적 갈등** | | 한 인물의 마음속에서 일어나는 갈등으로, 양심과 비양심, 사랑과 증오, 선의(善意)와 악의(惡意) 등과 같이 완전히 다른 감정이나 바람이 마음속에 동시에 나타나면서 생기는 갈등이다.<br><br>**예** 박완서의 「자전거 도둑」에서 '수남'은 자전거를 들고 도망친 자신의 행동이 도덕적으로 옳았는지 고민하면서 ☐☐ ☐☐에 빠진다. |
| **외적 갈등** | | 인물과 그를 둘러싼 외부 환경 사이에 일어나는 갈등으로, 인물과 인물 간의 갈등, 인물과 운명 간의 갈등, 인물과 사회 간의 갈등, 인물과 자연 간의 갈등이 있다. |
| | **인물과 인물 간의 갈등**<br>(인물 vs. 인물) | 등장인물 사이의 가치관, 성격, 욕구, 이해관계 등의 차이로 발생하는 갈등을 말한다.<br><br>**예** 박완서의 「자전거 도둑」에서 어떻게든 물건 대금을 받아 내려는 '수남'과 물건 대금을 주지 않으려는 상회 주인과의 갈등은 '☐☐과 ☐☐' 간의 갈등이다. |
| | **인물과 운명 간의 갈등**<br>(인물 vs. 운명) | 인물이 타고난 운명을 받아들이지 않으려는 상황에서 겪게 되는 갈등이다. 인간의 능력으로는 어찌할 수 없는 가혹한 운명에서 벗어나지 못하거나 순응하는 결말로 이어진다.<br><br>**예** 김동리의 「역마」에서 주인공은 '역마살'이라는 운명을 벗어나려 하지만, 결국은 운명에 순종하고 유랑 생활을 하게 된다. |
| | **인물과 사회 간의 갈등**<br>(인물 vs. 사회) | 등장인물과 사회의 제도, 관습, 규범, 이념 등의 사회적 환경과의 갈등을 의미한다. 인물과 사회 간의 갈등은 인물이 속한 소속이나 단체, 집단에 적응하지 못하는 상황을 말한다.<br><br>**예** 「홍길동전」에서 서자인 길동은 조선 시대의 신분 제도 때문에 호부호형(呼父呼兄), 입신양명(立身揚名)의 꿈을 이루지 못해 갈등을 겪는다. 길동 개인의 욕망이 사회 제도와 대립하면서 갈등이 전개된다. |
| | **인물과 자연 간의 갈등**<br>(인물 vs. 자연) | 인물이 자신이 처한 자연환경과 부딪쳐 싸우며 겪게 되는 갈등이다. 주된 자연과의 갈등은 태풍이나 홍수, 지진, 가뭄 등의 자연재해로 인해 소설의 등장인물이 고난을 겪게 되는 것이다.<br><br>**예** 김정한의 「사하촌」에서는 극심한 가뭄으로 인해 농민과 농민, 지주와 소작인 간의 갈등이 심화된다. |

# 교과서 필수 단어로 어휘력 키우기

| | |
|---|---|
| **감회**<br>느낄 感 품을 懷 | 지난 일에 대한 마음속 생각이나 느낌.<br>예 20년 만에 고향에 방문하니 ☐☐가 새로웠다. |
| **격조**<br>격식 格 고를 調 | 고상하고 우아한 품격과 멋.<br>예 고려청자의 아름다움은 조각 공예의 높은 ☐☐를 보여 준다. |
| **결재**<br>결단할 決 마를 裁 | 결정 권한이 있는 윗사람이 부하가 제출한 안건을 허가하거나 승인함.<br>예 이제 ☐☐ 서류에 도장을 찍거나 사인을 하면 된다. |
| **결제**<br>결단할 決 건널 濟 | 물건값이나 내어 줄 돈을 주고 거래를 끝냄.<br>예 현금으로 ☐☐하면 물건값의 10퍼센트를 할인받을 수 있다. |
| **오한**<br>악할 惡 찰 寒 | 몸에 열이 나면서 오슬오슬 춥고 떨리는 증세.<br>예 갑자기 무리를 해서 몸살이 났는지 ☐☐과 고열에 시달렸다. |
| **원조**<br>도울 援 도울 助 | 어려움을 겪는 사람이나 단체에 물품이나 돈으로 도움.<br>예 태풍으로 피해 본 지역에 경제적 ☐☐가 시급하다. |
| **유세**<br>놀 遊 말씀 說 | 자기 의견 또는 소속 정당의 주장을 선전하며 돌아다님.<br>예 선거 한 달을 앞두고 시장에서 지역 후보자의 ☐☐가 열렸다. |
| **우화**<br>부칠 寓 말씀 話 | 동식물이나 사물을 주인공으로 하여 교훈과 풍자의 뜻을 나타내는 이야기.<br>예 토끼와 거북이 ☐☐는 재주보다 노력이 중요하다는 교훈을 준다. |
| **홀대**<br>갑자기 忽 기다릴 待 | 정성을 쏟지 않고 소홀히 대접함.<br>예 돈이 없다는 이유로 ☐☐를 받은 거 같아 기분이 언짢다. |
| **화법**<br>말씀 話 법 法 | • 말하는 방법.<br>• 글이나 말에서, 남의 말을 인용하여 다시 표현하는 방법.<br>예 예시를 들어 설명하는 그의 ☐☐은 상당한 설득력을 가지고 있다. |

# 사자성어로 어휘력 확장하기

※ 한자를 따라 쓰고 뜻과 음을 쓰세요.

### 득의양양

| 得 | 意 | 揚 | 揚 |
|---|---|---|---|
| 얻을 | 뜻 | 날릴 | 날릴 |

| 得 | 意 | 揚 | 揚 |
|---|---|---|---|
| 얻을 득 | 뜻 의 | 날릴 양 | 날릴 양 |

'뜻한 바를 이루어 우쭐거리며 뽐낸다.'라는 뜻으로, 자신이 원하는 바를 이루어 매우 만족스럽고 기분이 좋은 모습을 표현한 말이다.

### 등고자비

| 登 | 高 | 自 | 卑 |
|---|---|---|---|
| 오를 | 높을 | 스스로 | 낮을 |

| 登 | 高 | 自 | 卑 |
|---|---|---|---|

'높은 곳에 올라가려면 낮은 곳에서부터 오른다.'라는 뜻으로, 어떤 일을 할 때 기본이 되는 것부터 순서대로 해야 한다는 의미다.

### 마부작침

| 磨 | 斧 | 作 | 針 |
|---|---|---|---|
| 갈 | 도끼 | 지을 | 바늘 |

| 磨 | 斧 | 作 | 針 |
|---|---|---|---|

'도끼를 갈아 바늘을 만든다.'라는 뜻으로, 아무리 어려운 일이라도 끊임없이 노력하면 이룰 수 있다는 말이다.

### 막역지우

| 莫 | 逆 | 之 | 友 |
|---|---|---|---|
| 없을 | 거스를 | 갈 | 벗 |

| 莫 | 逆 | 之 | 友 |
|---|---|---|---|

'서로 거스름이 없는 친구'라는 뜻으로, 서로 허물없이 대해도 낯붉힐 일이 없는 아주 친한 친구를 의미한다.

### 만고불변

| 萬 | 古 | 不 | 變 |
|---|---|---|---|
| 일 만 | 옛 | 아닐 | 변할 |

| 萬 | 古 | 不 | 變 |
|---|---|---|---|

'오랜 세월을 두고 변하지 않는다.'라는 뜻으로, 세월이 아무리 흘러도 결코 변하지 않는 상태나 물건을 가리킨다.

### 만시지탄

| 晩 | 時 | 之 | 歎 |
|---|---|---|---|
| 늦을 | 때 | 갈 | 탄식할 |

| 晩 | 時 | 之 | 歎 |
|---|---|---|---|

'때늦은 한탄'이라는 뜻으로, 기회를 놓쳤거나 때가 늦었음을 안타까워하는 모습을 의미한다.

# 실전 문제로 어휘력 완성하기

● 01~02 다음 설명을 읽고 빈칸에 들어갈 갈등의 유형을 차례대로 쓰시오.

윤흥길의 『아홉 켤레의 구두로 남은 사내』에서는 다양한 양상의 갈등이 나온다. 아내의 수술비를 빌려달라는 권 씨의 부탁에 망설이는 부분에서 '나'의 <sup>01</sup>□□ □□이 드러난다. 서술자 '나'는 돈을 돌려받지 못할 때 생길 어려움 때문에 권 씨의 부탁을 거절하는 부분에서는 권 씨와 '나'의 <sup>02</sup>□□ □□이 드러난다.

01 (                    )

02 (                    )

● 03~04 다음 제시문에서 두드러지게 드러난 갈등의 유형을 쓰시오.

03

"이놈의 씨닭! 죽어라 죽어라."

요렇게 암팡스레 패 주는 것이 아닌가. 그것도 대가리나 치면 모른다마는 아주 알도 못 낳으라고 그 볼기짝 께를 주먹으로 콕콕 쥐어박는 것이다.

나는 눈에 쌍심지가 오르고 사지가 부르르 떨렸으나 사방을 한번 휘둘러보고야 그제서야 점순이 집에 아무도 없음을 알았다. 잡은 참지게 막대기를 들어 울타리의 중턱을 후려치며,

"이놈의 계집애! 남의 닭 알 못 낳으라구 그러니?"

하고 소리를 빽 질렀다.

– 김유정, 「동백꽃」 중에서

(                    ) vs. (                    )

04

채만식의 「레디메이드 인생」은 일제 강점기의 우민화 정책에 의해 실직자가 되어 무기력하고 비참하게 살아가는 지식인들의 삶의 단면을 제시한다. 주인공 P는 고등 교육을 받았지만 일자리를 구하지 못하는 인물로, 자신의 아들을 학교가 아닌 인쇄소에 보냄으로써 식민지 교육의 허위성을 비판하고 있다. 작품 제목인 '레디메이드 인생'은 대량 생산되어 팔리기만을 기다리는 기성품처럼 일자리를 기다리는 지식인의 삶을 상징한다.

(                    ) vs. (                    )

● 05~07 다음 설명에 맞는 글자를 골라 ①한글과 ②한자로 쓰시오.

| 決 | 調 | 決 | 濟 | 格 | 裁 |
|---|---|---|---|---|---|
| 결단할 결 | 고를 조 | 결단할 결 | 건널 제 | 격식 격 | 마를 재 |

05 고상하고 우아한 품격과 멋.                    (①                ), (②                )

06 결정 권한이 있는 윗사람이 부하가 제출한 안건을 허가하거나 승인함.
　　　　　　　　　　　　　　　　　　　　　　(①                ), (②                )

07 물건값이나 내어 줄 돈을 주고 거래를 끝냄.       (①                ), (②                )


● 08~10 제시된 초성을 참고하여 다음 예문을 완성하시오.

08 입학한 지 6년 만에 학사모를 쓰고 졸업식에 참석하니 ㄱ ㅎ 가 새롭다.　　　　( 　　　　　　)
　　　　　　　　　　　　　　지난 일에 대한 마음속 생각이나 느낌.

09 강당에서 국회의원 후보자의 ㅇ ㅅ 가 열리고 있었다.　　　　　　　　　　　　( 　　　　　　)
　　　　　　　　　　자기 의견 또는 소속 정당의 주장을 선전하며 돌아다님.

10 단 한 명이라도 가게에 오는 손님을 그렇게 ㅎ ㄷ 해서는 안 된다.　　　　　( 　　　　　　)
　　　　　　　　　　　　　　정성을 쏟지 않고 소홀히 대접함.


● 11~13 보기를 참고하여 내용에 맞는 사자성어를 완성하세요.

보기

| 자 | 부 | 침 | 우 | 막 | 고 |
|---|---|---|---|---|---|
| 역 | 마 | 등 | 지 | 작 | 비 |

11 어떤 일을 할 때 기본이 되는 것부터 순서대로 해야 한다는 말.　　　　　　( 　　　　　　)

12 아무리 어려운 일이라도 끊임없이 노력하면 이룰 수 있다는 말.　　　　　　( 　　　　　　)

13 허물없이 아주 친한 친구 사이를 가리키는 말.　　　　　　　　　　　　( 　　　　　　)

10

## STEP 1 기본 실력 점검하기

제1차시     **국어 실력 확인 문제**

※ **01~03** 다음 설명에 맞는 소설의 구성 단계를 쓰시오.

**01**
> 새로운 사건이 발생하고 갈등이 깊어지고 긴장감이 고조된다. 사건의 극적 반전의 계기가 제시되는 단계이다.

(                    )

**02**
> 소설이 시작되는 부분으로 흔히 등장인물을 소개하고 시간적·공간적 배경이 제시된다. 작품의 실마리가 드러나고 소설의 전체적 분위기와 기본 상황의 윤곽이 드러난다.

(                    )

**03**
> 모든 사건과 갈등이 가장 격렬해지고 최고조에 이른다. 주제가 선명하게 드러나며 사건 해결의 실마리가 보인다.

(                    )

※ 다음 제시문을 읽고 물음에 답하시오.

> 이튿날, 다시 찾아가 보았더니, 집이 텅 비어 있고, 허생은 간 곳이 없었다.
> – 박지원, 「허생전」 중에서

**04** 작품의 마지막 부분을 명확하게 끝맺지 않고 독자의 상상에 맡기는 결말 처리 방식은?

(                    )

※ **05~08** 다음 설명에 맞는 단어를 보기 에서 찾아 쓰시오.

보기

부아     반색     배양     사익

**05** 개인의 사사로운 이익. (                    )

**06** 인격, 사상, 능력 등이 발전하도록 가르치고 키움.

(                    )

**07** 반가운 마음이 드러나는 표정이나 태도.

(                    )

**08** 몹시 화가 나고 분한 마음. (                    )

※ **09~12** 다음 설명을 읽고 초성에 맞는 단어를 쓰시오.

**09** 사물을 원래의 상태나 모습으로 되돌림.

ㅂ ㅇ ☐ ☐

**10** 사회 전체의 이익.

ㄱ ㅇ ☐ ☐

**11** 안경이나 망원경을 이용하지 아니하고 직접 보는 눈.

ㅇ ㅇ ☐ ☐

**12** 산이나 들, 강, 바다 따위의 자연이나 지역의 모습.

ㅍ ㄱ ☐ ☐

**13** 겉으로는 복종하는 체하면서 속으로는 딴마음을 먹는 것을 뜻하는 사자성어는?

① 망운지정(望雲之情)     ② 면종복배(面從腹背)
③ 명약관화(明若觀火)     ④ 목불식정(目不識丁)

**14** 참혹한 상황이나 하는 행동이 꼴불견일 때 쓰는 사자성어는?

① 목불인견(目不忍見)     ② 명재경각(命在頃刻)
③ 망운지정(望雲之情)     ④ 명약관화(明若觀火)

# 시험 빈출 어휘로 국어 개념 잡기

## ─── 소설의 5단계 구성 ───

소설을 제대로 이해하려면 소설의 뼈대인 구성과 이야기를 이끌어 가는 사건들의 인과 관계를 알아야만 하는데, 가장 대표적인 것이 5단계 구성이다. 윤흥길의 『아홉 켤레의 구두로 남은 사내』를 예로 들어 각각의 구성 단계와 그 특징에 대해 살펴보자.

| | |
|---|---|
| **발단**<br>필發 끝端 | 소설이 시작되는 부분으로, 흔히 등장인물이 소개되고 시간적·공간적 배경이 제시된다. 작품의 실마리가 드러나고, 소설의 전체적 분위기와 기본 상황의 윤곽이 드러난다.<br>예 ☐☐ : 권 씨가 '나'의 집 문간방에 전세로 입주함. |
| **전개**<br>펼展 열開 | 사건이 본격적으로 전개되는 부분으로, 사건이 구체적으로 제시되면서 갈등과 대립이 겉으로 드러난다.<br>예 ☐☐ : 생활 능력이 부족한 전과자이면서도 구두에 대한 정성이 지극한 권 씨. |
| **위기**<br>위태할危 틀機 | 새로운 사건이 발생하고 갈등이 깊어지며 긴장감이 고조된다. 사건의 극적 반전의 계기가 제시되는 단계이다.<br>예 ☐☐ : '나'는 아내의 입원비를 빌리려는 권 씨의 청을 거절했다가 권 씨 모르게 도움. |
| **절정**<br>끊을絶 정수리頂 | 모든 사건과 갈등이 가장 격렬해지고 최고조에 이른다. 작품의 주제가 선명하게 드러나면서 사건 해결의 실마리가 보인다.<br>예 ☐☐ : 권 씨가 '나'의 집에 강도로 침입했다가 자존심만 상한 채 나가게 됨. |
| **결말**<br>맺을結 끝末 | 인물들 간에 벌어진 모든 사건과 갈등이 해결되고 마무리되는 단계이다. 주인공의 운명이 정해지고 주제가 제시된다.<br>예 ☐☐ : 아홉 켤레의 구두만 남기고 권 씨가 행방불명이 됨. |
| **열린 결말** | 작가가 작품의 마지막 부분을 명확하게 끝맺지 않고, 독자들이 결말을 자유롭게 상상하도록 마무리하는 결말 처리 방식으로, 긴 여운을 남기는 것이 특징이다.<br>예 이효석의 「메밀꽃 필 무렵」의 마지막 부분에서, 하천을 건너다 물에 빠져 버린 허 생원을 동이가 업고 물을 건넌다. 허 생원은 동이가 자신처럼 왼손잡이인 것을 보고, 자신을 닮은 아들이 아닐까 생각해 본다. 허 생원과 동이가 함께 제천으로 향하면서 소설은 ☐☐☐로 끝난다. |

# 교과서 필수 단어로 어휘력 키우기

| 반색 | 반가운 마음이 드러나는 표정이나 태도. |
| --- | --- |
| | 예 할머니는 오랜만에 놀러 온 손자들을 ☐☐ 하며 맞았다. |

| 부아 | 몹시 화가 나고 분한 마음. 부아는 '허파'의 순우리말로, 화가 나면 호흡이 거칠어지는 것에서 유래함. |
| --- | --- |
| | 예 얄밉게 놀리는 친구를 보니 ☐☐ 가 치밀었다. |

| 배양<br>북돋울 培 기를 養 | • 인격, 사상, 능력 등이 발전하도록 가르치고 키움.<br>• 세포나 균, 미생물 등을 인공적인 환경에서 기름. |
| --- | --- |
| | 예 과학관은 아이들의 합리적이고 과학적인 사고 ☐☐ 을 위해 설립되었다. |

| 복원<br>회복할 復 으뜸 元 | 사물을 원래의 상태나 모습으로 되돌림. |
| --- | --- |
| | 예 산불로 훼손된 문화재의 ☐☐ 이 시급하다. |

| 사익<br>사사 私 더할 益 | 개인의 사사로운 이익. |
| --- | --- |
| | 예 그는 ☐☐ 을 돌보지 않고 국가의 이익을 위해 헌신했다. |

| 공익<br>공평할 公 더할 益 | 사회 전체의 이익. |
| --- | --- |
| | 예 헌법에는 ☐☐ 을 위해서 기본권을 제한할 수 있다는 조항이 있다. |

| 육안<br>고기 肉 눈 眼 | 안경이나 망원경, 현미경 따위를 이용하지 아니하고 직접 보는 눈. |
| --- | --- |
| | 예 토성은 ☐☐ 으로 관찰할 수 있는 유일한 행성이다. |

| 절개<br>마디 節 대개 槪 | 신념, 신의 따위를 굽히지 아니하고 굳게 지키는 꿋꿋한 태도. |
| --- | --- |
| | 예 백이와 숙제는 ☐☐ 를 지키고자 수양산에서 나물과 고사리만 먹었다. |

| 풍광<br>바람 風 빛 光 | 산이나 들, 강, 바다 따위의 자연이나 지역의 모습. |
| --- | --- |
| | 예 백록담에 오르자 한라산의 수려한 ☐☐ 이 눈앞에 펼쳐졌다. |

| 행색<br>다닐 行 빛 色 | 겉에 드러나는 차림새나 겉모습. |
| --- | --- |
| | 예 배낭여행을 떠났던 삼촌이 두 달 만에 초라한 ☐☐ 으로 나타났다. |

# 사자성어로 어휘력 확장하기

※ 한자를 따라 쓰고 뜻과 음을 쓰세요.

### 망운지정

| 望 | 雲 | 之 | 情 |
|---|---|---|---|
| 바랄 | 구름 | 갈 | 뜻 |

| 望 | 雲 | 之 | 情 |
|---|---|---|---|
| 바랄 망 | 구름 운 | 갈 지 | 뜻 정 |

'구름을 바라보며 그리워한다.'라는 뜻으로, 멀리 떨어진 곳에서 고향에 계신 부모를 그리는 마음을 의미한다.

### 면종복배

| 面 | 從 | 腹 | 背 |
|---|---|---|---|
| 낯 | 좇을 | 배 | 등 |

| 面 | 從 | 腹 | 背 |
|---|---|---|---|

'얼굴 앞에서는 복종하고 뒤에서는 배반한다.'라는 뜻으로, 겉으로는 복종하는 체하면서 속으로는 딴마음을 먹는 것을 말한다.

### 명약관화

| 明 | 若 | 觀 | 火 |
|---|---|---|---|
| 밝을 | 같을 | 볼 | 불 |

| 明 | 若 | 觀 | 火 |
|---|---|---|---|

'불을 보는 것 같이 밝게 보인다.'라는 뜻으로, 환한 불이 누구에게나 잘 보이는 것처럼 누구나 알 수 있는 분명한 상황을 의미한다.

### 명재경각

| 命 | 在 | 頃 | 刻 |
|---|---|---|---|
| 목숨 | 있을 | 잠시 | 새길 |

| 命 | 在 | 頃 | 刻 |
|---|---|---|---|

'목숨이 경각에 달렸다.'라는 뜻으로, 매우 위태롭고 위급한 상황을 가리킨다. 이때 '경각'은 매우 짧은 시간을 의미한다.

### 목불식정

| 目 | 不 | 識 | 丁 |
|---|---|---|---|
| 눈 | 아닐 | 알 | 고무래 |

| 目 | 不 | 識 | 丁 |
|---|---|---|---|

'눈으로 고무래(농기구)를 보면서도 '丁(고무래 정)'를 읽지 못한다.'라는 뜻으로, 글자를 전혀 모르거나 무식한 사람을 비유한 말이다. 우리 속담인 '낫 놓고 기역 자도 모른다.'와 비슷하다.

### 목불인견

| 目 | 不 | 忍 | 見 |
|---|---|---|---|
| 눈 | 아닐 | 참을 | 볼 |

| 目 | 不 | 忍 | 見 |
|---|---|---|---|

'눈 뜨고 볼 수 없다.'라는 뜻으로, 차마 눈으로 볼 수 없을 정도로 참혹한 상황을 가리키거나 누군가의 행동이 너무나 꼴불견일 경우에 주로 사용한다.

# 실전 문제로 어휘력 완성하기

● 다음 소설을 읽고 물음에 답하시오.

> "이 되놈, 죽어라. 이놈, 나 때렸디! 아이구 사람 죽이누나."
> 그는 목을 놓고 처울면서 낫을 휘둘렀다. 칠성문 밖 외딴 밭 가운데 홀로 서 있는 왕 서방의 집에서는 일장의 활극이 일어났다. 그러나 그 활극도 곧 잠잠하게 되었다. 복녀의 손에 들리어 있던 낫이 어느덧 왕 서방의 손으로 넘어가고, 복녀는 목으로 피를 쏟으며 그 자리에 고꾸라져 있었다.
>
> – 김동인, 「감자」 중에서

**01** 보기 를 참고하여 위의 내용에 해당하는 소설의 구성 단계를 쓰시오.

> 보기
>
> 소설 「감자」에서 복녀가 왕 서방을 찾아가 살해하려다가 오히려 살해되는 장면으로, 가장 극적이면서 갈등이 최고조에 이르는 부분이다. 비극적인 소설의 경우 작중 인물의 꿈이 좌절되거나 죽음으로 끝나는 형태로 나타나는데, 이 단계에서 모든 사건과 갈등이 가장 격렬해진다.

(             )

● 다음 소설을 읽고 물음에 답하시오.

> "이 눈깔! 이 눈깔! 왜 나를 바라보지 못하고 천정만 보느냐, 응."
> 하는 말끝엔 목이 메었다. 그러자 산 사람의 눈에서 떨어진 닭의 똥 같은 눈물이 죽은 이의 뻣뻣한 얼굴을 어룽어룽 적시었다. 문득 김첨지는 미친 듯이 제 얼굴을 죽은 이의 얼굴에 한데 비벼대며 중얼거렸다.
> "설렁탕을 사다 놓았는데 왜 먹지를 못하니, 왜 먹지를 못하니……괴상하게도 오늘은 운수가 좋더니만……."
>
> – 현진건, 「운수 좋은 날」 중에서

**02** 보기 를 참고하여 빈칸에 공통으로 들어갈 소설의 구성 단계를 쓰시오.

> 보기
>
> 가난한 인력거꾼 김 첨지가 모처럼 맞게 되는 행운은 오히려 집에 누워 있는 아내에 대한 불안감을 더 증가시킨다. 그 불안은 김 첨지가 집에 들어서는 부분에 와서 순간적인 공포로서 절정에 이르고, 곧바로 아내의 죽음을 확인하며 비통한 (        )을 맺는다. 거듭된 행운으로 번 돈으로 설렁탕까지 사서 돌아왔건만, 아내는 이미 주검이 되어 누워 있는 것이다. 이 (        )은 뜻밖의 사실이 아니라 그 이전까지의 단계에서 불안이 점진적으로 발전하며 암시하고 있었다.

(             )

● **03~05** 다음 설명에 맞는 글자를 골라 ①한글과 ②한자로 쓰시오.

| 風 | 槪 | 節 | 色 | 行 | 光 |
|---|---|---|---|---|---|
| 바람 풍 | 대개 개 | 마디 절 | 빛 색 | 다닐 행 | 빛 광 |

**03** 신념을 굽히지 아니하고 굳게 지키는 꿋꿋한 태도.　　　(①　　　　　), (②　　　　　)

**04** 산이나 들, 강, 바다 따위의 자연이나 지역의 모습.　　　(①　　　　　), (②　　　　　)

**05** 겉에 드러나는 차림새나 겉모습.　　　(①　　　　　), (②　　　　　)

● **06~08** 제시된 초성을 참고하여 다음 예문을 완성하시오.

**06** 이 문화재는 변색과 파손이 심해 ㅂ ㅇ 이 불가능하다.　　　(　　　　　)

　　　사물을 원래의 상태나 모습으로 되돌림.

**07** 공기업은 이익의 창출보다 ㄱ ㅇ 을 우선으로 삼아야 한다.　　　(　　　　　)

　　　사회 전체의 이익.

**08** 태양의 흑점은 ㅇ ㅇ 으로는 절대로 볼 수 없다.　　　(　　　　　)

　　　안경이나 망원경, 현미경 따위를 이용하지 아니하고 직접 보는 눈.

● **09~11** 보기 를 참고하여 내용에 맞는 사자성어를 완성하시오.

보기

| 관 | 면 | 약 | 불 | 식 | 배 |
|---|---|---|---|---|---|
| 목 | 명 | 종 | 정 | 화 | 복 |

**09** 겉으로는 복종하는 체하면서 속으로는 딴마음을 먹는 것.　　　(　　　　　)

**10** 환한 불을 보는 것처럼 누구나 알 수 있는 분명하고 뻔한 상황.　　　(　　　　　)

**11** 글자를 전혀 모르거나 무식한 사람을 비유하는 말.　　　(　　　　　)

**STEP 1** 기본 실력 점검하기

---

제1차시   **국어 실력 확인 문제**

※ **01~04** 다음 설명에 맞는 소설의 구성 방식을 쓰시오.

**01**

> 염상섭의 『삼대』는 한 집안의 삼대가 겪는 다양한 사건과 갈등을 다루고 있다. 이처럼 중심 사건이 두 개 이상 얽혀 복잡하게 전개되는 구성 방식이 (        )이다.

(                )

**02**

> 김유정의 「동백꽃」은 발단 부분에서 '나'와 점순이의 갈등을 제시하고, 전개와 위기 부분에서 과거로 돌아가 갈등이 일어난 원인을 드러내는 구성이다. 이처럼 현재에서 과거로 갔다 다시 현재로 시간을 거슬러 전개되는 구성 방식이 (        )이다.

(                )

**03**

> 고전 소설 『운영전』은 유영이 김 진사와 운영의 이야기를 듣게 되는 외부 이야기 속에 김 진사와 운영과의 사랑 이야기인 내부 이야기가 들어 있는 구성 방식인 (        )이다.

(                )

**04**

> 현진건의 「운수 좋은 날」은 주인공 김첨지가 하루 동안에 겪는 사건들이 아내의 죽음이라는 하나의 결말을 향해 전개되는 (        )이다.

(                )

※ **05~08** 다음 설명에 맞는 단어를 보기 에서 찾아 쓰시오.

보기

도량     모종     도모     뇌리

**05** 사람의 의식이나 기억, 생각 등이 들어 있는 영역.

(                )

**06** 마음이 넓어 사람이나 사물을 잘 포용하는 품성.

(                )

**07** 무엇인가 확실하지 않아서 밝히기 어려운 종류.

(                )

**08** 어떤 일을 이루기 위하여 대책과 방법을 세움.

(                )

※ **09~12** 다음 설명을 읽고 초성에 맞는 단어를 쓰시오.

**09** 어처구니가 없어 자기도 모르게 툭 터져 나오는 웃음.

ㅅ ㅅ ☐☐

**10** 어떤 것의 가치나 좋고 나쁨을 구별할 수 있는 능력.

ㅇ ㅁ ☐☐

**11** 관심의 대상에서 멀어진 나중의 차례나 위치.

ㄷ ㅈ ☐☐

**12** 체면을 차릴 줄 알며 부끄러움을 아는 마음.

ㅇ ㅊ ☐☐

**13** 하는 일 없이 빈둥거리거나 게으른 사람을 뜻하는 사자성어는?

① 무소불위(無所不爲)      ② 무위도식(無爲徒食)
③ 문경지교(刎頸之交)      ④ 문전성시(門前成市)

**14** 서로를 위해서라면 목이 잘린다 해도 후회하지 않을 정도로 친한 친구를 뜻하는 사자성어는?

① 발본색원(拔本塞源)      ② 반신반의(半信半疑)
③ 문전성시(門前成市)      ④ 문경지교(刎頸之交)

# 시험 빈출 어휘로 국어 개념 잡기

## 소설의 구성

소설의 구성은 작가가 이야기의 전개나 사건들끼리의 연관성을 염두에 두고 인물, 사건, 배경 등의 요소들을 짜임새 있게 배열한 것이다. 같은 이야기라도 어떤 구성 방식을 선택하느냐에 따라 재미와 분위기가 달라진다. 잘 짜인 구성이 되기 위해서는 사건 전개에 있어 논리성과 필연성이 뒷받침되어야 한다.

### 단일 구성
홑 單 한 一

중심적인 하나의 사건만으로 이야기가 전개되는 구성이다. 작품 속의 사건들이 하나의 주제와 결말을 향해 전개되는데, 주로 단편 소설에 많이 사용된다.

예 현진건의 「운수 좋은 날」은 주인공 김 첨지가 하루 동안에 겪는 사건들이 아내의 죽음이라는 결말을 향해 전개되므로 ☐☐ ☐☐이다.

### 복합 구성
겹칠 複 합할 合

중심 사건이 두 개 이상으로 얽혀서 이야기가 복잡하게 전개되는 구성이다. 여러 인물과 다양한 사건들이 교차하며 제시되는 구성으로, 주로 장편 소설과 현대 소설에서 많이 사용된다.

예 염상섭의 「삼대」는 한 집안의 할아버지, 아버지, 아들에 이르는 삼대가 겪는 다양한 사건과 갈등을 다루고 있는 ☐☐ ☐☐이다.

### 순행적 구성
따를 順 행할 行

사건이 시간의 흐름에 따라 '과거 → 현재 → 미래'로 진행되는 방식으로, 인물의 일대기를 그린 소설에서 흔히 찾아볼 수 있다. 사건을 일어난 순서대로 제시하기 때문에 내용을 파악하기 쉬우며, '평면적 구성'이라고도 한다.

예 주요섭의 「사랑손님과 어머니」에서 아저씨가 옥희네 사랑채에서 하숙하게 되는 발단부터 어머니와 아저씨가 서로에게 사랑의 감정을 느끼게 되는 과정, 아저씨가 집을 떠나는 마지막까지의 모든 사건 전개가 시간의 흐름에 따라 전개되므로 ☐☐☐ ☐☐이다.

### 역순행적 구성
거스를 逆 따를 順 행할 行

시간의 흐름에 따라 사건이 순서대로 진행되는 것이 아니라 현재에서 과거로 갔다가 다시 현재로 시간을 거슬러 전개되는 구성이다. 이러한 역순행적 구성은 이야기에 긴장감이나 흥미를 부여한다. 현대 소설에서 인물의 심리를 표현하거나 특정 사건을 강조하기 위해 주로 사용한다.

예 김유정의 「동백꽃」은 발단 부분에서 '나'와 점순이의 갈등을 제시하고, 전개와 위기 부분에서 과거로 돌아가 갈등이 일어난 원인을 드러내는 ☐☐☐☐ ☐☐이다.

### 액자식 구성
이마 額 아들 子

액자가 그림을 둘러서 꾸며 주듯이 외부 이야기 속에 또 다른 내부 이야기가 들어 있는 구성이다. 액자보다 그림이 더 중요한 것처럼 중심이 되는 내부 이야기를 '내화', 외부 이야기는 '외화'라고 한다. 주로 외화의 서술자가 내화의 이야기를 전해 듣는 방식이다.

예 작자 미상의 「운영전」은 유영이 김 진사와 운영의 이야기를 듣게 되는 '외화'와 김 진사와 운영과의 사랑 이야기인 '내화'로 구성된 ☐☐☐ ☐☐이다.

# 교과서 필수 단어로 어휘력 키우기

**염치**
청렴할 廉 부끄러울 恥

체면을 차릴 줄 알며 부끄러움을 아는 마음.

예 부탁도 한두 번이지 무슨 [  ][  ]로 신세를 지겠는가.

**자각**
스스로 自 깨달을 覺

자기의 입장이나 능력 등을 스스로 느끼거나 깨달음.

예 민주화 운동으로 불합리한 현실을 [  ][  ]하는 사람들이 많아졌다.

**개관**
열 開 집 館

각종 기관이 처음으로 문을 열거나 그날 일을 시작하기 위하여 문을 여는 것.

예 박물관 [  ][  ] 10주년을 기념하는 특별전이 열리고 있다.

**실소**
잃을 失 웃음 笑

어처구니가 없어 자기도 모르게 툭 터져 나오는 웃음.

예 학생의 황당한 답변에 선생님은 [  ][  ]를 터뜨리셨다.

**안목**
눈 眼 눈 目

어떤 것의 가치나 좋고 나쁨을 구별할 수 있는 능력.

예 그녀는 좋은 작품을 고르는 [  ][  ]이 뛰어난 배우다.

**도량**
법도 度 헤아릴 量

마음이 넓고 생각이 깊어 사람이나 사물을 잘 포용하는 품성.

예 그는 어려운 이웃들에게 가진 것을 나누는 [  ][  ]이 넓은 사람이다.

**도모**
그림 圖 꾀 謀

어떤 일을 이루기 위하여 대책과 방법을 세움.

예 학교 간부들 간의 친목 [  ][  ]를 위해 수련회에 가기로 하였다.

**뒷전**

관심의 대상에서 멀어진 나중의 차례나 위치.

예 아이들은 숙제를 [  ][  ]으로 미루고 해가 지도록 놀았다.

**모종**
아무 某 씨 種

무엇인가 확실하지 않아서 밝히기 어려운 종류.

예 가격 인상을 두고 회사들 간에 [  ][  ]의 협상이 있었던 것 같다.

**뇌리**
골 腦 속 裏

사람의 의식이나 기억, 생각 따위가 들어 있는 영역.

예 선배에게 큰 실수를 했다는 생각이 [  ][  ]에서 떠나지 않았다.

# 사자성어로 어휘력 확장하기

※ 한자를 따라 쓰고 뜻과 음을 쓰세요.

## 무소불위

| 無 | 所 | 不 | 爲 |
|---|---|---|---|
| 없을 | 바 | 아닐 | 할 |

| 無 | 所 | 不 | 爲 |
|---|---|---|---|
| 없을 무 | 바 소 | 아닐 불 | 할 위 |

'하지 못하는 일이 어디에도 없다.'라는 뜻으로, 무슨 일이든지 할 수 있는 힘이나 권력, 행동 또는 대단히 뛰어난 능력을 가리킬 때 쓰이는 표현이다.

## 무위도식

| 無 | 爲 | 徒 | 食 |
|---|---|---|---|
| 없을 | 할 | 무리 | 밥 |

| 無 | 爲 | 徒 | 食 |
|---|---|---|---|

'하는 일 없이 헛되이 먹기만 한다.'라는 뜻으로, 하는 일 없이 빈둥거리면서 놀고먹는 사람, 게으르고 능력이 없는 사람을 의미한다.

## 문경지교

| 刎 | 頸 | 之 | 交 |
|---|---|---|---|
| 목 벨 | 목 | 갈 | 사귈 |

| 刎 | 頸 | 之 | 交 |
|---|---|---|---|

'목을 베어 줄 수 있는 사귐'이라는 뜻으로, 서로를 위해서라면 자신의 목이 잘린다 해도 후회하지 않을 정도로 막역한 우정 또는 그런 친구를 가리킨다.

## 문전성시

| 門 | 前 | 成 | 市 |
|---|---|---|---|
| 문 | 앞 | 이룰 | 저자 |

| 門 | 前 | 成 | 市 |
|---|---|---|---|

'문 앞이 시장을 이룬다.'라는 뜻으로, 어떤 장소에 찾아오는 사람이 너무 많은 경우 사용한다.

## 반신반의

| 半 | 信 | 半 | 疑 |
|---|---|---|---|
| 반 | 믿을 | 반 | 의심할 |

| 半 | 信 | 半 | 疑 |
|---|---|---|---|

'반은 믿고 반은 의심한다.'라는 뜻으로, 진실인지 거짓인지 판단하기가 어려워서 반쯤은 믿고 반쯤은 의심하는 상황을 말한다.

## 발본색원

| 拔 | 本 | 塞 | 源 |
|---|---|---|---|
| 뽑을 | 근본 | 막힐 | 근원 |

| 拔 | 本 | 塞 | 源 |
|---|---|---|---|

'근본을 빼내고 원천을 막는다.'라는 뜻으로, 좋지 않은 일의 근본적인 원인이 되는 요소를 완전히 없애 버림으로써 다시는 그러한 일이 발생할 수 없도록 한다는 의미이다.

# 실전 문제로 어휘력 완성하기

● 다음 글을 읽고 물음에 답하시오.

안수길의『북간도』는 조선 말기부터 광복까지 북간도 이주민 4대에 걸친 수난
과 투쟁을 다룬 작품으로, 총 5부로 구성된 대하소설이다.

- 1부 – 이한복 일가가 북간도 비봉촌으로 이주.
- 2부 – 1909년 간도 협약으로 조선인 이주민들의 생활환경 악화.
- 3부 – 청나라 사람들의 압력으로 비봉촌을 떠나 용정에 정착.
- 4부 – 1914년 제1차 세계 대전이 발발하자 조선인 이주민들이 독립운동을
       벌임.
- 5부 – 1945년 일본의 패배와 함께 정수가 출감함.

**01** 이와 같이 여러 인물의 다양한 사건과 갈등으로 이야기가 전개되는 소설의 구성 방식은?

(                                        )

● **02~04** 제시된 초성을 참고하여 다음 빈칸에 알맞은 단어를 쓰시오.

김동인의「배따라기」는 주인공 '나'가 어떤 사내를 만나는 외부 이야기인
<sup>02</sup>[ㅇ][ㅎ]와 사내의 기구한 사연이 본격적인 전개되는 내부 이야기인 <sup>03</sup>[ㄴ][ㅎ]
로 구성된 <sup>04</sup>[ㅇ][ㅈ][ㅅ] 구성이다.

**02** (                    )

**03** (                    )

**04** (                    )

● 다음 글을 읽고 물음에 답하시오.

전광용의「꺼삐딴 리」의 구성은 현재 시점에서 과거와 현재의 상황이 교차적
으로 서술된다. 주인공 이인국 박사가 브라운 씨를 만나러 가는 현재의 상황에
서 자신의 과거를 회상하는 방식으로 전개된다. 이 소설은 전체 10장으로 이루
어져 있는데, 1960년대 초의 현재 시점에서 과거 일제 강점기 시절부터 광복 이
후에 이르는 시기를 회상하는 구성으로 되어 있다.

**05** 이 글에서 설명하고 있는 소설의 구성 방식은?(                              )

● 06~08 다음 설명에 맞는 글자를 골라 ①한글과 ②한자로 쓰시오.

| 開 | 覺 | 自 | 裏 | 腦 | 館 |
|---|---|---|---|---|---|
| 열 개 | 깨달을 각 | 스스로 자 | 속 리 | 골 뇌 | 집 관 |

06 자기의 입장이나 능력 등을 스스로 느끼거나 깨달음.     (①                    ), (②                    )

07 어떤 기관이 운영 준비를 하여 처음으로 문을 엶.     (①                    ), (②                    )

08 사람의 의식이나 기억, 생각 따위가 들어 있는 영역.     (①                    ), (②                    )


● 09~11 제시된 초성을 참고하여 다음 예문을 완성하시오.

09 그는 ㅇㅊ 도 없이 남의 물건을 말도 없이 썼다.     (                    )
　　　　체면을 차릴 줄 알며 부끄러움을 아는 마음.

10 발표자의 엉뚱한 행동이 청중들의 ㅅㅅ 를 자아냈다.     (                    )
　　　　　　　　　어처구니가 없어 자기도 모르게 툭 터져 나오는 웃음.

11 미술품에 대한 그의 ㅇㅁ 은 전문가 수준을 능가한다.     (                    )
　　　　어떤 것의 가치나 좋고 나쁨을 구별할 수 있는 능력.


● 12~14 보기 를 참고하여 내용에 맞는 사자성어를 완성하시오.

보기

| 전 | 위 | 발 | 색 | 시 | 소 |
|---|---|---|---|---|---|
| 무 | 성 | 불 | 문 | 원 | 본 |

12 무슨 일이든 할 수 있는 힘이나 권력, 행동 또는 대단히 뛰어난 능력.     (                    )

13 어떤 장소에 찾아오는 사람이 너무 많은 경우를 가리키는 말.     (                    )

14 좋지 않은 일의 근본적인 원인을 없앰으로써 다시는 그러한 일이 발생할 수 없게 함.     (                    )

제1차시

## 국어 실력 확인 문제

※ 01~04 다음 설명에 맞는 구성 방식을 쓰시오.

**01**

> 박지원의 「광문자전」에서는 주인공 '광문'의 인간성과 성격을 보여 주기 위하여 관련 일화 세 가지를 소개한다. 이처럼 등장인물과 관련된 일화를 소개하면서 줄거리를 전개해 나가는 구성 방식을 ( )이라고 한다.

( )

**02**

> 하근찬의 「수난 이대」는 태평양 전쟁에서 팔을 잃은 아버지의 과거 사건과, 6·25 전쟁에서 다리를 잃고 돌아오는 아들의 현재 사건을 교차하며 보여 주는 구성을 통해 2대에 걸친 민족의 수난을 형상화하고 있다. 이처럼 인과 관계가 없는 두 개 이상의 개별 사건을 함께 전개하는 구성 방식을 ( )이라고 한다.

( )

**03**

> 김소운의 수필 「가난한 날의 행복」은 가난 속에서 느끼는 삶의 행복감을 주제로 삼고, 세 쌍의 가난한 부부의 이야기를 담고 있다. 이처럼 공통된 주제 아래 다양한 인물들이 등장하여 각각의 독립된 이야기를 모아 하나의 큰 주제를 드러내는 방식을 ( )이라고 한다.

( )

**04**

> 홍명희의 『임꺽정』은 탐관오리와 맞서 싸운 백정 출신의 도적 임꺽정과 그 부대의 활약상을 담고 있는 대하 역사 소설이다. 이처럼 동일한 주제 아래 같은 인물들이 등장하는 연작 소설에서 쓰이는 구성 방식을 ( )이라고 한다.

( )

※ 05~08 다음 설명에 맞는 단어를 보기 에서 찾아 쓰시오.

보기

| 극치 | 심문 | 육성 | 근절 |

**05** 어떤 일과 관련된 사람에게 자세하게 따져서 물음.

( )

**06** 다시 살아날 수 없도록 아주 뿌리째 없애 버림.

( )

**07** 도달할 수 있는 최고의 경지. ( )

**08** 어떤 일을 어떠한 목적을 전제로 가꾸어 발전시킴.

( )

※ 09~12 다음 설명을 읽고 초성에 맞는 단어를 쓰시오.

**09** 다른 지방이나 지역.　　　ㅌㅈ □□

**10** 잘못 사용함.　　　ㅇㅇ □□

**11** 어떠한 뜻으로 부르거나 말하는 이름.

ㅊㅎ □□

**12** 어떤 일이 잠시 중단되거나 쉬는 동안.

ㅁㄱ □□

**13** 오랫동안 기다려도 어떤 일이 이루어지기 어렵다는 뜻의 사자성어는?

① 방약무인(傍若無人)　② 백년하청(百年河淸)
③ 백절불굴(百折不屈)　④ 백중지세(伯仲之勢)

**14** 힘이나 능력이 서로 엇비슷해 우열을 가리기 힘든 상태를 뜻하는 사자성어는?

① 백척간두(百尺竿頭)　② 백중지세(伯仲之勢)
③ 부지기수(不知其數)　④ 방약무인(傍若無人)

# 시험 빈출 어휘로 국어 개념 잡기

### 피카레스크 구성
picaresque

등장인물이나 배경, 주제 등이 동일하면서도, 그 안의 각각의 이야기가 독립적으로 존재하는 구성이다. 동일한 주제 아래 같은 인물들이 등장하는 연작 소설에서 많이 쓰이는 구성이다.

예 홍명희의 『임꺽정』은 대하 역사 소설로, 탐관오리와 맞서 싸운 백정 출신의 도적 임꺽정과 그 부대의 활약상을 다양한 이야기 속에 담고 있는 ▢▢▢▢▢ 구성을 보여 준다.

### 옴니버스 구성
omnibus

'옴니버스(omnibus)'는 '많은 사람이 함께 탈 수 있는 자동차'라는 뜻이다. 다양한 인물이 등장하는 각각의 독립된 이야기를 모아 하나의 큰 주제를 드러내는 방식이다.
피카레스크는 동일한 설정에서 여러 이야기가 전개되지만, 옴니버스는 서로 다른 설정에서 독립된 이야기들이 전개된다.

예 김소운의 수필 「가난한 날의 행복」은 가난 속에서 느끼는 삶의 행복감을 주제로 삼고, 세 쌍의 가난한 부부의 이야기를 ▢▢▢▢ 식으로 구성하였다.

### 병렬적 구성
나란히 竝 벌일 列

인과 관계가 없는 두 개 이상의 개별 사건을 함께 전개하는 구성 방식이다. 여러 사건이 각각 독립적으로 진행되면서 하나의 완결된 이야기로 되어 있는 구성이다. 앞의 사건이 뒤의 다른 사건에 별다른 영향을 미치지 않고 짤막한 이야기들로 나열된다.

예 하근찬의 단편 소설 「수난 이대」는 태평양 전쟁에서 팔을 잃은 아버지의 과거 사건과, 6·25 전쟁에서 다리를 잃고 돌아오는 아들의 현재 사건을 교차하여 보여 주는 ▢▢▢ 구성을 통해 2대에 걸친 민족의 수난을 형상화하고 있다.

### 삽화적 구성
꽂을 揷 말씀 話

문학 작품에서 '삽화'는 어떤 이야기나 사건의 줄거리에 끼인 짤막한 토막 이야기를 말한다. 작품 전체의 주제를 구현하기 위하여 등장인물과 관련된 일화를 소개하면서 줄거리를 전개해 나가는 구성이다.

예 박지원의 「광문자전」은 주인공 '광문'의 인간성과 성격을 보여 주기 위하여 광문과 관련된 일화 세 가지를 소개하는 ▢▢▢ 구성으로 되어 있다.

### 일대기적 구성
한 一 대신할 代 기록할 記

등장인물이 태어나서부터 죽을 때까지의 활동과 업적을 성장에 따라 서술하는 구성으로, 주로 영웅 소설에서 볼 수 있다. 한 인물이 특정 기간 여러 사건을 겪는 모습이나 여러 곳을 이동하며 사는 모습이 나타나는 경우도 일대기적 구성으로 볼 수 있다.

예 「유충렬전」은 비범한 능력을 지니고 태어난 주인공이 많은 시련을 극복하고 훌륭한 업적을 남기는 영웅 소설의 ▢▢▢▢ 구성을 충실하게 따른다.

13

# 교과서 필수 단어로 어휘력 키우기

| | |
|---|---|
| **오용**<br>그르칠 誤 쓸 用 | 잘못 사용함.<br>예 무분별한 약의 [　　] 은 큰 부작용을 초래할 수 있다. |
| **육성**<br>기를 育 이룰 成 | 일이나 인물, 대상 따위를 어떠한 목적을 전제로 가꾸어 키우거나 발전시킴.<br>예 창의적인 인재 [　　] 을 위해 많은 투자와 연구가 필요하다. |
| **타지**<br>다를 他 땅 地 | 다른 지방이나 지역.<br>예 그녀는 직장 때문에 부모와 떨어져 [　　] 에 살고 있다. |
| **칭호**<br>일컬을 稱 이름 號 | 어떠한 뜻으로 부르거나 말하는 이름.<br>예 그는 선수 생활 10년 만에 천하장사라는 [　　] 를 얻었다. |
| **탐문**<br>찾을 探 물을 問 | 알려지지 않은 사실이나 소식 따위를 알아내기 위하여 더듬어 찾아 물음.<br>예 형사들은 범인의 행방을 찾아 주변을 [　　] 하고 있다. |
| **심문**<br>살필 審 물을 問 | 어떤 일이나 사건과 관련된 사람에게 자세하게 따져서 물음.<br>예 경찰서에서 [　　] 을 받던 용의자가 결국 범행을 자백하였다. |
| **동태**<br>움직일 動 모습 態 | 사람이나 동물, 집단 등이 움직이거나 변하는 모습.<br>예 경쟁 업체의 [　　] 를 파악한 후 신제품 출시일을 결정하기로 하였다. |
| **막간**<br>장막 幕 사이 間 | 어떤 일이 잠시 중단되거나 쉬는 동안.<br>예 바닥 청소로 경기가 잠시 중단된 [　　] 의 시간을 이용해서 밥을 먹었다. |
| **근절**<br>뿌리 根 끊을 絕 | 다시 살아날 수 없도록 아주 뿌리째 없애 버림.<br>예 이 단체에서는 학교 폭력 [　　] 을 위한 각종 활동을 벌이고 있다. |
| **극치**<br>극진할 極 이룰 致 | 도달할 수 있는 최고의 경지.<br>예 온통 하얗게 변한 한라산의 설경은 아름다움의 [　　] 를 보여 준다. |

# 사자성어로 어휘력 확장하기

※ 한자를 따라 쓰고 뜻과 음을 쓰세요.

### 방약무인

| 傍 | 若 | 無 | 人 |
|---|---|---|---|
| 곁 | 같을 | 없을 | 사람 |

| 傍 | 若 | 無 | 人 |
|---|---|---|---|
| 곁 방 | 같을 약 | 없을 무 | 사람 인 |

'곁에 아무도 없는 것처럼 여긴다.'라는 뜻으로, 다른 사람을 전혀 의식하지 않고 제멋대로 행동하는 것을 의미한다.

### 백년하청

| 百 | 年 | 河 | 清 |
|---|---|---|---|
| 일백 | 해 | 물 | 맑을 |

| 百 | 年 | 河 | 清 |
|---|---|---|---|

'백 년을 기다린다 해도 황하의 흐린 물은 맑아지지 않는다.'라는 뜻으로, 오랫동안 기다려도 어떤 일이 이루어지기 어려운 경우를 가리킨다.

### 백절불굴

| 百 | 折 | 不 | 屈 |
|---|---|---|---|
| 일백 | 꺾을 | 아닐 | 굽힐 |

| 百 | 折 | 不 | 屈 |
|---|---|---|---|

'백 번 꺾여도 굽히지 않는다.'라는 뜻으로, 수많은 시련 속에서도 결코 굴하지 않고 이겨내는 상황에서 쓰인다.

### 백중지세

| 伯 | 仲 | 之 | 勢 |
|---|---|---|---|
| 맏 | 버금 | 갈 | 형세 |

| 伯 | 仲 | 之 | 勢 |
|---|---|---|---|

'형과 동생이 비슷한 형세'라는 뜻으로, 힘이나 능력이 서로 엇비슷하여 누가 더 낫고 못한지를 가리기 힘든 상태를 의미한다.

### 백척간두

| 百 | 尺 | 竿 | 頭 |
|---|---|---|---|
| 일백 | 자 | 낚싯대 | 머리 |

| 百 | 尺 | 竿 | 頭 |
|---|---|---|---|

'백 자나 되는 높은 낚싯대 위에 올라서다.'라는 뜻으로, 위태함이 극도에 달한 상황을 가리킨다. 이때 한 자는 약 33cm이므로, 백 자는 33m 정도의 높이이다.

### 부지기수

| 不 | 知 | 其 | 數 |
|---|---|---|---|
| 아닐 | 알 | 그 | 셈 |

| 不 | 知 | 其 | 數 |
|---|---|---|---|

'그 수를 알지 못한다.'라는 뜻으로, 헤아릴 수 없을 만큼 매우 많은 양을 가리킨다.

# 실전 문제로 어휘력 완성하기

● 다음 설명을 읽고 물음에 답하시오.

> 조세희의 『난장이가 쏘아올린 작은 공』은 1970년대의 급격한 산업화의 물결 속에서 삶의 기반을 빼앗기고 몰락해 가는 도시 빈민들의 삶을 다룬 연작 소설이다. 전체적인 주인공이나 소재, 주제 면에서는 하나의 통일성을 유지하고 있지만, 12가지의 이야기는 따로 읽어도 하나의 독립된 단편 소설처럼 느껴진다.

**01** 이와 같이 동일한 설정에서 여러 이야기가 독립적으로 존재하는 구성 방식은?

(                              )

● 다음 글을 읽고 물음에 답하시오.

> 김시습의 『금오신화』는 우리나라 최초의 한문 소설로, 현실의 불합리한 인습과 제도, 운명에 대항하는 지식인의 고민과 갈등을 담고 있다. 이 작품은 「만복사저포기」, 「이생규장전」, 「취유부벽정기」, 「남염부주지」, 「용궁부연록」 등, 저마다 따로 완성된 다섯 가지 이야기로 구성된 (              ) 형식을 보여 준다.

**02** 빈칸에 들어갈 소설의 구성 방식은?

(                              )

● 다음 설명을 읽고 물음에 답하시오.

> 김동리의 「화랑의 후예」는 황 진사라는 인물을 통해, 시대의 변화를 직시하지 못하고 낡은 관념에 사로잡힌 몰락한 양반 계층의 오만과 허위성을 폭로한 단편 소설이다. 황 진사와 관련된 몇 개의 일화는 그의 삶의 모습과 성격을 제시하고 있는데, 이는 서술자와 서술 내용 사이의 거리를 유지하기 위한 장치이다.

**03** 이와 같이 등장인물과 관련한 짤막한 이야기들을 전체 이야기에 끼워 넣는 구성 방식은?

(                              )

● 04~06 다음 설명에 맞는 글자를 골라 ①한글과 ②한자로 쓰시오.

| 態 | 探 | 成 | 育 | 問 | 動 |
|---|---|---|---|---|---|
| 모습 태 | 찾을 탐 | 이룰 성 | 기를 육 | 물을 문 | 움직일 동 |

04 어떤 일을 어떠한 목적을 전제로 가꾸어 키우거나 발전시킴.　(①　　　　　　), (②　　　　　　)

05 알려지지 않은 사실을 알아내기 위하여 더듬어 찾아 물음.　(①　　　　　　), (②　　　　　　)

06 사람이나 동물, 집단 등이 움직이거나 변하는 모습.　(①　　　　　　), (②　　　　　　)


● 07~09 제시된 초성을 참고하여 다음 예문을 완성하시오.

07 화학 물질을 민간요법으로 ㅇㅇ 하면 큰 피해를 볼 수 있다.　(　　　　　　)
　　　　　　　　　　　잘못 사용함.

08 모두 스무 살 전에 ㅌㅈ 로 떠나서 남아 있는 청년은 하나도 없다.　(　　　　　　)
　　　　　　　　다른 지방이나 지역.

09 그녀는 30세에 천재 화가라는 명예로운 ㅊㅎ 를 얻었다.　(　　　　　　)
　　　　　　　　　　　　어떠한 뜻으로 부르거나 말하는 이름.


● 10~12 보기 를 참고하여 내용에 맞는 사자성어를 완성하세요.

보기

| 약 | 부 | 굴 | 수 | 절 | 무 |
|---|---|---|---|---|---|
| 인 | 백 | 방 | 지 | 기 | 불 |

10 다른 사람을 전혀 의식하지 않고 제멋대로 행동하는 것.　(　　　　　　)

11 많은 시련 속에서도 결코 굴하지 않고 이겨내는 상황.　(　　　　　　)

12 헤아릴 수 없을 만큼 매우 많은 양.　(　　　　　　)

제1차시

# 국어 실력 확인 문제

※ **01~04** 다음 빈칸에 공통으로 들어갈 단어를 보기 에서 찾아 쓰시오.

보기

스토리  플롯  복선  모티프  아이러니

**01**

인물의 행위나 내면, 그가 살고 있는 세계에서 대립적인 두 의미를 동시에 찾을 수 있을 때 (        )가 발생한다. 소설에서의 (        )는 인물이 기대하는 것과 실제 이루어지는 것 사이의 대조에 의해 긴장과 갈등이 고조된다.

(            )

**02**

문학 작품 속에서 자주 반복되어 나타나는 특정한 사건, 장면, 기법 등의 요소를 (        )라고 한다. (        )는 한 작가, 한 시대, 한 장르에서 반복되어 나타날 수 있다.

(            )

**03**

사건의 전개나 주제를 표현할 때 소설 속이 여러 요소를 인과 관계에 따라 유기적으로 배열하는 것을 (        )이라고 한다. (        )은 사건의 서술로 원인과 결과의 논리로 진행된다.

(            )

**04**

(        )는 시간적 순서대로 배열된 사건을 진술하는 방식이다. (        )는 '그다음에는', '그리고 또'와 같이 시간의 연결에 따라 진행된다.

(            )

※ **05~08** 다음 설명에 맞는 단어를 보기 에서 찾아 쓰시오.

보기

통념   파장   추이   진위

**05** 일이나 형편이 시간의 경과에 따라 변하는 모습.

(            )

**06** 참과 거짓 또는 진짜와 가짜를 통틀어 이르는 말.

(            )

**07** 충격적인 일이 미치는 영향. (            )

**08** 일반적으로 널리 통하는 개념. (            )

※ **09~12** 다음 설명을 읽고 초성에 맞는 단어를 쓰시오.

**09** 잔인하고 야만적인 행위.     ㅁ ㅎ ☐☐

**10** 어떤 일이나 행동 따위를 잘못했다고 비난함.

ㅈ ㅌ ☐☐

**11** 몹시 요란하게 울리는 소리.     ㄱ ㅇ ☐☐

**12** 확인된 정보를 근거로 삼아 새로운 결론을 이끌어 냄.

ㅊ ㄹ ☐☐

**13** 대단히 화가 난 모습을 뜻하는 사자성어는?

① 분기탱천(憤氣撑天)     ② 불철주야(不撤晝夜)
③ 불치하문(不恥下問)     ④ 비육지탄(髀肉之嘆)

**14** 지위나 학식이 자기만 못한 사람에게 질문하는 것을 부끄럽게 여기지 않는다는 뜻의 사자성어는?

① 사고무친(四顧無親)     ② 사상누각(沙上樓閣)
③ 비육지탄(髀肉之嘆)     ④ 불치하문(不恥下問)

# 시험 빈출 어휘로 국어 개념 잡기

| | |
|---|---|
| **스토리**<br>story | 시간적 순서대로 배열된 사건을 진술하는 방식이다. '그다음에는', '그리고 또'와 같이 시간의 연결에 따라 진행된다.<br><br>예 '여자가 떠나고 남자도 떠났다.'라는 진술은 단순히 시간의 흐름에 따라 하나의 사건만을 제시하고 있기 때문에 [　　　]에 해당된다. |
| **플롯**<br>plot | 사건의 전개나 주제를 표현할 때 소설 속이 여러 요소를 인과 관계에 따라 유기적으로 배열한다. 사건의 서술로 원인과 결과의 논리로 진행된다.<br><br>예 '사랑하던 여자가 떠나자, 더 이상 자신이 이곳에 머물러야 할 이유를 잃어버린 남자도 미련 없이 떠났다.'라는 진술은 사랑하던 여자가 떠난 것이 원인이 되어 결과적으로 남자도 이곳을 떠남으로써 인과 관계가 드러나 있기 때문에 [　　]이라 할 수 있다. |
| **복선**<br>엎드릴 伏 줄 線 | 소설이나 희곡 등에서 나중에 있을 사건에 대하여 미리 얼핏 보여 주는 문학적 장치를 '복선'이라고 한다. 앞으로 일어날 사건이 우발적으로 일어난 것이 아님을 보여 주고, 사건 전개에 필연성을 부여한다.<br><br>예 이태준의 「까마귀」에서 '까마귀의 울음소리'는 젊은 여인의 죽음을 암시한다는 점에서 [　　]의 구실을 하고 있다. |
| **모티프**<br>motif | 문학 작품 속에서 자주 반복되어 나타나는 특정한 사건, 장면, 기법 등의 요소를 가리킨다. 한 작가, 한 시대, 한 장르에서 반복되어 나타날 수 있다.<br><br>예 「홍길동전」의 홍길동, 「조웅전」의 조웅, 「유충렬전」의 유충렬 등의 사례에서 보듯이 고전 소설에는 영웅 [　　　]가 많이 나타난다. |
| **아이러니**<br>irony | 어떤 인물의 행위나 내면, 그리고 그가 살고 있는 세계에서 대립적인 두 의미를 동시에 찾을 수 있을 때 아이러니가 발생한다. 소설에서의 아이러니는 인물이 기대한 것과는 정반대의 상황이 일어난다. 인물이 기대하는 것과 실제 이루어지는 것 사이의 대조에 의해 긴장과 갈등이 고조된다.<br><br>예 김유정의 「동백꽃」에서 점순은 '나'를 좋아하면서도 '바보', '배냇병신' 등 자신의 애정과는 반대로 말하는 것에서 언어적 [　　　　]가 발생한다. |
| **언어유희**<br>말씀 言 말씀 語 놀 遊 놀이 戲 | 재미를 위해 언어의 형태를 다양하게 조작하거나 형태를 반복하는 놀이의 일종이다. 언어의 동음이의어나 다의성, 음이나 의미의 유사성 등을 통해 표현되며, 단순한 말장난이 아니라 풍자와 해학의 수단으로 쓰인다.<br><br>예 「춘향전」에서<br><br>운봉의 갈비를 지그시 힘을 주어 누르면서,<br>　"갈비 한 대 먹읍시다."<br><br>➡ 신체 부위인 '갈비'와 음식 '갈비'를 이용한 [　　　　]이다. |

# 교과서 필수 단어로 어휘력 키우기

| **통념**<br>통할 通 생각 念 | 일반적으로 널리 통하는 개념.<br>예 음주 운전은 사회적 ☐☐ 에 반하는 범죄 행위이다. |
|---|---|
| **파장**<br>물결 波 길 長 | 충격적인 일이 미치는 영향. 또는 그 영향이 미치는 정도.<br>예 어제 방송된 사건은 미술계에 엄청난 ☐☐ 을 불러일으켰다. |
| **만행**<br>오랑캐 蠻 다닐 行 | 잔인하고 야만적인 행위.<br>예 민간인에게 자행된 ☐☐ 이 낱낱이 기록된 극비 문서가 발견되었다. |
| **추이**<br>밀 推 옮길 移 | 일이나 형편이 시간의 경과에 따라 변하는 모습.<br>예 코로나19 사태의 ☐☐ 를 지켜보며 계획을 세우자. |
| **지탄**<br>가리킬 指 탄알 彈 | 어떤 일이나 행동 따위를 잘못했다고 비난함.<br>예 정치권의 비리 사건은 국민에게 강한 ☐☐ 을 받았다. |
| **진위**<br>참 眞 거짓 僞 | 참과 거짓 또는 진짜와 가짜를 통틀어 이르는 말.<br>예 국립 과학 수사 연구소에서 증거품의 ☐☐ 여부를 가리기로 했다. |
| **굉음**<br>울릴 轟 소리 音 | 몹시 요란하게 울리는 소리.<br>예 아파트 위로 전투기 한 대가 ☐☐ 을 내며 지나갔다. |
| **구제**<br>구원할 救 건널 濟 | 자연적인 재해나 사회적인 피해를 당하여 어려운 처지에 있는 사람을 도와줌.<br>예 산사태로 고립된 등산객들을 ☐☐ 하기 위해 헬기가 급파되었다. |
| **주입**<br>부을 注 들 入 | • 어떤 물체 안에 액체나 기체 따위를 집어넣음.<br>• 사상, 지식을 남에게 일방적으로 넣거나 기계적으로 외우게 하는 것으로, 기억과 암기를 통해 학습자에게 지식을 넣어 주는 교육 방식을 말함.<br>예 이해 과정 없이 단순히 머리에 ☐☐ 된 지식은 오래가지 않는다. |
| **추론**<br>밀 推 논할 論 | 확인된 정보를 근거로 삼아 새로운 결론을 이끌어 냄.<br>예 신석기 유물을 통해 고대인들의 생활 방식을 ☐☐ 해 볼 수 있다. |

# 사자성어로 어휘력 확장하기

※ 한자를 따라 쓰고 뜻과 음을 쓰세요.

### 분기탱천

| 憤 | 氣 | 撑 | 天 |
|---|---|---|---|
| 분할 | 기운 | 버틸 | 하늘 |

| 憤 | 氣 | 撑 | 天 |
|---|---|---|---|
| 분할 분 | 기운 기 | 버틸 탱 | 하늘 천 |

'분한 마음이 하늘을 찌를 듯 격렬하게 북받쳐 오른다.'라는 뜻으로, 대단히 화가 난 모습을 가리키는 표현이다.

### 불철주야

| 不 | 撤 | 晝 | 夜 |
|---|---|---|---|
| 아닐 | 거둘 | 낮 | 밤 |

| 不 | 撤 | 晝 | 夜 |
|---|---|---|---|

'밤낮을 가리지 않는다.'라는 뜻으로, 낮이나 밤이나 조금도 쉴 사이 없이 어떤 일에 몰두하고 노력하는 경우를 가리킨다.

### 불치하문

| 不 | 恥 | 下 | 問 |
|---|---|---|---|
| 아닐 | 부끄러울 | 아래 | 물을 |

| 不 | 恥 | 下 | 問 |
|---|---|---|---|

'아래에 묻는 것을 부끄러워하지 않는다.'라는 뜻으로, 손아랫사람이나 지위, 학식이 자기만 못한 사람에게 모르는 것을 질문하는 일을 부끄럽게 여기지 않음을 의미한다.

### 비육지탄

| 髀 | 肉 | 之 | 嘆 |
|---|---|---|---|
| 넓적다리 | 고기 | 갈 | 탄식할 |

| 髀 | 肉 | 之 | 嘆 |
|---|---|---|---|

'넓적다리에 살이 붙음을 탄식한다.'라는 뜻으로, 재능을 발휘하지 못하고 헛되이 세월만 보내는 상황을 가리키는 표현이다. 중국 촉나라의 유비가 은거하고 있던 시절에 오랫동안 말을 타지 못하여 넓적다리에 살이 찐 것을 한탄한 데서 유래한다.

### 사고무친

| 四 | 顧 | 無 | 親 |
|---|---|---|---|
| 넉 | 돌아볼 | 없을 | 친할 |

| 四 | 顧 | 無 | 親 |
|---|---|---|---|

'사방을 돌아보아도 친한 사람이 없다.'라는 뜻으로, 의지할 만한 곳이 없이 외로운 상태를 의미한다.

### 사상누각

| 沙 | 上 | 樓 | 閣 |
|---|---|---|---|
| 모래 | 윗 | 다락 | 집 |

| 沙 | 上 | 樓 | 閣 |
|---|---|---|---|

'모래 위에 세운 누각'이라는 뜻으로, 기초가 튼튼하지 못하여 오래 견디지 못하는 것을 비유한 표현이다. 이때 '누각'은 문과 벽이 없이 사방이 보이도록 지은 다락집을 말한다.

# 실전 문제로 어휘력 완성하기

● 다음 글을 읽고 물음에 답하시오.

김유정의「금 따는 콩밭」은 금광이 있을 수 있다는 수재의 꼬임에 빠져서 무지한 농민인 영식이 다 자란 콩밭을 스스로 망친다는 내용의 단편 소설이다. 이 소설의 결말에서 파헤친 밭에서 금이 나오지 않자 수재는 도망치기 위해 거짓말로 '금이 나왔다'고 소리치는데, 이 거짓말에 영식 부부는 감격하며 기뻐한다. 그러나 실상은 가장 처참하고 비극적인 상황으로, 영악한 수재와 어리석은 영식의 대립을 통해 비애 섞인 웃음이 유발되는 (              )가 발생한다. 이 작품의 (              )는 주제를 심화시키는 동시에 반전을 통한 해학적 재미를 준다.

01 빈칸에 공통으로 들어갈 단어는?                                    (                    )

● 다음 글을 읽고 물음에 답하시오.

김 첨지는 취중에도 설렁탕을 사 가지고 집에 다다랐다. …… 만일 김 첨지가 주기를 띠지 않았던들, 한 발을 대문 안에 들여놓았을 때, 그곳을 지배하는 ⊙무시무시한 정적 ─ 폭풍우가 지나간 뒤의 ⓒ바다 같은 정적에 다리가 떨리었으리라. 쿨룩거리는 기침 소리도 들을 수 없다. 그르렁거리는 숨소리조차 들을 수 없다. 다만, 이 ⓒ무덤 같은 침묵을 깨뜨리는 ─ 깨뜨린다느니보다 한층 더 침묵을 깊게 하고 불길하게 하는, '빡빡' 소리는 빨 따름이요, '꿀떡꿀떡' 하고 젖 넘어가는 소리가 없으니, 빈 젖을 빤다는 것도 짐작할는지 모르리라.

─ 현진건, 「운수 좋은 날」 중에서

02 밑줄 친 ⊙, ⓒ, ⓒ처럼 앞으로 일어날 사건을 미리 내비치는 것을 가리키는 용어는?

(                    )

● 다음 글을 읽고 물음에 답하시오.

『박씨전』에서 주인공 박 씨는 전생에 지은 죄로 인해 추한 모습으로 태어나, 남편과 사람들로부터 멸시와 구박을 받으며 살았다. 그녀는 비범한 능력과 신묘한 도술로 적으로부터 가족과 나라를 지키고 마침내 흉물스런 허물이 벗겨져 아름다운 여인으로 변신한다. 『박씨전』은 사람이나 동물의 변신을 주된 내용으로 하는 설화를 (            )로 삼은 변신 (            )이다. 변신 (            )는 작품의 구성상 사건 전개 전환점의 구실을 한다. 『박씨전』에서는 박 씨가 미녀로 변신함으로써 남편과의 갈등이 해소되며 사건 전개의 전환점을 맞게 된다.

03 빈칸에 공통으로 들어갈 단어는?                                    (                    )

● 04~06 다음 설명에 맞는 글자를 골라 ①한글과 ②한자로 쓰시오.

| 長 | 救 | 入 | 波 | 濟 | 注 |
|---|---|---|---|---|---|
| 길 장 | 구원할 구 | 들 입 | 물결 파 | 건널 제 | 부을 주 |

**04** 충격적인 일이 미치는 영향. 또는 그 영향이 미치는 정도.  (① ), (② )

**05** 자연재해나 어떤 피해로 어려운 상황에 있는 사람을 도와줌.  (① ), (② )

**06** 어떠한 사상이나 지식을 남에게 기계적으로 외우게 함.  (① ), (② )


● 07~09 제시된 초성을 참고하여 다음 예문을 완성하시오.

**07** 2차 세계 대전 동안 일본군은 엄청난 ㅁㅎ 을 저질렀다.  ( )
잔인하고 야만적인 행위.

**08** 국회의원의 부동산 투기는 국민의 ㅈㅌ 을 면하기 어렵다.  ( )
어떤 일이나 행동 따위를 잘못했다고 비난함.

**09** 고요하던 도시에 천지를 뒤흔드는 ㄱㅇ 이 들려왔다.  ( )
몹시 요란하게 울리는 소리.


● 10~12 보기 를 참고하여 내용에 맞는 사자성어를 완성하세요.

보기

| 고 | 주 | 친 | 상 | 각 | 야 |
|---|---|---|---|---|---|
| 철 | 사 | 불 | 사 | 무 | 누 |

**10** 낮이나 밤이나 조금도 쉴 사이 없이 어떤 일에 몰두하고 노력하는 것.  ( )

**11** 의지할 만한 곳이 없이 외로운 상태.  ( )

**12** 기초가 튼튼하지 못하여 오래 견디지 못하는 것을 비유하는 말.  ( )

## 국어 실력 확인 문제

제1차시

※ 다음 제시문을 읽고 물음에 답하시오.

> 새침하게 흐린 품이 눈이 올 듯하더니 눈은
> 아니 오고 얼다가 만 비가 추적추적 내리는 날이
> 었다.
>
> – 현진건, 「운수 좋은 날」 중에서

**01** 이 부분에 드러난 배경의 종류는?

( )

※ **02~04** 다음 글을 읽고 빈칸에 들어갈 배경의 종류
를 쓰시오.

**02**

> 양귀자의 연작 소설 『원미동 사람들』의
> ( ) 배경인 '원미동'은 1980년대에는
> 가난한 서민들이 모여 사는 변두리 도시였다.
> 이곳은 당시의 생활상을 보여 주는 상징적이
> 고 보편적인 공간이다.

( )

**03**

> 황순원의 「학」은 1950년대 6·25 전쟁이라
> 는 ( ) 배경 속에서 각기 다른 이념의
> 편에 서게 된 성삼과 덕재가 이념을 뛰어넘어
> 우정을 확인하게 되는 과정을 그리고 있다.

( )

**04**

> 조세희의 연작 소설 『난장이가 쏘아올린 작
> 은 공』은 1970년대 급격한 도시화와 산업화
> 과정에서 도시 주변부로 밀려나 고통스러운
> 삶을 살았던 서민들의 현실을 배경으로 한다.
> 이는 인물들을 둘러싼 사회 현실과 시대적 상
> 황을 포함하는 ( ) 배경에 해당한다.

( )

※ **05~08** 다음 설명에 맞는 단어를 **보기** 에서 찾아
쓰시오.

> **보기**
>
> 방류    계책    고갈    소신

**05** 어떤 일을 이루기 위하여 꾀나 방법을 생각해 냄.

( )

**06** 굳게 믿거나 생각하는 바. ( )

**07** 느낌이나 생각 따위가 다 없어짐.

( )

**08** 모아서 가두어 둔 물을 흘려보냄.

( )

※ **09~13** 다음 설명을 읽고 초성에 맞는 단어를 쓰시오.

**09** 수량이 갑자기 늘어남.    ㄱㅈ ☐☐

**10** 어떤 일이 되풀이되는 정도나 횟수.

ㅂㄷ ☐☐

**11** 사람을 업신여겨 하찮게 대함.    ㄱㅅ ☐☐

**12** 어떤 일을 할 수 있는 능력.    ㄲㄴ ☐☐

**13** 뛰어난 인재를 얻으려면 참을성 있게 정성을 다해
야 함을 뜻하는 사자성어는?

① 삼순구식(三旬九食)    ② 삼고초려(三顧草廬)
③ 상전벽해(桑田碧海)    ④ 선공후사(先公後私)

**14** 세상이 몰라볼 정도로 바뀐 모습을 뜻하는 사자성
어는?

① 선우후락(先憂後樂)    ② 수구초심(首丘初心)
③ 삼고초려(三顧草廬)    ④ 상전벽해(桑田碧海)

# 시험 빈출 어휘로 국어 개념 잡기

## ─── 소설에 나오는 배경의 종류 ───

소설에서 배경은 인물과 사건을 보다 사실적이고 생동감 있게 그려내고, 작품의 전반적인 분위기를 형성한다. 작품의 의미나 주제와 깊이 관련되어 독자에게는 신뢰감을 주며, 인물의 심리와 사건 전개를 암시하는 역할도 한다.

**시간적 배경**

인물의 행동과 사건이 일어나는 시간, 계절, 역사적 시대 등을 말한다. 시간적 배경에 중점을 둔 소설은 주로 시간의 순서에 따라 사건이 발생하고, 주인공의 운명이 변해 가는 과정을 그린다.

예 현진건의 「운수 좋은 날」 첫 부분인 '눈이 올 듯하더니 눈은 아니 오고 얼다가 만 비가 추적추적 내리는 날' 구절에서 작품의 □□□ 배경이 겨울임을 알 수 있다.

**공간적 배경**

인물이 활동하고 사건이 일어나는 공간적인 무대로, 자연환경이나 생활 환경 등을 의미하며 국가나 지역 등이 포함된다. 공간적 배경에 중점을 둔 소설은 환경과 관련된 갈등이 그려지기도 한다.

예 양귀자의 연작 소설 「원미동 사람들」의 □□□ 배경인 원미동은 1980년대에는 가난한 서민들이 모여 사는 변두리 도시였다. 이곳은 당시의 생활상을 보여 주는 상징적이고 보편적인 공간이다.

**사회적 배경**

인물들을 둘러싼 사회 현실과 역사적 상황을 의미한다. 정치, 경제, 종교, 문화는 물론 직업, 계층, 연령 등과 시대적 상황까지도 포함한다.

예 조세희의 연작 소설 「난장이가 쏘아올린 작은 공」은 1970년대 급격한 도시화와 산업화 과정에서 도시 주변부로 밀려나 고통스러운 삶을 살았던 서민들의 현실을 □□□ 배경으로 한다.

**심리적 배경**

인물의 심리 상황이나 독특한 내면의 세계를 의미한다. 주로 사건의 논리적인 전개 과정보다 등장인물의 내면 심리와 그 변화에 초점을 맞추어 서술하는 소설에 나타난다. 인물의 의식 속에서 형성되는 배경으로 현대 소설에서 특히 중요하다.

예 이상의 「날개」에서는 무기력한 삶과 자아 분열적 의식 속에서 벗어나 본래의 자신을 찾고자 하는 '나'의 내면 의지가 □□□ 배경이 된다.

**상황적 배경**

인물이 처해 있는 상황이나 처지를 의미한다. 인간의 실존적인 상황을 배경으로 설정하는 것으로 전쟁, 죽음, 질병과 같은 극한 상황에서 느끼는 한계 의식을 보여 준다. 상황적 배경은 그 자체가 상징적으로 주제를 드러내는 데 중요한 역할을 한다.

예 황순원의 「학」은 6·25 전쟁이라는 □□□ 배경 속에서 각기 다른 이념의 편에 서게 된 성삼과 덕재가 이념을 뛰어넘어 우정을 확인하게 되는 과정을 그리고 있다.

# 교과서 필수 단어로 어휘력 키우기

| | |
|---|---|
| **발상**<br>필 發 생각 想 | 어떤 새로운 생각을 해냄.<br>예 카페형 도서관은 ☐☐의 전환이 만들어 낸 문화 공간이다. |
| **방류**<br>놓을 放 흐를 流 | 모아서 가두어 둔 물을 흘려보냄.<br>예 공장 폐수의 무단 ☐☐로 남한강 전체가 오염되었다. |
| **급감**<br>급할 急 덜 減 | 수나 양이 급작스럽게 줄어듦.<br>예 제품 판매량의 ☐☐으로 회사 경영이 어려워졌다. |
| **급증**<br>급할 急 더할 增 | 수량이 갑자기 늘어남.<br>예 추석 명절을 맞아 택배 물량이 ☐☐하고 있다. |
| **빈도**<br>자주 頻 법도 度 | 어떤 일이 되풀이되는 정도나 횟수.<br>예 폭설로 인해 지하철을 이용하는 ☐☐가 급격히 증가하였다. |
| **계책**<br>셀 計 꾀 策 | 어떤 일을 이루기 위하여 꾀나 방법을 생각해 냄.<br>예 경제 위기를 타개할 좋은 ☐☐이 필요하다. |
| **고갈**<br>마를 枯 목마를 渴 | • 어떤 일의 바탕이 되는 돈이나 물자, 소재, 인력 따위가 다하여 없어짐.<br>• 느낌이나 생각 따위가 다 없어짐.<br>예 그 단체는 운영 자금의 ☐☐로 큰 어려움을 겪고 있다. |
| **소신**<br>바 所 믿을 信 | 굳게 믿거나 생각하는 바.<br>예 어떤 회유와 협박에도 그는 끝까지 자신의 ☐☐을 굽히지 않았다. |
| **괄시**<br>근심 없을 恝 볼 視 | 사람을 업신여겨 하찮게 대함.<br>예 일본에 끌려간 조선인은 심한 ☐☐를 당하였다. |
| **깜냥** | 어떤 일을 할 수 있는 능력.<br>예 이번 일은 보통 사람의 ☐☐으로는 도저히 하기 어렵다. |

# 사자성어로 어휘력 확장하기

※ 한자를 따라 쓰고 뜻과 음을 쓰세요.

### 삼고초려

| 三 | 顧 | 草 | 廬 |
|---|---|---|---|
| 석 | 돌아볼 | 풀 | 농막집 |

| 三 | 顧 | 草 | 廬 |
|---|---|---|---|
| 석 삼 | 돌아볼 고 | 풀 초 | 농막집 려 |

'초가집을 세 번 찾아간다.'라는 뜻으로, 뛰어난 인재를 얻으려면 참을성 있게 정성을 다해야 한다는 말이다. 유비가 제갈량을 인재로 쓰기 위해 그 집을 세 번이나 찾아갔다는 데서 유래한다.

### 삼순구식

| 三 | 旬 | 九 | 食 |
|---|---|---|---|
| 석 | 열흘 | 아홉 | 밥 |

| 三 | 旬 | 九 | 食 |
|---|---|---|---|

'삼십 일 동안 아홉 끼니밖에 먹지 못한다.'라는 뜻으로, 끼니도 겨우 때울 만큼 몹시 가난한 상황을 표현한다.

### 상전벽해

| 桑 | 田 | 碧 | 海 |
|---|---|---|---|
| 뽕나무 | 밭 | 푸를 | 바다 |

| 桑 | 田 | 碧 | 海 |
|---|---|---|---|

'뽕나무밭이 푸른 바다가 되다.'라는 뜻으로, 세상이 몰라볼 정도로 바뀐 모습을 의미한다.

### 선공후사

| 先 | 公 | 後 | 私 |
|---|---|---|---|
| 먼저 | 공평할 | 뒤 | 사사 |

| 先 | 公 | 後 | 私 |
|---|---|---|---|

'사(私)보다 공(公)을 앞세우다.'라는 뜻으로, 공적인 것을 먼저 하고 사적인 것을 뒤에 하는 것을 가리킨다.

### 선우후락

| 先 | 憂 | 後 | 樂 |
|---|---|---|---|
| 먼저 | 근심 | 뒤 | 노래 |

| 先 | 憂 | 後 | 樂 |
|---|---|---|---|

'먼저 근심하고 나중에 즐긴다.'라는 뜻으로, 자신의 욕심이나 즐거움을 버리고 다른 사람들을 위해 노력하는 지도자나 공직자의 태도를 이르는 말이다.

### 수구초심

| 首 | 丘 | 初 | 心 |
|---|---|---|---|
| 머리 | 언덕 | 처음 | 마음 |

| 首 | 丘 | 初 | 心 |
|---|---|---|---|

'여우가 죽을 때에 머리를 자기가 살던 언덕 쪽으로 둔다.'라는 뜻으로, 고향을 그리워하는 마음, 또는 근본을 잊지 않는 것을 가리키는 표현이다.

# 실전 문제로 어휘력 완성하기

● 다음 제시문을 읽고 물음에 답하시오.

> 일청전쟁(日淸戰爭)의 총소리는 평양 일경이 떠나가는 듯하더니, 그 총소리가 그치매 사람의 자취는 끊어지고 산과 들에 비린 티끌뿐이라.
>
> 평양성의 모란봉에 떨어지는 저녁볕은 뉘엿뉘엿 넘어가는데, 저 햇빛을 붙들어 매고 싶은 마음에 붙들어 매지는 못하고 숨이 턱에 닿은 듯이 갈팡질팡하는 한 부인이 나이 삼십이 될락 말락 하고, 얼굴은 분을 따고 넣은 듯이 흰 얼굴이나 인정 없이 뜨겁게 내리쪼이는 가을볕에 얼굴이 익어서 선앵둣빛이 되고, 걸음걸이는 허둥지둥하는데 옷은 흘러내려서 젖가슴이 다 드러나고 치맛자락은 땅에 질질 끌려서 걸음을 걷는 대로 치마가 밟히니, 그 부인은 아무리 급한 걸음걸이를 하더라도 멀리 가지도 못하고 허둥거리기만 한다.
>
> – 이인직, 『혈의 누』 중에서

**01** 이 글에서 알 수 있는 배경 묘사의 역할로 거리가 먼 것은?

① 작품의 주제를 드러낸다.
② 작품의 분위기를 형성한다.
③ 작품의 시간적 배경을 제시한다.
④ 작품의 공간적 배경을 제시한다.
⑤ 앞으로 발생할 사건의 내용을 암시한다.

● 다음 설명을 읽고 물음에 답하시오.

> 윤흥길의 『아홉 켤레의 구두로 남은 사내』의 (          ) 배경은 1970년대 성남 택지 개발을 둘러싼 당시 정부의 불합리한 정책과 거기에 희생된 소외 계층이 사회의 폭력적 구조로 인해 억압당하던 시절이다. 작품 속 권 씨는 그 폭압에 맞서지만 결국 범법자가 되고, 아내의 출산 비용마저 마련하지 못하는 무능력한 존재로 전락한다.

**02** 빈칸에 들어갈 배경의 종류는?                     (                    )

● 다음 설명을 읽고 물음에 답하시오.

> 이효석의 「메밀꽃 필 무렵」은 은은한 달빛 아래 메밀꽃이 흐드러지게 피어 있는 고즈넉한 산길이라는 (          ) 배경을 마치 한 폭의 풍경화처럼 표현함으로써 작품 전체에 서정적이고 낭만적인 분위기를 조성한다.

**03** 빈칸에 들어갈 배경의 종류는?                     (                    )

● 04~06 다음 설명에 맞는 글자를 골라 ①한글과 ②한자로 쓰시오.

| 發 | 渴 | 急 | 想 | 枯 | 滅 |
|---|---|---|---|---|---|
| 필 발 | 목마를 갈 | 급할 급 | 생각 상 | 마를 고 | 덜 감 |

04 어떤 새로운 생각을 해냄. (① ), (② )

05 수나 양이 급작스럽게 줄어듦. (① ), (② )

06 돈이나 물자, 소재, 인력 따위가 다하여 없어짐. (① ), (② )

● 07~09 제시된 초성을 참고하여 다음 예문을 완성하시오.

07 세계 인구의 ㄱ ㅈ 으로 환경의 파괴가 심해지고 있다. ( )
　　　　　　수량이 갑자기 늘어남.

08 즉석식품이 많아지면서 전자레인지의 사용 ㅂ ㄷ 가 높아지고 있다. ( )
　　　　　　　　　　　　　　어떤 일이 되풀이되는 정도나 횟수.

09 돈이 많다고 해서 가진 게 없는 사람을 ㄱ ㅅ 해서는 안 된다. ( )
　　　　　　　　　　사람을 업신여겨 하찮게 대함.

● 10~12 보기를 참고하여 내용에 맞는 사자성어를 완성하시오.

보기

| 구 | 순 | 선 | 삼 | 심 | 후 |
|---|---|---|---|---|---|
| 식 | 공 | 사 | 수 | 초 | 구 |

10 끼니도 겨우 때울 만큼 몹시 가난한 상황. ( )

11 공적인 것을 먼저 하고 사적인 것을 뒤에 하는 것. ( )

12 고향을 그리워하는 마음. ( )

제1차시

## 국어 실력 확인 문제

※ 01~04 다음 글을 읽고 빈칸에 들어갈 소설의 종류를 쓰시오.

**01**

작자 미상의 고전 소설 『유충렬전』은 천상에서 지상으로 내려온 유충렬이 고난과 역경을 극복하고 위기에 처한 나라를 구한다는 내용이다. 이처럼 전쟁을 통한 영웅의 활약상을 담고 있는 소설을 (          )이라고 한다.

(          )

**02**

김시습의 한문 소설 「남염부주지」는 불교를 믿지 않던 박생이 꿈속에서 지옥인 '남염부주'에 다녀온 후 깨달음을 얻는다는 내용이다. 이처럼 등장인물이 꿈을 통해 여러 가지 경험을 하고 다시 현실로 돌아오는 소설을 (          )이라고 한다.

(          )

**03**

박완서의 「자전거 도둑」은 순수한 소년의 시각에서 물질적 이익만 추구하는 어른들의 부도덕성을 비판하고, 정신적으로 성장하는 소년의 모습을 그리고 있다. 이처럼 소년기를 거쳐 성인의 세계로 입문하는 한 인물이 겪는 정신적 성장을 다룬 소설을 (          )이라고 한다.

(          )

**04**

염상섭의 『만세 전』은 '나'가 일본의 동경에서 출발하여 부산, 김천, 대전과 경성을 거쳐 다시 동경으로 돌아가는 여정이 중심을 이룬다. 이처럼 등장인물이 다른 곳으로 이동하는 여정이 작품의 중심을 이루는 소설을 (          )이라고 한다.

(          )

※ 05~08 다음 설명에 맞는 단어를 **보기** 에서 찾아 쓰시오.

**보기**

| 관망 | 반목 | 상설 | 상시 |

**05** 특별한 일이 없는 보통 때.　(          )

**06** 언제든지 이용할 수 있도록 시설을 갖추어 둠.
(          )

**07** 서로 시기하고 미워함.　(          )

**08** 한발 물러나서 어떤 일의 형편을 바라봄.
(          )

※ 09~12 다음 설명을 읽고 초성에 맞는 단어를 쓰시오.

**09** 어려운 문장이나 암호 등을 뜻을 헤아리며 읽음.

ㅍ ㄷ ☐☐

**10** 정상적인 절차를 따르지 않은 손쉬운 방법.

ㅍ ㅂ ☐☐

**11** 실제와 다르게 보이는 모습.　ㅎ ㅅ ☐☐

**12** 일을 알아차릴 수 있는 눈치.　ㄲ ㅅ ☐☐

**13** 늘 책을 가까이하여 학문을 열심히 하는 모습을 뜻하는 사자성어는?

① 수불석권(手不釋卷)　② 수적천석(水滴穿石)
③ 수주대토(守株待兎)　④ 순망치한(脣亡齒寒)

**14** 어떤 어려운 일이라도 끊임없이 노력하면 성공한다는 뜻의 사자성어는?

① 십벌지목(十伐之木)　② 아전인수(我田引水)
③ 순망치한(脣亡齒寒)　④ 수불석권(手不釋卷)

# 시험 빈출 어휘로 국어 개념 잡기

## 성장 소설
이룰 成 길 長

유년기에서 소년기를 거쳐 성인의 세계로 입문하는 한 인물이 겪는 내면적 갈등과 정신적 성장, 자신을 둘러싼 세계의 각성 과정을 다룬 소설이다. 미성숙한 주인공은 시련을 통해 삶과 죽음, 선과 악 등의 인생을 깨달으며 점차 어른이 되어가는 성장을 담고 있다.

예 박완서의 「자전거 도둑」은 순수한 소년의 시각에서 물질적 이익만 추구하는 어른들의 부도덕성을 비판하고, 정신적으로 성장하는 소년의 모습을 그리고 있으므로 ☐☐ 소설에 해당한다.

## 여로형 소설
나그네 旅 길 路

등장인물이 머물러 있던 곳을 떠나 다른 곳으로 이동하는 여정이 작품의 중심 구조를 이루는 소설이다. 출발에서부터 도착까지 인물의 물리적 이동이 드러난다. 여행의 성격과 구조를 사건의 구성으로 활용하여 작품에 대한 이해를 높여 준다.

예 염상섭의 「만세전」은 '나'가 일본의 동경에서 출발하여 부산, 김천, 대전과 경성을 거쳐 다시 동경으로 돌아가는 구조를 보여 주는 ☐☐☐ 소설이다.

## 전후 소설
싸움 戰 뒤 後

전쟁과 전쟁 이후를 배경으로 한 소설이다. 단순히 전쟁을 소재로 한 작품이 아니라, 전쟁이 개인과 사회에 어떤 영향을 미쳤는지를 다루는 작품들을 말한다. 주로 전쟁의 비극성, 인간성의 상실, 극한 상황에서의 인간적 고뇌 등을 다룬다.

예 오상원의 「유예」는 6·25 전쟁 당시 수색대 소대장이었던 '나'가 인민군의 포로가 되어 총살을 한 시간 앞둔 극한 상황 속에서 겪게 되는 고뇌를 그린 ☐☐ 소설이다.

## 몽유 소설
꿈 夢 놀 遊

현실 세계의 주인공이 꿈을 통해 다른 세계로 들어가 여러 가지 경험을 하고 꿈에서 깨어 다시 현실로 돌아오는 내용의 소설이다. '꿈'이라는 소설적 장치를 이용하여 현실을 비판하거나 이상 세계를 설정하여 지향하는 세상의 모습을 제시한다.

예 김시습의 한문 소설 「남염부주지」는 불교를 믿지 않던 박생이 꿈속에서 지옥인 '남염부주'에 다녀온 후 깨달음을 얻는다는 내용의 ☐☐ 소설이다.

## 군담 소설
군사 軍 말씀 談

'군담'은 '전쟁에 대한 이야기'라는 뜻이다. 임진왜란과 병자호란 이후 많이 창작된 소설로 비범한 능력을 지닌 인물이 전쟁에서 활약하는 내용을 다루고 있다. 전쟁으로 인한 피해와 훼손된 민족의 자존심을 문학적 상상을 통해 회복하려는 의도에서 창작된 작품이 많다.

예 작자 미상의 고전 소설 「유충렬전」은 천상에서 지상으로 내려온 유충렬이 고난과 역경을 극복하고 위기에 처한 나라를 구한다는 내용의 ☐☐ 소설이다.

# 교과서 필수 단어로 어휘력 키우기

| | |
|---|---|
| **관망**<br>볼 觀 바랄 望 | 한발 물러나서 어떤 일이 되어 가는 형편을 바라봄.<br>예 선생님은 아이들 간의 다툼을 그저 ☐☐ 만 하고 있었다. |
| **반목**<br>돌이킬 反 눈 目 | 서로 시기하고 미워함.<br>예 세대 간에 ☐☐ 이 심해지면 사회 분열이 일어난다. |
| **상설**<br>떳떳할 常 베풀 設 | 언제든지 이용할 수 있도록 설비와 시설을 갖추어 둠.<br>예 집 근처에 최신 시설의 ☐☐ 공연장이 생겼다. |
| **상시**<br>떳떳할 常 때 時 | 특별한 일이 없는 보통 때.<br>예 화재를 대비해 가정에서는 소화기를 ☐☐ 준비해 놓아야 한다. |
| **판독**<br>판단할 判 읽을 讀 | 어려운 문장이나 암호, 고문서 따위를 뜻을 헤아리며 읽음.<br>예 이 문서는 너무 오래되고 낡아서 ☐☐ 이 불가능하다. |
| **편법**<br>편할 便 법 法 | 정상적인 절차를 따르지 않은 간편하고 손쉬운 방법.<br>예 그 회사는 온갖 ☐☐ 을 동원하여 계약을 따냈다. |
| **허상**<br>빌 虛 모양 像 | 없는 것이 있는 것처럼 나타나 보이거나 실제와 다르게 드러나 보이는 모습.<br>예 영화 속 우주의 모습은 실제와 다른 ☐☐ 에 지나지 않는다. |
| **낌새** | 어떤 일을 알아차릴 수 있는 눈치.<br>예 텔레비전 토론회 이후 둘 사이에 갈등의 ☐☐ 가 엿보인다. |
| **관전**<br>볼 觀 싸움 戰 | 운동 경기나 바둑 대국 따위를 구경함.<br>예 가장 좋은 위치의 좌석에서 축구 경기를 ☐☐ 하였다. |
| **상책**<br>윗 上 꾀 策 | 가장 좋은 대책이나 방법.<br>예 지나간 과거에 대한 안 좋은 기억은 빨리 잊는 것이 ☐☐ 이다. |

# 사자성어로 어휘력 확장하기

※ 한자를 따라 쓰고 뜻과 음을 쓰세요.

### 수불석권

| 手 | 不 | 釋 | 卷 |
|---|---|---|---|
| 손 | 아닐 | 풀 | 책 |

| 手 | 不 | 釋 | 卷 |
|---|---|---|---|
| 손 수 | 아닐 불 | 풀 석 | 책 권 |

'손에서 책을 놓지 않는다.'라는 뜻으로, 늘 책을 가까이하여 학문을 열심히 하는 모습을 일컫는다.

### 수적천석

| 水 | 滴 | 穿 | 石 |
|---|---|---|---|
| 물 | 물방울 | 뚫을 | 돌 |

| 水 | 滴 | 穿 | 石 |
|---|---|---|---|

'물방울이 바위를 뚫는다.'라는 뜻으로, 작은 노력이라도 끈기 있게 계속하면 반드시 성공할 수 있다는 의미이다.

### 수주대토

| 守 | 株 | 待 | 兎 |
|---|---|---|---|
| 지킬 | 그루 | 기다릴 | 토끼 |

| 守 | 株 | 待 | 兎 |
|---|---|---|---|

'그루터기를 지켜 토끼를 기다린다.'라는 뜻으로, 고지식하여 안 될 일을 고집하는 어리석음을 비유한 표현이다. 중국 송나라의 농부가 나무 그루터기에 부딪혀 죽은 토끼를 잡은 후, 일은 하지 않고 나무 그루터기만 지키고 있었다는 데서 유래한다.

### 순망치한

| 脣 | 亡 | 齒 | 寒 |
|---|---|---|---|
| 입술 | 망할 | 이 | 찰 |

| 脣 | 亡 | 齒 | 寒 |
|---|---|---|---|

'입술을 잃으면 이가 시리다.'라는 뜻으로, 서로 의지하고 있어 한쪽이 사라지면 다른 쪽도 안전을 확보하기 어려운 관계를 비유할 때 사용된다. 춘추 시대의 강대국인 진(晉)나라 헌공이 우나라에 '괵나라를 치고자 하니 길을 빌려 달라'고 요청하자, 신하 궁지기가 반대하면서 '입술이 없으면 이가 시린 것처럼 괵나라가 망하면 다음은 우리 차례'라고 한 말에서 유래한다.

### 십벌지목

| 十 | 伐 | 之 | 木 |
|---|---|---|---|
| 열 | 칠 | 갈 | 나무 |

| 十 | 伐 | 之 | 木 |
|---|---|---|---|

'열 번 찍어 아니 넘어가는 나무가 없다.'라는 뜻으로, 어떤 어려운 일이라도 끊임없이 노력하면 성공함을 의미한다.

### 아전인수

| 我 | 田 | 引 | 水 |
|---|---|---|---|
| 나 | 밭 | 끌 | 물 |

| 我 | 田 | 引 | 水 |
|---|---|---|---|

'자기 논에만 물을 댄다.'라는 뜻으로, 무슨 일을 자기에게 이롭게 되도록 생각하거나 행동하는 상황에서 쓰는 표현이다.

# 실전 문제로 어휘력 완성하기

● 다음 글을 읽고 물음에 답하시오.

> 황석영의 「삼포 가는 길」은 막노동자, 술집 작부 등 산업화 과정에서 생겨난 소외 계층인 세 사람이 우연히 만나 '삼포'로 동행하게 되는 여정을 다룬다. 세 사람은 처음에는 심리적으로 거리가 있었지만, 여정을 함께하면서 점차 서로의 아픔을 이해하고 교감하는 사이로 가까워진다. 이 작품에 나오는 '삼포'는 경치가 아름답고 인정이 넘치는 고향으로, 근대화 이전의 훼손되지 않은 공동체를 의미하는 가공의 지명이다.

**01** 이와 같이 여행의 성격과 구조를 활용하는 소설의 종류는?

(                              )

● 다음 글을 읽고 물음에 답하시오.

> 김만중의 한글 소설 『구운몽』은 제목을 글자 그대로 풀이하면 '아홉 개의 구름 같은 꿈'이라는 뜻이다. 불제자인 '성진'이 세속적 욕망으로 번민하다가 꿈속에서 세상의 온갖 부귀영화를 맛보고 깨어나서 수도자적 깨달음에 도달한다는 내용이다. 인간의 부귀영화는 일장춘몽(一場春夢)에 불과하다는 주제 의식을 담고 있다.

**02** 이와 같이 '현실 → 꿈 → 현실'의 구성을 보이는 소설의 종류는?

(                              )

● 다음 글을 읽고 물음에 답하시오.

> 황순원의 「별」에서 어려서 사별한 어머니를 그리워하던 소년은 못생긴 누이가 어머니를 닮았다는 이야기를 듣고 누이를 미워하게 된다. 하지만 누이가 죽자 말할 수 없는 회한에 젖게 되고, 누이의 참사랑을 깨닫고 후회의 눈물을 흘린다. 한 소년이 내면적으로 성숙해 가는 과정을 다룬 이 작품은 (              ) 소설이라고 할 수 있다.

**03** 빈칸에 들어갈 소설의 종류는?          (                              )

● 04~06  다음 설명에 맞는 글자를 골라 ①한글과 ②한자로 쓰시오.

| 策 | 觀 | 目 | 反 | 上 | 戰 |
|---|---|---|---|---|---|
| 꾀 책 | 볼 관 | 눈 목 | 돌이킬 반 | 윗 상 | 싸움 전 |

04  운동 경기나 바둑 대국 따위를 구경함.  (①               ), (②                )

05  서로 시기하고 미워함.  (①               ), (②                )

06  가장 좋은 대책이나 방법.  (①               ), (②                )


● 07~09  제시된 초성을 참고하여 다음 예문을 완성하시오.

07  고대 암호를 ｜ㅍ｜ㄷ｜ 하기 위해 다양한 분야의 전문가들이 모였다.  (                )
　　　어려운 문장이나 암호, 고문서 따위를 뜻을 헤아리며 읽음.

08  많은 사람이 성공하기 위해서는 ｜ㅍ｜ㅂ｜ 을 써도 된다고 생각한다.  (                )
　　　　　정상적인 절차를 따르지 않은 간편하고 손쉬운 방법.

09  TV에 나오는 연예인의 모습은 우리가 만들어 낸 ｜ㅎ｜ㅅ｜ 에 지나지 않는다.  (                )
　　　　　실제와 다르게 보이는 모습.


● 10~12  보기 를 참고하여 내용에 맞는 사자성어를 완성하세요.

보기

| 주 | 망 | 전 | 수 | 대 | 한 |
|---|---|---|---|---|---|
| 토 | 치 | 수 | 아 | 인 | 순 |


10  고지식하여 안 될 일을 고집하는 어리석음을 비유하는 말.  (                )

11  서로 의지하고 있어 한쪽이 사라지면 다른 쪽도 안전을 확보하기 어려운 관계.  (                )

12  무슨 일을 자기에게 이롭게 되도록 생각하거나 행동하는 상황.  (                )

16

제1차시

# 국어 실력 확인 문제

※ 다음 제시문을 읽고 물음에 답하시오.

〈제 1 막〉

늦은 밤, 빗소리가 세차게 창문을 두드리고 있다. 노부인은 책을 펴든 채 시름에 잠겨 있다. 대문이 열리며 아들이 흠뻑 비에 젖은 초라한 모습으로 나타난다.

노부인 너 하는 짓거리가 뭐니, 잘한다고 생각하니? 매일 술이나 퍼먹고! 며칠째인지, 해도 너무하는 것 같지 않니!

아들 아이고 그만 좀 하세요. 귀가 다 먹먹해요. (손을 휘저으며 고개를 세차게 젓는다.)

**01** 이와 같이 무대 공연을 전제로 한 연극의 대본을 가리키는 말은? ( )

※ **02~04** 다음 설명에 맞는 단어를 보기 에서 찾아 쓰시오.

보기
해설  지문  독백  방백  대화

**02** 등장인물의 행동, 표정, 심리 등을 '괄호( )'로 묶어서 표현한다. ( )

**03** 무대의 막이 오르기 전후로 배경, 등장인물, 무대장치 등을 설명한다. ( )

**04** 무대 위의 다른 인물에게는 들리지 않고 관객에게만 들리는 대사이다. ( )

※ **05~08** 다음 설명에 맞는 단어를 보기 에서 찾아 쓰시오.

보기
군림  귀결  관철  반증

**05** 어떤 주장이나 방침, 일 등을 끝까지 밀고 나가 끝내 이룸. ( )

**06** 사실이나 주장에 반대되는 근거를 들어 증명함. ( )

**07** 의논이나 행동 따위가 어떤 결론이나 결과에 이르게 됨. ( )

**08** 어떤 분야에서 절대적인 세력을 가지고 남을 압도함을 비유적으로 이르는 말. ( )

※ **09~12** 다음 설명을 읽고 초성에 맞는 단어를 쓰시오.

**09** 기상, 천문 등의 자연 현상을 관찰하여 그 움직임을 측정함.
ㄱㅊ ☐☐

**10** 고상하고 우아한 멋.
ㅇㅊ ☐☐

**11** 매우 곤란하고 어려운 일을 당한 처지.
ㄱㅈ ☐☐

**12** 어떤 사물이나 일 따위가 궁극적으로 도달할 수 있는 한계.
ㄱㅎ ☐☐

**13** 해결점이 보이지 않는 막연한 상태에서 실마리를 찾으려고 애씀을 뜻하는 사자성어는?

① 악전고투(惡戰苦鬪)   ② 안분지족(安分知足)
③ 암중모색(暗中摸索)   ④ 애걸복걸(哀乞伏乞)

**14** 속으로는 슬프면서 겉으로는 슬픔을 나타내지 않으려는 것을 뜻하는 사자성어는?

① 애이불비(哀而不悲)   ② 양두구육(羊頭狗肉)
③ 안분지족(安分知足)   ④ 암중모색(暗中摸索)

# 시험 빈출 어휘로 국어 개념 잡기

## ─ 희곡의 구성 요소 ─

희곡은 무대 공연을 전제로 한 연극의 대본이다. 희곡은 소설처럼 허구적 이야기를 다루지만 서술이 아닌 대화와 행동으로 사건이 전개된다. 연극 무대에서 실행되기 때문에 시간과 공간에 제약이 따를 뿐만 아니라 등장인물의 수에도 제한이 있다.

| | |
|---|---|
| **장**<br>마당 場 | 무대 장면이 변하지 않고 이루어지는 사건의 한 토막으로 등장인물들의 등장과 퇴장으로 구분되는 단위이다. 시간의 경과를 나타내는 방법으로 무대 장면은 그대로 두고 조명에 의해 구분된다. |
| **막**<br>장막 幕 | 무대의 장막이 오르고 내리는 사이의 한 단위로 공간의 변화를 표현하는 방법이다. 연극의 단락을 세는 단위로 한 막은 무대의 막이 올랐다가 다시 내릴 때까지로 보통 몇 개의 장들이 모여 한 막이 된다. |
| **해설**<br>풀 解 말씀 說 | 무대의 막이 오르기 전후로 필요한 사항을 설명하는 부분으로, 시간적·공간적 배경, 등장인물, 무대 장치 등을 설명한다. |
| **지문**<br>땅 地 글월 文 | 막이 오른 이후의 배경이나 효과, 등장인물의 행동, 표정, 심리 등을 '괄호( )'로 묶어서 표현하는 것으로, '지시문'이라고도 한다. 무대 장치, 조명 음향 효과 등을 지시하는 '무대 지시문', 인물들의 등장과 퇴장, 행동, 표정, 말투, 분위기 등을 지시하는 '동작 지시문'으로 나뉜다. |

등장인물이 하는 말로 대사를 통해 인물의 성격과 주제가 드러난다. 사건의 전개가 인물의 대사를 통해 이루어지므로, 압축된 언어로 이루어져 있다.

| | | |
|---|---|---|
| **대사**<br>대 臺 말 詞 | 대화 | 두 사람 이상의 등장인물들이 서로 주고받는 말로 사건을 진행하는 역할을 한다. |
| | 독백 | 상대방 없이 혼자 하는 말로 자기반성이나 내면의 고백을 하는 경우가 많다. |
| | 방백 | 무대 위의 다른 인물에게는 들리지 않고 관객에게만 들리는 대사이다. 인물의 속마음을 관객들에게 직접 이야기할 때 쓰인다. |

| | |
|---|---|
| **각색**<br>다리 脚 빛 色 | 어떤 작품을 다른 장르의 작품으로 고쳐 쓰는 것이다. 주로 소설, 서사시 등의 문학 작품을 희곡이나 시나리오 등의 극본으로 고쳐 쓰는 것을 의미한다. |
| **내레이션**<br>narration | 영화, 방송극, 연극 따위에서, 장면에 나타나지 않으면서 장면의 진행에 따라 그 내용이나 줄거리를 장외(場外)에서 해설하는 것을 말한다. |

# 교과서 필수 단어로 어휘력 키우기

| | |
|---|---|
| **군림**<br>임금 君 임할 臨 | 어떤 분야에서 절대적인 세력을 가지고 남을 압도함을 비유적으로 이르는 말.<br>예 국가 지도자는 국민 위에 ☐☐ 하려 해서는 안 된다. |
| **귀결**<br>돌아갈 歸 맺을 結 | 의논이나 행동 따위가 어떤 결론이나 결과에 이르게 되다.<br>예 그 사건은 결국 영구 미제 사건으로 ☐☐ 되었다. |
| **고역**<br>쓸 苦 부릴 役 | 몹시 힘들고 고되어 견디기 어려운 일.<br>예 땡볕에 밭일을 하는 것은 여간 ☐☐ 이 아니었다. |
| **관철**<br>꿸 貫 통할 徹 | 어떤 주장이나 방침, 일 등을 끝까지 밀고 나가 끝내 이룸.<br>예 회장은 내부 반발에도 자신의 의견을 끝까지 ☐☐ 시켰다. |
| **관측**<br>볼 觀 헤아릴 測 | • 기상, 천문 등의 자연 현상을 관찰하여 그 움직임을 측정함.<br>• 어떤 일이나 상황을 자세히 살피어 이후의 일을 짐작함.<br>예 내년부터는 경기가 회복될 것이라는 희망적인 ☐☐ 이 나오고 있다. |
| **반증**<br>돌이킬 反 증거 證 | 어떤 사실이나 주장이 옳지 아니함을 그에 반대되는 근거를 들어 증명함.<br>예 논리적인 그의 주장을 뒤집을 만한 ☐☐ 이 없다. |
| **운치**<br>운 韻 이를 致 | 고상하고 우아한 멋.<br>예 달빛 아래서 고궁의 ☐☐ 를 만끽하며 걸었다. |
| **원경**<br>멀 遠 볕 景 | • 멀리 보이는 경치.<br>• 사진이나 그림에서 먼 곳에 있는 것으로 찍히거나 그려진 것.<br>예 사진 속 할머니 뒤로 시골집 모습이 ☐☐ 으로 찍혀 있었다. |
| **궁지**<br>다할 窮 땅 地 | 매우 곤란하고 어려운 일을 당한 처지.<br>예 쥐도 ☐☐ 에 몰리면 고양이를 문다. |
| **극한**<br>극진할 極 한할 限 | 어떤 사물이나 일 따위가 궁극적으로 도달할 수 있는 한계.<br>예 기후 변화로 인한 ☐☐ 기온은 노인 빈곤층을 더욱 힘들게 한다. |

# 사자성어로 어휘력 확장하기

※ 한자를 따라 쓰고 뜻과 음을 쓰세요.

## 악전고투

| 惡 | 戰 | 苦 | 鬪 |
|---|---|---|---|
| 악할 | 싸움 | 쓸 | 싸울 |

| 惡 | 戰 | 苦 | 鬪 |
|---|---|---|---|
| 악할 악 | 싸움 전 | 쓸 고 | 싸울 투 |

'어려운 싸움과 괴로운 다툼'이라는 뜻으로, 강력한 상대를 만나 괴로운 싸움을 하거나 매우 어려운 조건에서 힘들게 노력하는 상황에서 사용된다.

## 안분지족

| 安 | 分 | 知 | 足 |
|---|---|---|---|
| 편안 | 나눌 | 알 | 넉넉할 |

| 安 | 分 | 知 | 足 |
|---|---|---|---|

'편안한 마음으로 제 분수를 지키며 만족한다.'라는 뜻으로, 자기 신세나 형편에 불만을 가지지 않고 평안하게 사는 경우를 가리킨다.

## 암중모색

| 暗 | 中 | 摸 | 索 |
|---|---|---|---|
| 어두울 | 가운데 | 본뜰 | 찾을 |

| 暗 | 中 | 摸 | 索 |
|---|---|---|---|

'어둠 속에서 손을 더듬어 찾는다.'라는 뜻으로, 어림짐작으로 추측하거나 당장은 해결점이 보이지 않는 막막한 상태에서 실마리를 찾으려 애쓰는 것을 말한다.

## 애걸복걸

| 哀 | 乞 | 伏 | 乞 |
|---|---|---|---|
| 슬플 | 빌 | 엎드릴 | 빌 |

| 哀 | 乞 | 伏 | 乞 |
|---|---|---|---|

'애처롭게 빌고 엎드려서 빈다.'라는 뜻으로, 간절하게 도움을 청하는 모습을 비유한 표현이다.

## 애이불비

| 哀 | 而 | 不 | 悲 |
|---|---|---|---|
| 슬플 | 이을 | 아닐 | 슬플 |

| 哀 | 而 | 不 | 悲 |
|---|---|---|---|

'슬프지만 비참하지는 않다.'라는 뜻으로, 속으로는 매우 슬프면서도 겉으로는 슬픔을 드러내지 않으려는 태도를 의미한다.

## 양두구육

| 羊 | 頭 | 狗 | 肉 |
|---|---|---|---|
| 양 | 머리 | 개 | 고기 |

| 羊 | 頭 | 狗 | 肉 |
|---|---|---|---|

'양(羊) 머리를 걸어놓고 개고기를 판다.'라는 뜻으로, 겉은 훌륭해 보이지만 속은 그렇지 못한 상황을 비꼬는 표현이다.

# 실전 문제로 어휘력 완성하기

● 01~05  다음 제시문을 읽고 물음에 답하시오.

〈제 1 ☐ 〉 ──────── 01

늦은 밤, 빗소리가 세차게 창문을 두드리고 있다. ─┐
노부인은 책을 펴든 채 시름에 잠겨 있다. 그녀의 하나뿐인 아들은,     │ 02
일도 하지 않은 채 매일 술을 마시고 새벽이 되어서야 들어온다.         │
대문이 열리며 아들이 흠뻑 비에 젖은 초라한 모습으로 나타난다. ─┘

노부인   너 하는 짓거리가 뭐니, 잘한다고 생각하니?  매일 술이나 ─┐
　　　 퍼먹고! 며칠째인지, 해도 너무하는 것 같지 않니!               │
　　　                                                              │ 03
아들     아이고 그만 좀 하세요. 귀가 다 먹먹해요.                    │
　　　 (손을 휘저으며 고개를 세차게 젓는다.) ──────┘
　　　                                      ──────── 04

노부인   (☐ ) 에휴, 누가 내 속을 알겠어…….
　　　                                      ──────── 05
　　　 (번개가 치고 천둥이 요란하게 울린다.)

**01** 공간의 변화를 표현하기 무대의 장막이 오르고 내리는 사이의 한 단위는?

(　　　　　　　　　　　)

**02** 막이 오르기 전에 필요한 무대 장치, 인물, 장소, 배경 등을 소개하는 것은?

(　　　　　　　　　　　)

**03** 둘 이상의 등장인물들이 서로 주고받는 말로 사건을 진행하는 것은?

(　　　　　　　　　　　)

**04** 등장인물의 행동, 표정, 심리 등을 표현하는 부분은?

(　　　　　　　　　　　)

**05** 인물의 속마음을 관객에게만 들리게 말하는 것은?

(　　　　　　　　　　　)

● **06~08** 다음 설명에 맞는 글자를 골라 ①한글과 ②한자로 쓰시오.

| 貫 | 役 | 遠 | 徹 | 苦 | 景 |
|---|---|---|---|---|---|
| 꿸 관 | 부릴 역 | 멀 원 | 통할 철 | 쓸 고 | 볕 경 |

**06** 몹시 힘들고 고되어 견디기 어려운 일.      (①      ), (②      )

**07** 어떤 주장이나 방침, 일 등을 끝까지 밀고 나가 끝내 이룸. (①      ), (②      )

**08** 멀리 보이는 경치.      (①      ), (②      )

● **09~11** 제시된 초성을 참고하여 다음 예문을 완성하시오.

**09** 올해부터는 경제가 많이 회복될 것이라는 ㄱ ㅊ 이 나오고 있다.      (      )
<small>어떤 일이나 상황을 자세히 살피어 이후의 일을 짐작함.</small>

**10** 목련화가 그윽한 그 집의 정원은 ㅇ ㅊ 가 있어 보인다.      (      )
<small>고상하고 우아한 멋.</small>

**11** 그 선수는 ㄱ ㅎ 의 고통을 참아내고 세계 대회에서 우승하였다.      (      )
<small>어떤 사물이나 일 따위가 궁극적으로 도달할 수 있는 한계.</small>

● **12~14** **보기** 를 참고하여 내용에 맞는 사자성어를 완성하세요.

보기

| 전 | 지 | 악 | 육 | 분 | 구 |
|---|---|---|---|---|---|
| 안 | 두 | 투 | 족 | 양 | 고 |

**12** 매우 어려운 조건에서 힘들게 노력하는 상황.      (      )

**13** 자기 신세나 형편에 불만을 가지지 않고 평안하게 사는 것.      (      )

**14** 겉은 훌륭해 보이지만 속은 그렇지 못한 상황을 비꼬는 표현.      (      )

17

**STEP 1** 기본 실력 점검하기

---

제1차시        **국어 실력 확인 문제**

---

※ **01~04** 다음 설명에 맞는 단어를 **보기** 에서 찾아 쓰시오.

**보기**

차시    각설    화설    희언

**01** 고전 소설에서 화제를 돌려 다른 말을 꺼낼 때, 그 첫머리에 쓰는 말. ( )

**02** 고전 소설에서 이야기를 시작할 때 쓰는 말. ( )

**03** 웃음거리로 하는 실없는 말. ( )

**04** 이때. 바로 지금의 때. ( )

※ **05~08** 다음 설명에 맞는 단어를 **보기** 에서 찾아 쓰시오.

**보기**

허언    구전    담소    격문

**05** 어떤 일을 여러 사람에게 알리어 부추기는 글. ( )

**06** 사실이 아닌 것을 사실인 것처럼 꾸며 말함. ( )

**07** 말로 전하여 내려옴. ( )

**08** 웃고 즐기면서 이야기함. ( )

※ **09~12** 다음 설명에 맞는 단어를 **보기** 에서 찾아 쓰시오.

**보기**

공헌    반출    반포    관행

**09** 오래전부터 해 오는 대로 하는 것. ( )

**10** 세상에 널리 퍼뜨려 모두 알게 함. ( )

**11** 물건을 어떤 곳으로 운반하여 들어냄. ( )

**12** 힘을 써서 가치 있는 일에 도움을 주는 역할을 함. ( )

※ **13~16** 다음 설명을 읽고 초성에 맞는 단어를 쓰시오.

**13** 어떤 일이 벌어진 장면이나 형편.

ㄱ ㅁ ☐☐

**14** 떠나 있던 사람이 본래 있던 곳으로 돌아옴.

ㄱ ㅎ ☐☐

**15** 도덕적, 윤리적으로 실현해야 할 가치 항목.

ㄷ ㅁ ☐☐

**16** 다른 사람의 말이나 생각, 주장 등을 옳게 여겨 따름.

ㄷ ㅈ ☐☐

**17** 재물에 대한 욕심을 버리고 인생을 즐기며 살아가는 태도를 뜻하는 사자성어는?

① 어불성설(語不成說)    ② 안빈낙도(安貧樂道)
③ 언감생심(焉敢生心)    ④ 역지사지(易地思之)

**18** 어떤 일을 해 볼 엄두도 낼 수 없는 마음을 뜻하는 사자성어는?

① 연목구어(緣木求魚)    ② 연전연승(連戰連勝)
③ 역지사지(易地思之)    ④ 언감생심(焉敢生心)

# 고전 소설 빈출 어휘로 국어 개념 잡기

| | |
|---|---|
| **각설**<br>물리칠 却 말씀 說 | 고전 소설에서 화제를 돌려 다른 말을 꺼낼 때, 그 첫머리에 쓰는 말.<br>예 ☐☐ 하고, 길동이 제 곳에 돌아와 도적들에게 분부하였다. |
| **차시**<br>이 此 때 時 | 이때. 바로 지금의 때.<br>예 ☐☐, 박 부인이 계화로 하여금 적진을 향해 크게 외치도록 하였다. |
| **화설**<br>말씀 話 말씀 說 | 고전 소설에서 이야기를 시작할 때 쓰는 말.<br>예 ☐☐, 옛날 어느 고을에 한 선비가 살았습니다. |
| **희언**<br>놀이 戲 말씀 言 | 웃음거리로 하는 실없는 말.<br>예 인류의 대사인 혼인에 ☐☐ 이 있을 수 없소이다. |
| **허언**<br>빌 虛 말씀 言 | 사실이 아닌 것을 사실인 것처럼 꾸며 말함.<br>예 정 씨가 ☐☐ 할 사람이 아니니 그 말을 한번 믿어 보자. |
| **담소**<br>말씀 談 웃음 笑 | 웃고 즐기면서 이야기함.<br>예 그들은 평소에도 한가하면 찾아와 차를 나누며 ☐☐ 를 즐겼다. |
| **구전**<br>입 口 전할 傳 | 말로 전하여 내려옴.<br>예 이 이야기는 오래전부터 ☐☐ 으로 내려오는 설화이다. |
| **격문**<br>격문 檄 글월 文 | 어떤 일을 여러 사람에게 알리어 부추기는 글.<br>예 왜적의 침범을 알리는 ☐☐ 을 돌려 의병을 모집하였다. |
| **행장**<br>다닐 行 꾸밀 裝 | 여행할 때 쓰는 물건과 차림.<br>예 선비는 글을 쓰기 위해 ☐☐ 속에서 붓과 벼루를 꺼냈다. |
| **정표**<br>뜻 情 겉 表 | 간절한 정을 드러내 보이기 위하여 주는 물건.<br>예 두 사람은 옥가락지를 ☐☐ 로 나누어 가졌다. |

18

# 교과서 필수 단어로 어휘력 키우기

| | |
|---|---|
| **반출**<br>옮길 搬 날 出 | 물건을 어떤 곳으로 운반하여 들어냄.<br>예 몽돌 해변의 돌들은 무단 ☐☐ 이 금지되어 있다. |
| **반포**<br>나눌 頒 베 布 | 세상에 널리 퍼뜨려 모두 알게 함.<br>예 한글날은 훈민정음을 ☐☐ 한 날을 기리는 날이다. |
| **국면**<br>판 局 낮 面 | 어떤 일이 벌어진 장면이나 형편.<br>예 전쟁 여파로 발생한 원자재 수급난이 진정 ☐☐ 에 접어들었다. |
| **귀환**<br>돌아갈 歸 돌아올 還 | 다른 곳으로 떠나 있던 사람이 본래 있던 곳으로 돌아오거나 돌아감.<br>예 그녀는 앨범 발매를 통해 본업인 가수로서의 ☐☐ 을 알렸다. |
| **덕목**<br>클 德 눈 目 | 도덕적, 윤리적으로 실현해야 할 가치 항목.<br>예 성공한 사람이 가져야 할 최고의 ☐☐ 은 겸손이다. |
| **동조**<br>한가지 同 고를 調 | 다른 사람의 말이나 생각, 주장 등을 옳게 여겨 따름.<br>예 반 아이들은 반장의 의견에 ☐☐ 하는 분위기였다. |
| **관행**<br>익숙할 慣 다닐 行 | 오래전부터 해 오는 대로 하는 것.<br>예 청탁 명목으로 돈을 건네는 잘못된 ☐☐ 은 사라져야 한다. |
| **기별**<br>기특할 奇 나눌 別 | 다른 곳에 있는 사람에게 소식을 전함.<br>예 할아버지가 위독하시다는 ☐☐ 을 받고 고향으로 향하였다. |
| **공헌**<br>바칠 貢 드릴 獻 | 힘을 써서 가치 있는 일에 도움을 주는 역할을 함.<br>예 박사의 연구는 뇌 과학 발전에 큰 ☐☐ 을 하였다. |
| **물정**<br>물건 物 뜻 情 | 세상일이 돌아가는 실정이나 형편.<br>예 세상 돌아가는 ☐☐ 을 모르면 사기를 당하기 쉽다. |

# 사자성어로 어휘력 확장하기

※ 한자를 따라 쓰고 뜻과 음을 쓰세요.

### 안빈낙도

| 安 | 貧 | 樂 | 道 |
|---|---|---|---|
| 편안 | 가난할 | 노래 | 길 |

| 安 | 貧 | 樂 | 道 |
|---|---|---|---|
| 편안 안 | 가난할 빈 | 노래 낙 | 길 도 |

'가난한 생활을 편안한 마음으로 즐긴다.'는 뜻으로, 재물에 대한 욕심을 버리고 인생을 그저 평안히 즐기며 살아가는 태도를 말한다.

### 어불성설

| 語 | 不 | 成 | 說 |
|---|---|---|---|
| 말씀 | 아닐 | 이룰 | 말씀 |

| 語 | 不 | 成 | 說 |
|---|---|---|---|

'말이 말로 이루어지지 않는다.'는 뜻으로, 자신을 변명하거나 잘못된 주장을 내세우기 위해 억지를 부리는 상황을 일컫는다.

### 언감생심

| 焉 | 敢 | 生 | 心 |
|---|---|---|---|
| 어찌 | 감히 | 날 | 마음 |

| 焉 | 敢 | 生 | 心 |
|---|---|---|---|

'어찌 감히 그런 마음을 먹을 수 있으랴.'의 뜻으로, 어떤 일을 해 볼 엄두도 낼 수 없는 마음을 의미한다.

### 역지사지

| 易 | 地 | 思 | 之 |
|---|---|---|---|
| 바꿀 | 땅 | 생각 | 갈 |

| 易 | 地 | 思 | 之 |
|---|---|---|---|

'처지를 바꾸어 생각한다.'는 뜻으로, 상대편의 입장이나 형편에서 생각해 보고 이해하는 마음을 의미한다.

### 연목구어

| 緣 | 木 | 求 | 魚 |
|---|---|---|---|
| 먼저 | 근심 | 뒤 | 노래 |

| 緣 | 木 | 求 | 魚 |
|---|---|---|---|

'나무에 올라 물고기를 구한다.'는 뜻으로, 목적과 수단이 맞지 않아 불가능한 일을 무리해서 굳이 하려는 상황에서 쓰인다.

### 연전연승

| 連 | 戰 | 連 | 勝 |
|---|---|---|---|
| 잇달을 | 싸움 | 잇달을 | 이길 |

| 連 | 戰 | 連 | 勝 |
|---|---|---|---|

'싸울 때마다 계속 이긴다.'는 뜻으로, 어떤 시합이나 경기에서 연달아 계속 이기는 상황에서 사용한다.

# 실전 문제로 어휘력 완성하기

● **01~06** 다음 설명에 해당하는 단어를 **보기** 에서 골라 쓰시오.

**보기**

| 각설 | 화설 | 차시 | 허언 | 희언 | 격문 |

**01** 고전 소설에서 화제를 돌릴 때, 그 첫머리에 쓰는 말. (　　　　　　)

**02** 이때. 바로 지금의 때. (　　　　　　)

**03** 고전 소설에서 이야기를 시작할 때 쓰는 말. (　　　　　　)

**04** 웃음거리로 하는 실없는 말. (　　　　　　)

**05** 사실이 아닌 것을 사실인 것처럼 꾸며 말함. (　　　　　　)

**06** 어떤 일을 여러 사람에게 알리어 부추기는 글. (　　　　　　)


● **07~08** 제시된 초성과 뜻을 참고하여 다음 빈칸에 들어갈 단어를 쓰시오.

> "모든 낭자의 뜻을 보니 이는 반드시 값을 받고 길을 빌려 주시고자 하는 것
> 이니, 본디 가난한 중이라 다른 보화는 없고 다만 ㅎ ㅈ 에 지닌 백팔 염주가
> 있으니, 빌건대 이것으로 값을 드리겠습니다."
>
> – 김만중, 「구운몽」 중에서

**07** ㅎ ㅈ : 여행할 때 쓰는 물건과 차림. (　　　　　　)


> 춘향이 지환*을 받아 들고 보니 이별할 때 ㅈ ㅍ 로 주었던 지환이 분명쿠
> 나. 얼굴을 들어 대상을 살펴보니 어젯밤 옥문 밖에 걸인으로 왔던 서방님이 분
> 명쿠나.
>
> – 「춘향전」 중에서
>
> *지환: 금이나 은, 옥 등으로 만든 두 짝의 가락지.

**08** ㅈ ㅍ : 간절한 정을 드러내 보이고자 주는 물건. (　　　　　　)

● **09~11** 다음 설명에 맞는 글자를 골라 ①한글과 ②한자로 쓰시오.

| 出 | 頒 | 行 | 搬 | 布 | 慣 |
|---|---|---|---|---|---|
| 날 출 | 나눌 반 | 다닐 행 | 옮길 반 | 베 포 | 익숙할 관 |

**09** 물건을 어떤 곳으로 운반하여 들어냄.　　　　　　　　(① 　　　　　　), (② 　　　　　　)

**10** 세상에 널리 퍼뜨려 모두 알게 함.　　　　　　　　　(① 　　　　　　), (② 　　　　　　)

**11** 오래전부터 해 오는 대로 하는 것.　　　　　　　　　(① 　　　　　　), (② 　　　　　　)


● **12~14** 제시된 초성을 참고하여 다음 예문을 완성하시오.

**12** 할아버지의 병환으로 급히 내려오라는 ㄱㅂ 을 받았다.　　　　　　( 　　　　　 )
　　　　　　　　　　　다른 곳에 있는 사람에게 소식을 전함.

**13** 태종은 조선 왕조의 발전에 큰 ㄱㅎ 을 하였다.　　　　　　　　( 　　　　　 )
　　　　　　　　　　힘을 써서 가치 있는 일에 도움을 주는 역할을 함.

**14** 그는 공부만 하던 사람이라 세상 ㅁㅈ 을 너무 모른다.　　　　　( 　　　　　 )
　　　　　　　　세상일이 돌아가는 실정이나 형편.


● **15~17** 보기 를 참고하여 내용에 맞는 사자성어를 완성하시오.

보기

| 지 | 목 | 어 | 불 | 지 | 설 |
|---|---|---|---|---|---|
| 성 | 사 | 어 | 역 | 연 | 구 |

**15** 잘못된 주장을 내세우기 위해 억지를 부리는 상황.　　　　　( 　　　　　 )

**16** 상대편의 입장이나 형편에서 생각해 보고 이해하는 마음.　　( 　　　　　 )

**17** 불가능한 일을 무리해서 굳이 하려는 상황.　　　　　　　　( 　　　　　 )

18

제1차시 ・ **국어 실력 확인 문제**

※ **01~04** 다음 설명에 맞는 단어를 보기 에서 찾아 쓰시오.

보기

| 일각 | 삼경 | 달포 | 해포 |

**01** 밤 11시에서 새벽 1시 사이. (　　　　　)

**02** 한 달이 조금 넘는 동안. (　　　　　)

**03** 한 시간의 4분의 1인 15분을 뜻함.
(　　　　　)

**04** 한 해가 조금 넘는 동안. (　　　　　)

※ **05~08** 다음 설명에 맞는 단어를 보기 에서 찾아 쓰시오.

보기

| 경각 | 파루 | 촌각 | 식경 |

**05** 1분 30초가량의 극히 짧은 시간.
(　　　　　)

**06** 밥 한 그릇 먹을 정도의 시간으로 30분 정도를 뜻함.
(　　　　　)

**07** 조선 시대 때 통행금지를 해제하기 위하여 종각의 종을 서른세 번 치던 일. (　　　　　)

**08** 대략 15분쯤의 짧은 시간을 의미한다.
(　　　　　)

※ **09~12** 다음 설명에 맞는 단어를 보기 에서 찾아 쓰시오.

보기

| 시효 | 구명 | 규명 | 모태 |

**09** 위태로운 상황에 있는 사람의 목숨을 구함.
(　　　　　)

**10** 어떤 사건이나 상태가 일정한 기간 계속되는 일.
(　　　　　)

**11** 사물이 발생하거나 발전하는 데 근거가 되는 토대.
(　　　　　)

**12** 어떤 사건의 사실을 밝히는 것.
(　　　　　)

※ **13~16** 다음 설명을 읽고 초성에 맞는 단어를 쓰시오.

**13** 남의 물건이나 명의를 몰래 씀. ㄷ ㅇ ☐☐

**14** 어떤 행위에 대하여 아무런 대가나 보상이 없음.
ㅁ ㅅ ☐☐

**15** 공정하지 못하고 어느 한쪽으로 치우쳐 있음.
ㅍ ㅍ ☐☐

**16** 어떤 일을 할 때 사람이 움직이는 거리나 방향을 나타내는 선.
ㄷ ㅅ ☐☐

**17** 자연의 경치를 마음속 깊이 사랑하는 것을 비유하는 사자성어는?

① 염량세태(炎涼世態)　② 연하고질(煙霞痼疾)
③ 오상고절(傲霜孤節)　④ 와신상담(臥薪嘗膽)

**18** 원수를 갚으려고 온갖 괴로움을 참고 견디는 것을 뜻하는 사자성어는?

① 오합지졸(烏合之卒)　② 오월동주(吳越同舟)
③ 와신상담(臥薪嘗膽)　④ 연전연승(連戰連勝)

# 고전 소설 빈출 어휘로 국어 개념 잡기

| | |
|---|---|
| **경**<br>고칠 更 | 일몰부터 일출까지 하룻밤을 다섯으로 나누어 부르는 시간의 이름. 밤 7시부터 시작하여 두 시간씩 나누어 각각 일경, 이경, 삼경, 사경, 오경이라고 이른다. 이른 밤부터 늦은 밤까지의 밤 시간대를 말한다.<br>• 일경(一更) – 저녁 7시에서 9시 사이.<br>• 이경(二更) – 밤 9시부터 11시 사이.<br>• 삼경(三更) – 밤 11시에서 새벽 1시 사이.<br>• 사경(四更) – 새벽 1시에서 3시 사이.<br>• 오경(五更) – 새벽 3시에서 5시 사이.<br>예 그는 자정이 훨씬 넘어 삼경이 다 되어서야 돌아왔다. |
| **-포**<br>(접미사) | 해, 달, 날 등의 말 뒤에 붙어, '얼마 동안'의 뜻을 더하여 명사를 만드는 접미사.<br>• 날포 – 하루가 조금 넘는 동안.<br>• 달포 – 한 달이 조금 넘는 기간.<br>• 해포 – 한 해가 조금 넘는 동안.<br>예 그녀가 고향을 떠난 지 달포가량 지났다. |
| **각**<br>새길 刻 | 물시계의 눈금 한 단위로, 1각은 15분을, 4각은 1시간을 의미한다. '-각'이 들어가는 시간 어휘는 구체적인 시간을 의미하기보다는 매우 짧은 시간을 뜻하는 관용적인 표현으로 사용된다.<br>• 일각(一刻) – 한 시간의 4분의 1인 15분을 뜻함.<br>• 경각(頃刻) – '경(頃)'이 '언저리 또는 앞뒤'라는 뜻이므로 '경각'은 대략 15분쯤의 짧은 시간을 의미한다.<br>• 촌각 – 1각(刻)의 10분의 1을 의미한다. 1각이 15분이므로 촌각은 1분 30초가량의 극히 짧은 시간이다.<br>예 환자의 목숨이 경각에 달려 있기에 의료진은 촌각을 다투고 있었다. |
| **식경**<br>밥 食 이랑 頃 | 밥 한 그릇 먹을 정도의 시간으로 30분 정도를 뜻함.<br>예 금방 온다던 그는 서너 ☐☐ 이 되어서야 돌아왔다. |
| **나절** | 하루 낮의 대충 절반쯤 되는 동안을 세는 단위를 나타내는 말.<br>• 한나절 – ① 하루 낮의 반(半). ② 하루 낮의 전체.<br>• 반나절 – 한나절의 반쯤 되는 동안.<br>예 형사들은 범인 검거를 위해 한나절 동안 분주히 돌아다녔지만 별다른 소득이 없었다. |
| **파루**<br>마칠 罷 샐 漏 | 조선 시대 때 서울에서 통행금지를 해제하기 위하여 종각의 종을 서른세 번 치던 일.<br>예 ☐☐ 의 종이 울리면 사대문이 열리고 백성들의 통행이 시작되었다. |

# 교과서 필수 단어로 어휘력 키우기

| **도용**<br>도둑 盜 쓸 用 | 남의 물건이나 명의를 몰래 씀.<br>예 다른 사람의 개인 정보를 ☐☐ 하는 것은 불법이다. |

| **동선**<br>움직일 動 줄 線 | 어떤 일을 할 때 사람이 움직이는 거리나 방향을 나타내는 선.<br>예 최대한 많은 관광 명소를 둘러볼 수 있도록 ☐☐ 을 짰다. |

| **구명**<br>구원할 救 목숨 命 | 위태로운 상황에 있는 사람의 목숨을 구함.<br>예 바다에 빠진 사람의 ☐☐ 을 위해 해양 경찰이 출동하였다. |

| **규명**<br>얽힐 糾 밝을 明 | 어떤 사건의 사실을 밝히는 것.<br>예 이번 참사에 대해 철저한 원인 ☐☐ 이 필요하다. |

| **시효**<br>때 時 본받을 效 | 어떤 사건이나 상태가 일정한 기간 계속되는 일.<br>예 미제로 남았던 사건이 공소 ☐☐ 하루를 앞두고 범인이 잡혔다. |

| **전락**<br>구를 轉 떨어질 落 | 타락하거나 나쁜 상태에 빠지게 됨.<br>예 왕이 갑자기 승하하자 어린 세자는 하루아침에 천덕꾸러기 신세로 ☐☐ 하였다. |

| **모태**<br>어머니 母 아이 밸 胎 | • 어미의 태 안.<br>• 사물이 발생하거나 발전하는 데 근거가 되는 토대.<br>예 고전 소설은 설화를 ☐☐ 로 한 작품이 많다. |

| **무상**<br>없을 無 갚을 償 | 어떤 행위에 대하여 아무런 대가나 보상이 없음.<br>예 구청에서는 저소득 계층에게 쌀을 ☐☐ 으로 제공한다. |

| **축적**<br>모을 蓄 쌓을 積 | 지식, 경험, 돈 등을 모아서 쌓음.<br>예 정보와 지식의 끊임없는 ☐☐ 은 미래의 경쟁력이 된다. |

| **편파**<br>치우칠 偏 자못 頗 | 공정하지 못하고 어느 한쪽으로 치우쳐 있음.<br>예 심판의 ☐☐ 판정으로 한국 팀의 결승행이 좌절되었다. |

# 사자성어로 어휘력 확장하기

※ 한자를 따라 쓰고 뜻과 음을 쓰세요.

### 연하고질

| 煙 | 霞 | 痼 | 疾 |
|---|---|---|---|
| 연기 | 노을 | 고질 | 병 |

| 煙 | 霞 | 痼 | 疾 |
|---|---|---|---|
| 연기 연 | 노을 하 | 고질 고 | 병 질 |

'안개와 노을에 대한 고질병'이라는 뜻으로, 자연의 경치를 깊이 사랑하는 마음이 너무 강한 것을 고치지 못하는 병에 비유한 말이다.

### 염량세태

| 炎 | 涼 | 世 | 態 |
|---|---|---|---|
| 불꽃 | 서늘할 | 인간 | 모습 |

| 炎 | 涼 | 世 | 態 |
|---|---|---|---|

'뜨거웠다가 차가워지는 인간의 모습'이라는 뜻으로, 권세가 있을 때는 아첨하다가 권세를 잃고 나면 푸대접하는 세상의 인심을 의미한다.

### 오상고절

| 傲 | 霜 | 孤 | 節 |
|---|---|---|---|
| 거만할 | 서리 | 외로울 | 마디 |

| 傲 | 霜 | 孤 | 節 |
|---|---|---|---|

'서릿발에도 홀로 꼿꼿하다.'라는 뜻으로, 절개가 굳은 충신이나 추위에도 꽃을 피우는 국화를 비유한 말이다.

### 오월동주

| 吳 | 越 | 同 | 舟 |
|---|---|---|---|
| 나라 이름 | 나라 이름 | 한가지 | 배 |

| 吳 | 越 | 同 | 舟 |
|---|---|---|---|

'오나라 사람과 월나라 사람이 한 배에 타고 있다.'라는 뜻으로, 원수끼리라도 위기 시에는 단결하여 서로 돕는 상황을 가리킨다.

### 오합지졸

| 烏 | 合 | 之 | 卒 |
|---|---|---|---|
| 까마귀 | 합할 | 갈 | 마칠 |

| 烏 | 合 | 之 | 卒 |
|---|---|---|---|

'까마귀가 모인 것 같은 무리'라는 뜻으로, 질서 없이 어중이떠중이가 모인 군중이나 규율, 통일성 없는 군중을 비유한다.

### 와신상담

| 臥 | 薪 | 嘗 | 膽 |
|---|---|---|---|
| 누울 | 섶 | 맛볼 | 쓸개 |

| 臥 | 薪 | 嘗 | 膽 |
|---|---|---|---|

'섶에 눕고 쓸개를 맛본다.'라는 뜻으로, 원수를 갚고자 괴로움을 견디는 경우를 일컫는다. 오나라 왕 부차가 가시 많은 섶으로 된 침상에서 자면서 아버지의 복수를 다짐했고, 월나라 왕 구천이 쓴맛 나는 쓸개를 핥으면서 부차에 대한 복수를 다짐한 데서 유래한다.

# 실전 문제로 어휘력 완성하기

**01** 다음 단어의 알맞은 뜻을 찾아 바르게 연결하시오.

(1) 일경(一更) ●　　　　　　　● ㉠ 새벽 1시에서 3시 사이.

(2) 이경(二更) ●　　　　　　　● ㉡ 밤 11시에서 새벽 1시 사이.

(3) 삼경(三更) ●　　　　　　　● ㉢ 밤 9시부터 11시 사이.

(4) 사경(四更) ●　　　　　　　● ㉣ 저녁 7시에서 9시 사이.

(5) 오경(五更) ●　　　　　　　● ㉤ 새벽 3시에서 5시 사이.

● **02~04** 다음 설명에 해당하는 단어를 **보기**에서 골라 쓰시오.

| 보기 |
| --- |
| 날포　　달포　　해포　　일각　　경각　　촌각 |

**02** 한 달이 조금 넘는 기간.　　　　　　　　（　　　　　　　）

**03** 한 해가 조금 넘는 동안.　　　　　　　　（　　　　　　　）

**04** 1분 30초가량의 극히 짧은 시간.　　　　　（　　　　　　　）

● **05~06** 다음 빈칸에 들어갈 단어를 제시된 초성과 뜻을 참고하여 쓰시오.

> 『도덕경』에 이르기를, "갑자기 부는 회오리바람은 ㅎ ㄴ ㅈ 을 지탱하지 못하고, 쏟아지는 폭우는 하루를 계속하지 못한다."라고 하였다.
>
> – 최치원, 「격황소서」 중에서

**05** ㅎ ㄴ ㅈ : 하루 낮의 반 또는 하루 낮의 전체.　（　　　　　　　）

> 급히 집어 보니 나뭇잎 같은 것이로되 가늘게 썼으되 '보은초(報恩草)'라 하였거늘, 공이 대희 왈,
> "이는 막씨가 보은한 것이로다."
> 하고, 그 풀을 부인 입에 넣으니, ㅅ ㄱ 후에 부인이 몸을 운동하여 돌아 눕거늘, 좌우가 울음을 그치고 수족을 주무르니 그제야 부인이 숨을 길게 쉬는지라.
>
> – 「금방울전」 중에서

**06** ㅅ ㄱ : 밥 한 그릇 먹을 정도의 시간. 30분 정도.　（　　　　　　　）

● **07~09** 다음 설명에 맞는 글자를 골라 ①한글과 ②한자로 쓰시오.

| 時 | 轉 | 積 | 效 | 落 | 蓄 |
|---|---|---|---|---|---|
| 때 시 | 구를 전 | 쌓을 적 | 본받을 효 | 떨어질 락 | 모을 축 |

**07** 어떤 사건이나 상태가 일정한 기간 계속되는 일.　(① 　　　　　), (② 　　　　　)

**08** 타락하거나 나쁜 상태에 빠지게 됨.　(① 　　　　　), (② 　　　　　)

**09** 지식, 경험, 돈 등을 모아서 쌓음.　(① 　　　　　), (② 　　　　　)

● **10~12** 제시된 초성을 참고하여 다음 예문을 완성하시오.

**10** 그 제품은 타사의 아이디어를 ㄷ ㅇ 한 의혹을 받고 있다.　( 　　　　　)
　　　　남의 물건이나 명의를 몰래 씀.

**11** 이번 프로젝트의 실패 원인 ㄱ ㅁ 에 최선을 다해야 한다.　( 　　　　　)
　　　　어떤 사건의 사실을 밝히는 것.

**12** 그 회사 제품은 1년 동안 ㅁ ㅅ 으로 수리를 받을 수 있다.　( 　　　　　)
　　　　어떤 행위에 대하여 아무런 대가나 보상이 없음.

● **13~15** **보기** 를 참고하여 내용에 맞는 사자성어를 완성하세요.

보기

| 월 | 합 | 오 | 담 | 지 | 신 |
|---|---|---|---|---|---|
| 주 | 졸 | 오 | 와 | 동 | 상 |

**13** 서로 미워하는 사이라도 어려운 상황에는 단결하여 서로 도움.　( 　　　　　)

**14** 질서 없이 어중이떠중이가 모인 군중이나 규율을 비유하는 말.　( 　　　　　)

**15** 원수를 갚으려고 온갖 괴로움을 참고 견디는 상황.　( 　　　　　)

## 국어 실력 확인 문제

제1차시

※ **01~03** 다음 설명에 맞는 단어를 보기 에서 찾아 쓰시오.

보기

| 누각 | 후원 | 내당 | 사랑 |
|---|---|---|---|

**01** 부녀자들이 거처하는 방. ( )

**02** 바깥주인이 거처하며 손님을 접대하는 곳.
( )

**03** 문과 벽이 없이 사방이 트이게 높이 지은 집.
( )

**04** 집 뒤에 있는 작은 동산이나 정원.
( )

※ **05~08** 다음 설명에 맞는 단어를 보기 에서 찾아 쓰시오.

보기

| 침소 | 침선 | 행랑채 | 여염집 |
|---|---|---|---|

**05** 일반 백성의 살림집. ( )

**06** 대문간 곁에 하인들이 거처하는 방들이 모인 곳.
( )

**07** 사람이 잠을 자는 곳. ( )

**08** 바늘에 실을 꿰어 옷 따위를 짓거나 꿰매는 일.
( )

※ **09~12** 다음 설명에 맞는 단어를 보기 에서 찾아 쓰시오.

보기

| 만감 | 난무 | 배포 | 체득 |
|---|---|---|---|

**09** 주로 옳지 않은 것들이 나타나 마구 퍼짐.
( )

**10** 떠오르는 온갖 생각이나 느낌. ( )

**11** 신문이나 책 등을 널리 나누어 줌.
( )

**12** 몸소 경험하여 알아내거나 이해함.
( )

※ **13~16** 다음 설명을 읽고 초성에 맞는 단어를 쓰시오.

**13** 여러 사람이 어떤 곳에 무질서하게 들어감.

ㄴ ㅇ □ □

**14** 아주 큰 권력. ㄱ ㅅ □ □

**15** 돌보거나 간섭하지 않고 내버려 둠.

ㅂ ㅇ □ □

**16** 짐승이나 물고기를 잡음. ㅍ ㅎ □ □

**17** 어떤 압력과 유혹에도 자신의 생각을 절대 바꾸지 않는 태도를 뜻하는 사자성어는?

① 용두사미(龍頭蛇尾) ② 용의주도(用意周到)
③ 요지부동(搖之不動) ④ 용호상박(龍虎相搏)

**18** 아무리 일러주어도 알아듣지 못하는 우둔한 사람에게 쓰는 사자성어는?

① 용의주도(用意周到) ② 우공이산(愚公移山)
③ 용호상박(龍虎相搏) ④ 우이독경(牛耳讀經)

# 고전 소설 빈출 어휘로 국어 개념 잡기

| 가산 집家 낳을產 | 한집안의 재산.<br>예 그는 노름으로 ☐☐ 을 탕진한 끝에 주정뱅이가 되었다. |
|---|---|
| 기물 그릇 器 물건 物 | 살림살이에 쓰이는 여러 가지 기구.<br>예 그녀는 어려워진 형편 때문에 집 안의 ☐☐ 까지 모두 내다 팔아야만 하였다. |
| 사랑 집 舍 사랑채 廊 | 바깥주인이 거처하며 손님을 접대하는 곳.<br>예 어제 온 손님은 ☐☐ 에 묵고 계십니다. |
| 내당 안 內 집 堂 | 부녀자들이 거처하는 방.<br>예 날이 밝지도 않았는데 ☐☐ 에 계신 어머니께서는 벌써 기침하셨다. |
| 누각 다락 樓 집 閣 | 문과 벽이 없이 사방이 트이게 높이 지은 집으로, 휴식과 놀이를 위한 공간.<br>예 경치가 좋은 절벽 끝에 고풍스러운 ☐☐ 이 있었다. |
| 침선 바늘 針 줄 線 | 바늘에 실을 꿰어 옷 따위를 짓거나 꿰매는 일.<br>예 할머니는 ☐☐ 에 능하여 옷을 직접 지어 입으셨다. |
| 침소 잘 寢 바 所 | 사람이 잠을 자는 곳.<br>예 대감께서는 밤새 기다리시다 새벽녘에야 겨우 ☐☐ 로 드셨다. |
| 후원 뒤 後 동산 園 | 집 뒤에 있는 작은 동산이나 정원.<br>예 아이들은 텃밭이 있는 ☐☐ 에서 놀고 있다. |
| 여염집 마을 閭 마을 閻 | 일반 백성의 살림집.<br>예 과거 우물가는 ☐☐☐ 여인들이 모여 온갖 소식을 나누는 장소였다. |
| 행랑채 다닐 行 사랑채 廊 | 대문간 곁에 하인들이 거처하는 방들이 모인 곳이다.<br>예 봉 서방 내외는 집 안팎살림을 거들어 주며 ☐☐☐ 에서 살았다. |

20

# 교과서 필수 단어로 어휘력 키우기

| | |
|---|---|
| **난무**<br>어지러울 亂 춤출 舞 | 주로 옳지 않은 것들이 나타나 마구 퍼짐.<br>예 사회가 혼란스러우면 유언비어가 ☐☐ 하게 된다. |
| **난입**<br>어지러울 亂 들 入 | 여러 사람이 어떤 곳에 무질서하게 들어감.<br>예 흥분한 관중의 ☐☐ 으로 야구 경기는 중단되었다. |
| **만감**<br>일 만 萬 느낄 感 | 떠오르는 온갖 생각이나 느낌.<br>예 힘든 교육 과정이 모두 끝나자 ☐☐ 이 교차하였다. |
| **둔화**<br>둔할 鈍 될 化 | 반응이나 진행 속도가 느려짐.<br>예 인구 감소는 경제 성장의 ☐☐ 를 야기한다. |
| **권세**<br>저울추 權 형세 勢 | 아주 큰 권력.<br>예 외척들은 왕비의 ☐☐ 를 등에 업고 부패를 일삼았다. |
| **천성**<br>하늘 天 성품 性 | 어떤 사람이나 사물이 본래부터 가지고 있는 품성.<br>예 그는 ☐☐ 이 느긋하고 구김이 없는 사람이다. |
| **체득**<br>몸 體 얻을 得 | 몸소 경험하여 알아내거나 이해함.<br>예 머리로만 아는 것보다 실제 경험을 통한 ☐☐ 이 더 중요하다. |
| **방임**<br>놓을 放 맡길 任 | 돌보거나 간섭하지 않고 내버려 둠.<br>예 자녀를 지나치게 ☐☐ 하는 것은 좋지 않다. |
| **배포**<br>나눌 配 베 布 | 신문이나 책 등을 널리 나누어 줌.<br>예 새로 발간된 잡지가 무료로 ☐☐ 되고 있다. |
| **포획**<br>잡을 捕 얻을 獲 | • 적의 군대나 군인을 사로잡음.<br>• 짐승이나 물고기를 잡음.<br>예 산양은 무분별한 ☐☐ 으로 멸종 위기에 놓였다. |

# 사자성어로 어휘력 확장하기

※ 한자를 따라 쓰고 뜻과 음을 쓰세요.

### 요지부동

| 搖 | 之 | 不 | 動 |
|---|---|---|---|
| 흔들 | 갈 | 아닐 | 움직일 |

| 搖 | 之 | 不 | 動 |
|---|---|---|---|
| 흔들 요 | 갈 지 | 아닐 부 | 움직일 동 |

'흔들어도 움직이지 않는다.'라는 뜻으로, 외부의 압박이나 유혹이 있어도 어떤 의견이나 입장을 절대 바꾸지 않는 태도를 의미한다.

### 용두사미

| 龍 | 頭 | 蛇 | 尾 |
|---|---|---|---|
| 용 | 머리 | 긴 뱀 | 꼬리 |

| 龍 | 頭 | 蛇 | 尾 |
|---|---|---|---|

'용의 머리와 뱀의 꼬리'라는 뜻으로, 시작은 왕성하고 좋은데 끝으로 갈수록 보잘것없이 흐지부지 끝나 버리는 상황에 사용한다.

### 용의주도

| 用 | 意 | 周 | 到 |
|---|---|---|---|
| 쓸 | 뜻 | 두루 | 이를 |

| 用 | 意 | 周 | 到 |
|---|---|---|---|

'어떤 일을 할 마음이 두루 미친다.'라는 뜻으로, 어떤 일을 시작하기 전에 빈틈없이 준비를 철저히 하는 것을 의미한다.

### 용호상박

| 龍 | 虎 | 相 | 搏 |
|---|---|---|---|
| 용 | 범 | 서로 | 두드릴 |

| 龍 | 虎 | 相 | 搏 |
|---|---|---|---|

'용과 호랑이가 서로 싸운다.'라는 뜻으로, 막강한 두 강자가 승부를 겨루며 서로 싸우는 것을 가리킨다. 누가 이길지 알 수 없을 만큼 막상막하의 대결을 비유하는 표현이다.

### 우공이산

| 愚 | 公 | 移 | 山 |
|---|---|---|---|
| 어리석을 | 공평할 | 옮길 | 메 |

| 愚 | 公 | 移 | 山 |
|---|---|---|---|

'우공(愚公)이 산을 옮긴다.'라는 뜻으로, 남의 눈에는 어리석게 보이는 일이라도 끊임없이 노력하면 반드시 이루어진다는 말이다. 옛날에 '우공'이라는 노인이 집을 가로막은 산을 옮기려고 날마다 흙을 파서 날랐고, 이에 감동한 하느님이 산을 옮겨 주었다는 설화에서 유래한다.

### 우이독경

| 牛 | 耳 | 讀 | 經 |
|---|---|---|---|
| 소 | 귀 | 읽을 | 지날 |

| 牛 | 耳 | 讀 | 經 |
|---|---|---|---|

'쇠귀에 경 읽기'라는 뜻으로, 아무리 가르치고 일러주어도 알아듣지 못하는 어리석고 우둔한 사람에게 쓰인다.

# 실전 문제로 어휘력 완성하기

● **01~04** 다음 설명에 해당하는 단어를 **보기** 에서 골라 쓰시오.

> **보기**
>
> 후원    침소    사랑    누각    행랑채    여염집

**01** 바깥주인이 거처하며 손님을 접대하는 곳.　　　　　( 　　　　　 )

**02** 사람이 잠을 자는 곳.　　　　　　　　　　　　　( 　　　　　 )

**03** 일반 백성의 살림집.　　　　　　　　　　　　　( 　　　　　 )

**04** 대문간 곁에 하인들이 거처하는 방들이 모인 곳.　( 　　　　　 )

● **05~06** 다음 제시문을 읽고 제시된 초성과 뜻을 참고하여 빈칸에 들어갈 단어를 쓰시오.

> 　나의 신세 박명하여 슬하에 한 자녀 없고, 인명이 흉완(凶頑)하여\* 일찍 죽지 못하고, <sup>05</sup> ㄱ ㅅ 이 빈궁하여 <sup>06</sup> ㅊ ㅅ 에 마음을 붙여, 널로 하여 생애를 도움이 적지 아니하더니, 오늘날 너를 영결(永訣)하니,\* 오호통재라, 이는 귀신이 시기하고 하늘이 미워하심이로다.
>
> 　　　　　　　　　　　　　　　　　 – 유씨 부인, 「조침문」(수필) 중에서
>
> \*흉완(凶頑)하여: 흉악하고 모질어서.
> \*영결(永訣)하니: 죽은 사람(여기서는 '부러진 바늘')과 산 사람이 영원히 이별하니.

**05** ㄱ ㅅ : 한집안의 재산.　　　　　　　　　( 　　　　　 )

**06** ㅊ ㅅ : 바늘에 실을 꿰어 옷 따위를 짓거나 꿰매는 일.　( 　　　　　 )

● 다음 소설을 읽고 빈칸에 들어갈 단어를 제시된 초성과 뜻을 참고하여 쓰시오.

> 　상주 인형이 자세히 보니, 곧 길동이라 붙잡고 통곡하며, / "아우야, 그 사이 어디 갔더냐? 아버지께서 평소에 유언이 간절하셨는데, 이제 오니 어찌 자식의 도리이겠느냐?"
> 하며, 손을 이끌고 ㄴ ㄷ 에 들어가 모부인을 뵈옵고 춘섬을 상면하여 한바탕 통곡하였다.
>
> 　　　　　　　　　　　　　　　　　 – 허균, 「홍길동전」 중에서

**07** ㄴ ㄷ : 부녀자들이 거처하는 방.　　　　　( 　　　　　 )

● 08~10 다음 설명에 맞는 글자를 골라 ①한글과 ②한자로 쓰시오.

| 鈍 | 得 | 亂 | 化 | 體 | 舞 |
|---|---|---|---|---|---|
| 둔할 둔 | 얻을 득 | 어지러울 난 | 될 화 | 몸 체 | 춤출 무 |

08 주로 옳지 않은 것들이 나타나 마구 퍼짐.  (①        ), (②        )

09 반응이나 진행 속도가 느려짐.  (①        ), (②        )

10 몸소 경험하여 알아내거나 이해함.  (①        ), (②        )

● 11~13 제시된 초성을 참고하여 다음 예문을 완성하시오.

11 30년 만에 고향에 온 그녀의 얼굴은 ㅁㄱ 이 교차되고 있는 듯했다.  (        )
  떠오르는 온갖 생각이나 느낌.

12 그는 ㅊㅅ 이 착해서 좀처럼 화내거나 불평하는 일이 없었다.  (        )
  어떤 사람이나 사물이 본래부터 가지고 있는 품성.

13 연극반 학생들이 나서서 홍보 전단 ㅂㅍ 를 마쳤다.  (        )
  신문이나 책 등을 널리 나누어 줌.

● 14~16 보기를 참고하여 내용에 맞는 사자성어를 완성하세요.

보기

| 미 | 호 | 용 | 산 | 이 | 용 |
|---|---|---|---|---|---|
| 두 | 박 | 공 | 우 | 사 | 상 |

14 시작은 좋은데 끝으로 갈수록 흐지부지 끝나 버리는 상황.  (        )

15 누가 이길지 알 수 없을 만큼 막상막하의 대결을 비유하는 말.  (        )

16 남의 눈에는 어리석게 보이는 일이라도 노력하면 이루어진다는 뜻.  (        )

20

## 국어 실력 확인 문제

제1차시

※ **01~03** 다음 설명에 맞는 단어를 **보기** 에서 찾아 쓰시오.

**보기**

| 신표 | 길일 | 연분 | 가약 |

**01** 운이 좋거나 좋은 일이 일어날 조짐이 있는 날.
( )

**02** 뒷날에 보고 증거를 위해 서로 주고받는 물건.
( )

**03** 사람들 사이에 관계를 맺게 되는 인연.
( )

**04** 부부가 되기로 한 약속. ( )

※ **05~08** 다음 설명에 맞는 단어를 **보기** 에서 찾아 쓰시오.

**보기**

| 배필 | 혼기 | 혼처 | 화촉 |

**05** 혼인하기에 알맞은 나이 또는 시기.
( )

**06** 혼례 의식에서 사용하는 색깔을 들인 초.
( )

**07** 혼인하기에 알맞은 자리. ( )

**08** 부부로서의 짝. ( )

※ **09~12** 다음 설명에 맞는 단어를 **보기** 에서 찾아 쓰시오.

**보기**

| 범주 | 추정 | 세태 | 변모 |

**09** 사람들의 일상이나 문화에서 보이는 세상의 상태와 형편. ( )

**10** 동일한 성질을 가진 부류나 범위.
( )

**11** 모양이나 모습이 달라지거나 바뀜.
( )

**12** 미루어 생각하여 결정함. ( )

※ **13~16** 다음 설명을 읽고 초성에 맞는 단어를 쓰시오.

**13** 자리나 위치 등을 다른 곳으로 옮김.

ㅈ ㅇ ☐ ☐

**14** 물질이 어떤 성분을 포함하고 있는 분량.

ㅎ ㄹ ☐ ☐

**15** 바람직하지 않은 일을 더 심해지도록 부추김.

ㅈ ㅈ ☐ ☐

**16** 이익을 챙기기 위해 몹시 기를 써서 핏발이 선 눈.

ㅎ ㅇ ☐ ☐

**17** 책이 닳고 닳을 때까지 여러 번 읽는 것을 뜻하는 사자성어는?

① 위편삼절(韋編三絶)   ② 음풍농월(吟風弄月)
③ 유지경성(有志竟成)   ④ 은인자중(隱忍自重)

**18** 어떤 일을 포기하지 않고 끝까지 하면 결과가 좋다는 뜻의 사자성어는?

① 음풍농월(吟風弄月)   ② 이실직고(以實直告)
③ 유종지미(有終之美)   ④ 유지경성(有志竟成)

# 고전 소설 빈출 어휘로 국어 개념 잡기

| | |
|---|---|
| **가약**<br>아름다울 佳 맺을 約 | 부부가 되기로 한 약속.<br>예 이십오 년 전에 어머니와 아버지는 [  　  ]을 맺었다. |
| **가인**<br>아름다울 佳 사람 人 | 아름다운 사람.<br>예 황진이는 재색을 겸비하여 당대 최고의 [  　  ]으로 꼽혔던 인물이다. |
| **길일**<br>길할 吉 날 日 | 운이 좋거나 좋은 일이 일어날 조짐이 있는 날.<br>예 예전부터 혼인처럼 중요한 일은 좋은 [  　  ]을 택해 치렀다. |
| **배필**<br>나눌 配 짝 匹 | 부부로서의 짝.<br>예 김 주사는 큰아들의 [  　  ]로 참한 여인을 찾고 있다. |
| **신표**<br>믿을 信 표할 標 | 뒷날에 보고 증거가 되게 하기 위하여 서로 주고받는 물건.<br>예 두 남녀는 후일을 기약하는 [  　  ]로 금가락지를 서로 나누어 끼었다. |
| **연분**<br>인연 緣 나눌 分 | 사람들 사이에 관계를 맺게 되는 인연.<br>예 그 일을 계기로 그녀와 깊은 [  　  ]을 맺게 되었다. |
| **정절**<br>곧을 貞 마디 節 | 여자의 곧은 절개.<br>예 춘향은 [  　  ]을 지키기 위해 온갖 고초를 겪었다. |
| **혼기**<br>혼인할 婚 기약할 期 | 혼인하기에 알맞은 나이 또는 시기.<br>예 김 첨지에게는 [  　  ]가 꽉 찬 딸이 둘이나 있었다. |
| **혼처**<br>혼인할 婚 곳 處 | 혼인하기에 알맞은 자리.<br>예 최 부인은 딸의 [  　  ]를 구하기 위해 중매쟁이를 불러들였다. |
| **화촉**<br>빛날 華 촛불 燭 | 혼례 의식에서 사용하는 색깔을 들인 초.<br>예 혼례가 시작하자 양가 부모가 [  　  ]에 불을 붙였다. |

# 교과서 필수 단어로 어휘력 키우기

| 세태<br>인간 世 모습 態 | 사람들의 일상이나 문화에서 보이는 세상의 상태와 형편.<br>예 유행어에는 당시의 [ ][ ] 가 잘 반영되어 있다. |
|---|---|
| 세파<br>인간 世 물결 波 | 모질고 거센 세상의 어려움을 물결에 비유하여 이르는 말.<br>예 어머니는 온갖 [ ][ ] 에 시달리면서도 꿈을 포기하지 않았다. |
| 범주<br>법 範 이랑 疇 | 동일한 성질을 가진 부류나 범위.<br>예 일기와 편지는 수필 문학의 [ ][ ] 에 속한다. |
| 변모<br>변할 變 모양 貌 | 모양이나 모습이 달라지거나 바뀜.<br>예 지난 20년 동안 시골 마을이 중소 도시로 [ ][ ] 했다. |
| 전이<br>구를 轉 옮길 移 | 자리나 위치 등을 다른 곳으로 옮김.<br>예 목의 통증이 어깨로 [ ][ ] 된 것 같다. |
| 추정<br>밀 推 정할 定 | 미루어 생각하여 결정함.<br>예 이번에 발굴된 백자는 조선 전기의 작품으로 [ ][ ] 되고 있다. |
| 편승<br>편할 便 탈 乘 | • 남이 타고 가는 차를 얻어 탐.<br>• 남의 힘을 이용하여 자신의 이익을 거둠.<br>예 대형 학원은 영어 열풍에 [ ][ ] 하여 큰 이익을 거뒀다. |
| 함량<br>머금을 含 헤아릴 量 | 물질이 어떤 성분을 포함하고 있는 분량.<br>예 홍차는 커피보다 카페인 [ ][ ] 이 많다. |
| 조장<br>도울 助 길 長 | 바람직하지 않은 일을 더 심해지도록 부추김.<br>예 무분별한 인터넷 광고가 과소비를 [ ][ ] 하고 있다. |
| 혈안<br>피 血 눈 眼 | 이익을 챙기거나 무엇을 경계하기 위해 몹시 기를 써서 핏발이 선 눈.<br>예 자신의 이익만을 챙기는 데 [ ][ ] 이 된 사람과는 거리를 두어야 한다. |

# 사자성어로 어휘력 확장하기

※ 한자를 따라 쓰고 뜻과 음을 쓰세요.

## 위편삼절

| 韋 | 編 | 三 | 絶 |
|---|---|---|---|
| 가죽 | 엮을 | 석 | 끊을 |

| 韋 | 編 | 三 | 絶 |
|---|---|---|---|
| 가죽 위 | 엮을 편 | 석 삼 | 끊을 절 |

'가죽으로 엮은 끈이 세 번이나 끊어졌다.'라는 뜻으로, 책이 닳고 닳을 때까지 여러 번 읽는 것을 가리킨다. 공자가 『주역』을 즐겨 읽어 책을 엮은 가죽끈이 세 번이나 끊어졌다는 고사에서 유래한 말이다.

## 유종지미

| 有 | 終 | 之 | 美 |
|---|---|---|---|
| 있을 | 마칠 | 갈 | 아름다울 |

| 有 | 終 | 之 | 美 |
|---|---|---|---|

'끝을 잘 맺는 아름다움'이라는 뜻으로, 어떤 일을 시작하면 중간에 포기하지 않고 끝까지 잘하여 결과가 좋은 경우를 일컫는다.

## 유지경성

| 有 | 志 | 竟 | 成 |
|---|---|---|---|
| 있을 | 뜻 | 마침내 | 이룰 |

| 有 | 志 | 竟 | 成 |
|---|---|---|---|

'뜻이 있어 마침내 이루다.'라는 뜻으로, 가슴에 뜻을 품고 이를 이루고자 하는 사람은 반드시 성공한다는 의미이다.

## 은인자중

| 隱 | 忍 | 自 | 重 |
|---|---|---|---|
| 숨을 | 참을 | 스스로 | 무거울 |

| 隱 | 忍 | 自 | 重 |
|---|---|---|---|

'숨기고 참으며 스스로를 무겁게 여긴다.'라는 뜻으로, 어떤 일이 있어도 겉으로 감정이나 사정을 드러내지 않고 신중하게 행동한다는 의미이다.

## 음풍농월

| 吟 | 風 | 弄 | 月 |
|---|---|---|---|
| 읊을 | 바람 | 희롱할 | 달 |

| 吟 | 風 | 弄 | 月 |
|---|---|---|---|

'바람을 읊고 달을 보고 시를 짓는다.'라는 뜻으로, 속세를 떠나 아름다운 자연의 경치를 즐기며 사는 삶을 가리킬 때 쓰인다.

## 이실직고

| 以 | 實 | 直 | 告 |
|---|---|---|---|
| 써 | 열매 | 곧을 | 고할 |

| 以 | 實 | 直 | 告 |
|---|---|---|---|

'사실을 있는 그대로 말한다.'라는 뜻으로, 잘못을 저지른 사람이 어떤 일의 전후 사정을 숨김없이 말하는 것을 의미한다.

# 실전 문제로 어휘력 완성하기

● 01~06 다음 설명에 맞는 단어를 보기 에서 골라 쓰시오.

보기

신표    배필    연분    길일    혼기    가약

01 부부가 되기로 한 약속.　　　　　　　　　　　　　　　（　　　　　　　　）

02 운이 좋거나 좋은 일이 일어날 조짐이 있는 날.　　　　（　　　　　　　　）

03 부부로서의 짝.　　　　　　　　　　　　　　　　　　　（　　　　　　　　）

04 뒷날에 보고 증거가 되게 하기 위하여 서로 주고받는 물건.　（　　　　　　　　）

05 사람들 사이에 관계를 맺게 되는 인연.　　　　　　　　（　　　　　　　　）

06 혼인하기에 알맞은 나이 또는 시기.　　　　　　　　　　（　　　　　　　　）

● 07~08 다음 빈칸에 알맞은 단어를 초성과 뜻을 참고하여 쓰시오.

처사가 말했다.
"제가 한 딸을 두었으나 십육 세가 되도록 ㅎ ㅊ 를 정하지 못하였삽기로 천하를 떠돌다가, 다행히 존문에 이르러 아드님을 보니 마음에 드는지라. 여식은 용렬하고 재주가 없으나 존문에 용납될 만하니, 외람하오나 혼인을 정함이 어떠하오이까?"

– 작자 미상, 「박씨전」 중에서

07 ㅎ ㅊ : 혼인하기에 알맞은 자리.　　　　　　　　　　　（　　　　　　）

세 사람은 한꺼번에 자리에 앉았고, 서생은 목을 굽혀 올라가서 자릿가에 꿇어앉았다.
용왕은 말했다.
"편히 앉으십시오."
자리에 앉자 찻잔을 돌린 후에 용왕이 그에게 말했다.
"내 슬하에는 오직 딸이 하나 있어 곧 시집을 보내려 합니다. 그러나 거처가 누추해서 사위를 맞이할 집도 ㅎ ㅊ 을 밝힐 만한 방도 없습니다.

– 김시습, 「용궁부연록」 중에서

08 ㅎ ㅊ : 혼례 의식에서 사용하는 색깔을 들인 초.　　　　（　　　　　　　）

● **09~11** 다음 설명에 맞는 글자를 골라 ①한글과 ②한자로 쓰시오.

| 貌 | 變 | 世 | 移 | 轉 | 態 |
|---|---|---|---|---|---|
| 모양 모 | 변할 변 | 인간 세 | 옮길 이 | 구를 전 | 모습 태 |

**09** 사람들의 일상이나 문화에서 보이는 세상의 상태와 형편.　(①　　　　　　), (②　　　　　　)

**10** 모양이나 모습이 달라지거나 바뀜.　(①　　　　　　), (②　　　　　　)

**11** 자리나 위치 등을 다른 곳으로 옮김.　(①　　　　　　), (②　　　　　　)

● **12~14** 제시된 초성을 참고하여 다음 예문을 완성하시오.

**12** 동물보호법을 개정하여 동물 학대의 [ ㅂ | ㅈ ]를 확대해야 한다.　(　　　　　　)
　　　　　　　　　　　　　　　동일한 성질을 가진 부류나 범위.

**13** 그는 항상 권력에 [ ㅍ | ㅅ ]하여 이익을 챙기는 기회주의자였다.　(　　　　　　)
　　　　　　　남의 힘을 이용하여 자신의 이익을 거둠.

**14** 성장기에는 칼슘 [ ㅎ | ㄹ ]이 많은 식품을 충분히 섭취해야 한다.　(　　　　　　)
　　　　물질이 어떤 성분을 포함하고 있는 분량.

● **15~17** 보기 를 참고하여 내용에 맞는 사자성어를 완성하시오.

보기

| 지 | 은 | 고 | 직 | 중 | 성 |
|---|---|---|---|---|---|
| 자 | 실 | 경 | 이 | 인 | 유 |

**15** 가슴에 뜻을 품고 이를 이루고자 하는 사람은 반드시 성공함.　(　　　　　　)

**16** 어떤 일이 있어도 겉으로 감정을 드러내지 않고 신중하게 행동함.　(　　　　　　)

**17** 잘못을 저지른 사람이 전후 사정을 숨김없이 이야기함.　(　　　　　　)

21

# 국어 실력 확인 문제

제1차시

※ **01~03** 다음 설명에 맞는 단어를 보기 에서 찾아 쓰시오.

보기

| 만석 | 도화 | 주렴 | 적삼 |
|---|---|---|---|

**01** 저고리 대용으로 여름에 입는 홑겹의 윗도리.
( )

**02** 곡식 일만 섬. 아주 많은 곡식. ( )

**03** 복숭아나무의 꽃. ( )

**04** 구슬 따위를 꿰어 만든 발. ( )

※ **05~08** 다음 설명에 맞는 단어를 보기 에서 찾아 쓰시오.

보기

| 만절 | 절행 | 화상 | 회포 |
|---|---|---|---|

**05** 사람의 얼굴을 그림으로 그린 형상.
( )

**06** 마음속에 품은 생각이나 정. ( )

**07** 절개를 지키는 행실. ( )

**08** 오래도록 지키는 절개. ( )

※ **09~12** 다음 설명에 맞는 단어를 보기 에서 찾아 쓰시오.

보기

| 변통 | 병행 | 표출 | 산출 |
|---|---|---|---|

**09** 수치나 값을 계산해 냄. ( )

**10** 둘 이상의 일을 한꺼번에 행함.
( )

**11** 필요한 돈이나 물건 등을 적절하게 돌려씀.
( )

**12** 속에 있던 것을 겉으로 드러냄.
( )

※ **13~16** 다음 설명을 읽고 초성에 맞는 단어를 쓰시오.

**13** 뛰어나게 좋은 생각. ㅁ ㅇ ☐☐

**14** 불이 일어나거나 타기 시작함. ㅂ ㅎ ☐☐

**15** 세속적인 이익에만 신경을 쓰는 사람을 이르는 말.
ㅅ ㅁ ☐☐

**16** 실속이 없는 겉모양. ㅎ ㅇ ☐☐

**17** 체계가 잘 잡혀 있어 조금도 흐트러짐이 없이 전체가 하나처럼 움직이는 것을 뜻하는 사자성어는?

① 일언반구( 一言半句) ② 일어탁수(一魚濁水)
③ 일사천리(一瀉千里) ④ 일사불란(一絲不亂)

**18** 어떤 일이 거침없이 순조롭게 진행되는 상황을 뜻하는 사자성어는?

① 일벌백계(一罰百戒) ② 일사천리(一瀉千里)
③ 일사불란( 一絲不亂) ④ 이열치열(以熱治熱)

# 고전 소설 빈출 어휘로 국어 개념 잡기

| **도화**<br>복숭아 桃 꽃 花 | 복숭아나무의 꽃.<br>예 봄을 맞아 활짝 핀 ☐☐ 가 한 폭의 그림 같은 장관을 연출하였다. |
|---|---|
| **마름질** | 옷감을 치수에 맞게 재거나 자르는 일.<br>예 비싸고 고운 비단을 ☐☐ 하여 한복을 만들었다. |
| **만석**<br>일 만 萬 돌 石 | 곡식 일만 섬. 아주 많은 곡식.<br>예 할아버지가 역적으로 몰리면서 ☐☐ 살림의 집안이 풍비박산 났다. |
| **만절**<br>늦을 晩 마디 節 | 오래도록 지키는 절개.<br>예 황희는 죽을 때까지 임금에 대해 ☐☐ 을 지켰다. |
| **적삼** | 저고리 대용으로 여름에 입는 홑겹의 윗도리.<br>예 어머니는 흰 ☐☐ 에 검정 통치마를 입고 밖으로 나가셨다. |
| **절행**<br>마디 節 다닐 行 | 절개를 지키는 행실.<br>예 그 선비는 덕행과 ☐☐ 으로 마을 사람들의 존경을 받았다. |
| **주렴**<br>구슬 珠 발 簾 | 구슬 따위를 꿰어 만든 발.<br>예 갑작스런 소란에 부인이 ☐☐ 을 걷고 마루로 나왔다. |
| **지락**<br>이를 至 노래 樂 | 더할 나위 없는 즐거움.<br>예 즐겁게 노는 아이의 모습을 보는 것이 최고의 ☐☐ 이다. |
| **화상**<br>그림 畵 모양 像 | 사람의 얼굴을 그림으로 그린 형상.<br>예 장군의 ☐☐ 은 마치 호랑이처럼 용맹스러워 보였다. |
| **회포**<br>품을 懷 안을 抱 | 마음속에 품은 생각이나 정.<br>예 박 영감은 십 년 만에 만난 친구와 술잔을 나누며 ☐☐ 를 풀었다. |

# 교과서 필수 단어로 어휘력 키우기

| 박대<br>엷을 薄 기다릴 待 | 정성을 들이지 않고 아무렇게나 하는 대접.<br>예 어렵게 돌아간 집에서 \_\_\_\_를 받으니 서러웠다. |
|---|---|
| 묘안<br>묘할 妙 책상 案 | 뛰어나게 좋은 생각.<br>예 오랜 궁리 끝에 위기를 넘길 \_\_\_\_이 떠올랐다. |
| 발화<br>필 發 불 火 | 불이 일어나거나 타기 시작함.<br>예 화재의 원인과 \_\_\_\_지점을 밝히는 조사가 시작되었다. |
| 변통<br>변할 變 통할 通 | • 필요한 돈이나 물건 등을 적절하게 돌려씀.<br>• 형편과 경우에 따라서 일을 융통성 있게 잘 처리함.<br>예 회사에 필요한 자금이 \_\_\_\_되어 파산 위기를 넘겼다. |
| 병행<br>나란히 竝 다닐 行 | 둘 이상의 일을 한꺼번에 행함.<br>예 다이어트는 운동과 식이요법을 \_\_\_\_해야 한다. |
| 속물<br>풍속 俗 물건 物 | 세속적인 이익에만 신경을 쓰는 사람을 이르는 말.<br>예 그는 출세에 눈이 멀어 동료를 배신한 \_\_\_\_이 되었다. |
| 부각<br>뜰 浮 새길 刻 | 어떤 사물을 특징지어 두드러지게 함.<br>예 인구 절벽 문제가 심각한 사회 문제로 \_\_\_\_되었다. |
| 표출<br>겉 表 날 出 | 속에 있던 것을 겉으로 드러냄.<br>예 심판의 판정에 불만을 \_\_\_\_하다 경고를 받았다. |
| 허울 | 실속이 없는 겉모양.<br>예 대부분의 선거 공약은 \_\_\_\_뿐인 약속에 그쳤다. |
| 산출<br>셈 算 날 出 | 계산하여 냄.<br>예 영업 비용의 \_\_\_\_방식은 회사마다 다를 수 있다. |

# 사자성어로 어휘력 확장하기

※ 한자를 따라 쓰고 뜻과 음을 쓰세요.

## 이열치열

| 以 | 熱 | 治 | 熱 |
|---|---|---|---|
| 써 | 더울 | 다스릴 | 더울 |

| 以 | 熱 | 治 | 熱 |
|---|---|---|---|
| 써 이 | 더울 열 | 다스릴 치 | 더울 열 |

'열(熱)은 열(熱)로써 다스린다.'라는 뜻으로, 힘에는 힘으로, 강한 것에는 강한 것으로 상대하는 것을 일컫는 말이다. 날씨가 더울 때는 뜨거운 음식을 먹어 몸의 더운 기운을 밖으로 내보내는 데서 유래한다.

## 일벌백계

| 一 | 罰 | 百 | 戒 |
|---|---|---|---|
| 한 | 벌할 | 일백 | 경계할 |

| 一 | 罰 | 百 | 戒 |
|---|---|---|---|

'한 사람을 벌주어 백 사람을 경계한다.'라는 뜻으로, 한 사람을 본보기 삼아 엄한 처벌을 내림으로써 여러 사람에게 경각심을 불러일으키는 것을 의미한다.

## 일사불란

| 一 | 絲 | 不 | 亂 |
|---|---|---|---|
| 한 | 실 | 아닐 | 어지러울 |

| 一 | 絲 | 不 | 亂 |
|---|---|---|---|

'한 오라기의 실도 엉키지 아니한다.'라는 뜻으로, 질서나 체계가 잘 잡혀 있어 조금도 흐트러짐이 없이 전체가 마치 하나처럼 움직이는 경우를 가리키는 표현이다.

## 일사천리

| 一 | 瀉 | 千 | 里 |
|---|---|---|---|
| 한 | 쏟을 | 일천 | 마을 |

| 一 | 瀉 | 千 | 里 |
|---|---|---|---|

'강물이 쏟아져 단번에 천리를 간다.'라는 뜻으로, 어떤 일이 거침없이 순조롭게 진행되어 가는 상황을 의미한다.

## 일어탁수

| 一 | 魚 | 濁 | 水 |
|---|---|---|---|
| 한 | 물고기 | 흐릴 | 물 |

| 一 | 魚 | 濁 | 水 |
|---|---|---|---|

'물고기 한 마리가 큰물을 흐리게 한다.'라는 뜻으로, 한 사람의 잘못으로 인해 여러 사람이 피해를 보는 경우에 쓰는 표현이다.

## 일언반구

| 一 | 言 | 半 | 句 |
|---|---|---|---|
| 한 | 말씀 | 반 | 글귀 |

| 一 | 言 | 半 | 句 |
|---|---|---|---|

'한 마디의 말과 한 구절의 반'이란 뜻으로, 매우 짧은 말이나 글을 의미한다.

# 실전 문제로 어휘력 완성하기

● 01~06 다음 설명에 맞는 단어를 보기 에서 골라 쓰시오.

보기

지락　　회포　　화상　　만석　　도화　　절행

**01** 복숭아나무의 꽃. ( )

**02** 곡식 일만 섬. 아주 많은 곡식. ( )

**03** 절개를 지키는 행실. ( )

**04** 더할 나위 없는 즐거움. ( )

**05** 사람의 얼굴을 그림으로 그린 형상. ( )

**06** 마음속에 품은 생각이나 정. ( )

● 07~08 제시된 초성과 뜻을 참고하여 다음 빈칸에 알맞은 단어를 쓰시오.

"소인이 평생 서러워하는 바는, 소인도 대감의 정기를 받아 당당한 남자가 되었으니, 아버님이 낳으시고 어머님이 기르신 은혜가 깊은데, 그 아버지를 아버지라 못하고 그 형을 형이라 못하니, 어찌 사람이라 하겠습니까?"
　길동이 눈물을 흘려 ㅈ ㅅ 을 적셨다. 공이 다 듣고 나서 비록 길동이 불쌍하지만, 그 뜻을 위로하면 마음이 방자해질 것을 염려하여 크게 꾸짖었다.
　　　　　　　　　　　　　　　　　　　　　　– 허균, 「홍길동전」 중에서

**07** ㅈ ㅅ : 저고리 대용으로 여름에 입는 홑겹의 윗도리. ( )

　저희들이 매화 열매를 꾀꼬리에게 던져 쌍쌍이 날지 못하게 하고, ㅈ ㄹ 으로 막을 쳐서 제비 두 마리가 같은 둥지에 깃들지 못하게 하는 것도 다름이 아닙니다. 저희 스스로 쌍쌍이 노니는 꾀꼬리와 제비를 부러워하고 질투하는 마음을 견딜 수 없었기 때문입니다.
　　　　　　　　　　　　　　　　　　　　　　– 작자 미상, 「운영전」 중에서

**08** ㅈ ㄹ : 구슬 따위를 꿰어 만든 발. ( )

● 09~11 다음 설명에 맞는 글자를 골라 ①한글과 ②한자로 쓰시오.

| 立 | 出 | 變 | 行 | 表 | 通 |
|---|---|---|---|---|---|
| 나란히 병 | 날 출 | 변할 변 | 다닐 행 | 겉 표 | 통할 통 |

09 필요한 돈이나 물건 등을 적절하게 돌려씀.       (①            ), (②            )

10 둘 이상의 일을 한꺼번에 행함.       (①            ), (②            )

11 속에 있던 것을 겉으로 드러냄.       (①            ), (②            )


● 12~14 제시된 초성을 참고하여 다음 예문을 완성하시오.

12 화재의 위험이 있는 ㅂㅎ 물질은 각별히 주의해서 써야 한다.       (            )
불이 일어나거나 타기 시작함.

13 그는 출세와 돈에 사로잡힌 ㅅㅁ 들을 경멸했다.       (            )
세속적인 이익에만 신경을 쓰는 사람을 이르는 말.

14 실효성 없이 ㅎㅇ 뿐인 위원회 숫자를 줄이는 방안을 검토 중이다.       (            )
실속이 없는 겉모양.


● 15~17 보기 를 참고하여 내용에 맞는 사자성어를 완성하세요.

보기

| 열 | 백 | 벌 | 구 | 열 | 반 |
|---|---|---|---|---|---|
| 이 | 언 | 일 | 치 | 일 | 계 |


15 힘에는 힘으로, 강한 것에는 강한 것으로 상대함.       (            )

16 한 사람을 본보기 삼아 엄하게 처벌함으로써 여러 사람의 경각심을 불러일으킴.       (            )

17 매우 짧은 말이나 글.       (            )

22

## STEP 1 기본 실력 점검하기

### 국어 실력 확인 문제

제1차시

※ 01~04 다음 설명에 맞는 단어를 보기 에서 찾아 쓰시오.

보기

시비    노복    비복    초동

01 계집종과 사내종을 아울러 이르는 말.
( )

02 종살이를 하는 남자. ( )

03 땔나무를 하는 아이. ( )

04 양반의 곁에 있으면서 시중을 드는 계집종.
( )

※ 05~08 다음 설명에 맞는 단어를 보기 에서 찾아 쓰시오.

보기

소자    규수    여식    소저

05 혼기에 이른 남의 집 처녀를 점잖게 이르는 말.
( )

06 젊은 여자를 뜻하는 '아가씨'를 한문투로 이르는 말.
( )

07 아들이 부모를 상대하여 자기를 낮추어 이르는 말.
( )

08 여자로 태어난 자식. ( )

※ 09~12 다음 설명에 맞는 단어를 보기 에서 찾아 쓰시오.

보기

상충    폐단    전제    소양

09 평소 닦아 놓은 학문이나 지식.
( )

10 어떠한 사물이나 현상을 이루기 위하여 먼저 내세우는 것. ( )

11 어떤 일이나 행동을 할 때 나타나는 좋지 않은 일이나 현상. ( )

12 서로 맞지 아니하고 어긋남. ( )

※ 13~16 다음 설명을 읽고 초성에 맞는 단어를 쓰시오.

13 커다란 전체의 한 부분.    ㅇ ㄱ ☐☐

14 순종하지 아니하고 맞서서 반항함.
ㅎ ㄱ ☐☐

15 큰 소리로 꾸짖음.    ㅎ ㄹ ☐☐

16 일의 성공과 실패.    ㅅ ㅍ ☐☐

17 어떤 분야에 대하여 아는 것이 하나도 없음을 뜻하는 사자성어는?

① 일언지하(一言之下)    ② 일희일비(一喜一悲)
③ 일자무식(一字無識)    ④ 일사불란(一絲不亂)

18 어떤 상황이 좋아졌다가 나빠지기를 반복하는 것을 뜻하는 사자성어는?

① 일벌백계(一罰百戒)    ② 일진일퇴(一進一退)
③ 일언지하(一言之下)    ④ 일필휘지(一筆揮之)

# 고전 소설 빈출 어휘로 국어 개념 잡기

**시비**
모실 侍 계집종 婢

양반의 곁에 있으면서 시중을 드는 계집종.

예 맹 진사의 불호령에 ☐☐ 삼월이를 비롯한 하인들은 모두 벌벌 떨었다.

**노복**
종 奴 종 僕

종살이를 하는 남자.

예 박 영감이 대문을 들어서자 ☐☐ 이 뛰어나와 머리를 조아렸다.

**비복**
계집종 婢 종 僕

계집종과 사내종을 아울러 이르는 말.

예 고조부는 이름난 만석꾼으로 ☐☐ 만도 백여 명에 이르렀다.

**초동**
나무할 樵 아이 童

땔나무를 하는 아이.

예 예닐곱 살밖에 안 돼 보이는 ☐☐ 이 나뭇짐을 지고 내려왔다.

**소저**
작을 小 누이 姐

젊은 여자를 뜻하는 '아가씨'를 한문 투로 일컫던 말.

예 열여덟의 고운 ☐☐ 는 평양부중에 사는 김 진사의 딸이었다.

**소인**
작을 小 사람 人

신분 낮은 사람이 자기보다 높은 신분 앞에서 자기를 낮추어 일컫는 1인칭 대명사.

예 나리, 불쌍한 ☐☐ 을 부디 거두어 주십시오.

**소자**
작을 小 아들 子

아들이 부모를 상대하여 자기를 낮추어 이르는 말.

예 아버님의 뜻을 따라 ☐☐ 가 가업을 이어 가겠습니다.

**과인**
적을 寡 사람 人

'덕이 부족한 사람'이라는 뜻으로, 임금이 자신을 낮추어 일컫던 1인칭 대명사.

예 모든 것이 왕인 ☐☐ 의 잘못이니 경들은 자신을 너무 탓하지 마라.

**규수**
안방 閨 빼어날 秀

혼기에 이른 남의 집 처녀를 점잖게 이르는 말.

예 그는 재덕을 겸비한 양갓집 ☐☐ 와 혼인하게 되었다.

**여식**
여자 女 쉴 息

여자로 태어난 자식.

예 임금은 영의정의 ☐☐ 을 세자빈으로 간택하였다.

# 교과서 필수 단어로 어휘력 키우기

| | |
|---|---|
| **상충**<br>서로 相 찌를 衝 | 서로 맞지 아니하고 어긋남.<br>예 두 회사 간의 이해관계의 ☐☐ 으로 법적 분쟁이 일어났다. |
| **성패**<br>이룰 成 패할 敗 | 일의 성공과 실패.<br>예 회사의 ☐☐ 가 달려 있는 중요한 계약이다. |
| **일가**<br>한 一 집 家 | • 한집에서 사는 가족.<br>• 성이 같고 혈연관계에 있는 사람들.<br>예 설날을 맞아 흩어져 살던 ☐☐ 가 한자리에 모였다. |
| **일각**<br>한 一 뿔 角 | 커다란 전체의 한 부분.<br>예 이번에 드러난 비리는 빙산의 ☐☐ 에 불과하다. |
| **전제**<br>앞 前 끌 提 | 어떠한 사물이나 현상을 이루기 위하여 먼저 내세우는 것.<br>예 노사는 임금 인상을 ☐☐ 로 협상에 들어갔다. |
| **폐단**<br>폐단 弊 끝 端 | 어떤 일이나 행동을 할 때 나타나는 좋지 않은 일이나 현상.<br>예 지나친 주입식 교육은 창의력을 가로막는 ☐☐ 을 낳는다. |
| **항거**<br>겨룰 抗 막을 拒 | 순종하지 아니하고 맞서서 반항함.<br>예 전국에서 일제 수탈에 대한 ☐☐ 운동이 일어났다. |
| **호령**<br>이름 號 하여금 令 | • 큰 소리로 꾸짖음.<br>• 여러 사람이 일정한 동작을 하도록 지휘자가 말로 내리는 간단한 명령.<br>예 선생님의 ☐☐ 소리에 맞추어 준비 운동을 하였다. |
| **소양**<br>본디 素 기를 養 | 평소 닦아 놓은 학문이나 지식.<br>예 문학적 ☐☐ 을 쌓으려면 책을 많이 읽어야 한다. |
| **수장**<br>머리 首 길 長 | 윗자리에 위치해 집단이나 단체를 지배하고 통솔하는 사람.<br>예 국회 의장은 국회의 질서를 잡는 국회의 ☐☐ 이다. |

# 사자성어로 어휘력 확장하기

※ 한자를 따라 쓰고 뜻과 음을 쓰세요.

## 일언지하

| 一 | 言 | 之 | 下 |
|---|---|---|---|
| 한 | 말씀 | 갈 | 아래 |

| 一 | 言 | 之 | 下 |
|---|---|---|---|
| 한 일 | 말씀 언 | 갈 지 | 아래 하 |

'말 한마디로 끊는다.'라는 뜻으로, 한마디로 딱 잘라서 짧게 말한다는 의미이다. 어떤 사정이나 제안에 대해 단호하게 의견을 밝힐 때 쓰는 표현이다.

## 일자무식

| 一 | 字 | 無 | 識 |
|---|---|---|---|
| 한 | 글자 | 없을 | 알 |

| 一 | 字 | 無 | 識 |
|---|---|---|---|

'한 글자도 읽을 수 없을 정도로 아는 것이 없다.'라는 뜻으로, 어떤 분야에 대하여 지식이 없는 무지한 상태를 일컫는다.

## 일진일퇴

| 一 | 進 | 一 | 退 |
|---|---|---|---|
| 한 | 나아갈 | 한 | 물러날 |

| 一 | 進 | 一 | 退 |
|---|---|---|---|

'한 번 앞으로 나아갔다 한 번 뒤로 물러선다.'라는 뜻이다. 어떤 상황이 좋아졌다가 나빠지기를 반복하는 상황, 또는 경쟁 관계에서 어느 한쪽의 우열을 가리기 어려운 상황에서 쓰인다.

## 일필휘지

| 一 | 筆 | 揮 | 之 |
|---|---|---|---|
| 한 | 붓 | 휘두를 | 갈 |

| 一 | 筆 | 揮 | 之 |
|---|---|---|---|

'한 번에 붓을 써 내려간다.'라는 뜻으로, 단번에 막힘없이 시원하게 글씨를 쓰거나 그림을 그리는 것을 말한다.

## 일확천금

| 一 | 攫 | 千 | 金 |
|---|---|---|---|
| 한 | 움킬 | 일천 | 쇠 |

| 一 | 攫 | 千 | 金 |
|---|---|---|---|

'한 번에 천금을 움켜쥔다.'라는 뜻으로, 뜻하지 않게 갑자기 큰 재산을 얻거나 힘들이지 않고 큰 부자가 된 경우를 가리킨다.

## 일희일비

| 一 | 喜 | 一 | 悲 |
|---|---|---|---|
| 한 | 기쁠 | 한 | 슬플 |

| 一 | 喜 | 一 | 悲 |
|---|---|---|---|

'한 번은 기쁘고 한 번은 슬프다.'라는 뜻으로, 기쁜 일과 슬픈 일이 번갈아 일어난다는 의미이다. 평상시 우리가 매 순간 맞닥뜨리는 상황에 따라 감정이 바뀌는 모습을 가리키는 표현이다.

# 실전 문제로 어휘력 완성하기

● 01~06 다음 설명에 맞는 단어를 보기 에서 골라 쓰시오.

> **보기**
>
> 과인    규수    여식    비복    초동    노복

01 종살이를 하는 남자. ( )

02 계집종과 사내종을 아울러 이르는 말. ( )

03 땔나무를 하는 아이. ( )

04 임금이 자기를 낮추어 일컫던 1인칭 대명사. ( )

05 혼기에 이른 남의 집 처녀를 점잖게 이르는 말. ( )

06 여자로 태어난 자식. ( )

● 제시된 초성과 뜻을 참고하여 다음 빈칸에 들어갈 단어를 쓰시오.

> 　그날 밤에 장 승상 댁 부인이 제물을 갖추어 강가에 나아가 심 <sup>07</sup>[ㅅ|ㅈ]를 위하여 혼을 불러 위로하는 제사를 바치려 마음먹고 <sup>08</sup>[ㅅ|ㅂ]를 데리고 강가에 다다르니, 밤은 깊어 삼경인데 첩첩이 쌓인 안개 산골짜기에 잠겨 있고, 첩첩이 이는 연기 강물에 어리었다.
>
> – 작자 미상, 「심청전」 중에서

07 [ㅅ|ㅈ] : 젊은 여자를 뜻하는 '아가씨'를 한문 투로 일컫던 말. ( )

08 [ㅅ|ㅂ] : 양반의 곁에 있으면서 시중을 드는 계집종. ( )

● 제시된 초성과 뜻을 참고하여 다음 빈칸에 공통으로 들어갈 단어를 쓰시오.

> 　하루는 길동이 어미 방에 가서 울며 말했다.
> 　"[ㅅ|ㅈ]가 어머니와 함께 전생의 인연이 두터워 지금 세상에서 모자(母子)가 되었으니 그 은혜가 망극합니다. 그러나 [ㅅ|ㅈ]의 팔자가 기박하여 천한 몸이 되었으니 품은 한이 깊습니다. 장부가 세상을 살면서 남의 천대를 받고 살 수는 없는 것이라, [ㅅ|ㅈ]는 제 기운을 억제하지 못하여 어머니 슬하를 떠나려 하니, 엎드려 바라건대 어머니는 [ㅅ|ㅈ]를 염려하지 마시고 귀하신 몸을 잘 돌보십시오."
>
> – 허균, 「홍길동전」 중에서

09 [ㅅ|ㅈ] : 아들이 부모를 상대하여 자기를 낮추어 이르는 말. ( )

● **10~12** 다음 설명에 맞는 글자를 골라 ①한글과 ②한자로 쓰시오.

| 前 | 端 | 相 | 提 | 弊 | 衝 |
|---|---|---|---|---|---|
| 앞 전 | 끝 단 | 서로 상 | 끌 제 | 폐단 폐 | 찌를 충 |

**10** 서로 맞지 아니하고 어긋남.  (①         ), (②         )

**11** 어떠한 사물이나 현상을 이루기 위하여 먼저 내세우는 것.  (①        ), (②        )

**12** 어떤 일이나 행동을 할 때 나타나는 좋지 않은 일이나 현상.  (①        ), (②        )

● **13~15** 제시된 초성을 참고하여 다음 예문을 완성하시오.

**13** 가장 먼저 시장을 개척하는 것이 사업의 | ㅅ | ㅍ | 를 좌우한다.  (        )
일의 성공과 실패.

**14** 할머니의 칠순 생신을 맞아 모든 | ㅇ | ㄱ | 가 한자리에 모였다.  (        )
성이 같고 혈연관계에 있는 사람들.

**15** 도적의 횡포를 멈추게 하려면 무리의 | ㅅ | ㅈ | 을 잡아야 한다.  (        )
윗자리에 위치해 집단이나 단체를 지배하고 통솔하는 사람.

● **16~18** **보기** 를 참고하여 내용에 맞는 사자성어를 완성하세요.

보기

| 일 | 휘 | 필 | 비 | 일 | 지 |
|---|---|---|---|---|---|
| 하 | 희 | 일 | 언 | 일 | 지 |

**16** 어떤 사정이나 제안에 대해 단호하게 의견을 밝힘.  (        )

**17** 단번에 막힘없이 시원하게 글씨를 쓰는 것.  (        )

**18** 평상시 우리가 매 순간 맞닥뜨리는 상황에 따라 감정이 바뀌는 모습.  (        )

23

제1차시

# 국어 실력 확인 문제

※ **01~04** 다음 뜻에 맞는 단어를 보기 에서 찾아 쓰시오.

보기

| 일색 | 절부 | 양주 | 필부 |

**01** 보잘것없이 평범한 남자. ( )

**02** 바깥주인과 안주인을 함께 이르는 말.
( )

**03** 절개를 지키는 부인. ( )

**04** 뛰어난 미인. ( )

※ **05~08** 다음 설명에 맞는 단어를 보기 에서 찾아 쓰시오.

보기

| 관속 | 문벌 | 공납 | 간관 |

**05** 임금에게 옳지 못한 일을 조언하는 벼슬아치.
( )

**06** 지방 관청에서 일하는 사람을 통틀어 이르던 말.
( )

**07** 대대로 내려오는 그 집안의 사회적 신분이나 지위.
( )

**08** 백성이 그 지방에서 나는 특산물을 조정에 바치던 일. ( )

※ **09~12** 다음 설명에 맞는 단어를 보기 에서 찾아 쓰시오.

보기

| 쇄신 | 신조 | 의향 | 안위 |

**09** 굳게 믿어 지키고 있는 생각. ( )

**10** 편안함과 위태로움. ( )

**11** 마음이 끌리는 방향이나 어떤 일을 하려는 생각.
( )

**12** 그릇된 것이나 묵은 것을 버리고 새롭게 함.
( )

※ **13~16** 다음 설명을 읽고 초성에 맞는 단어를 쓰시오.

**13** 어떤 목적을 달성하기 위해, 일을 꾸미는 교묘한 방법.

ㅅ ㅅ ☐☐

**14** 어떤 일이나 사물을 살펴보고 느낀 생각이나 의견.

ㅅ ㄱ ☐☐

**15** 마음속으로 하는 궁리나 계획. ㅅ ㅅ ☐☐

**16** 어떤 대상을 가리켜 이르는 일. ㅈ ㅊ ☐☐

**17** 조금의 여유도 없이 매우 좁은 땅을 뜻하는 사자성어는?

① 입추지지(立錐之地)  ② 입신양명(立身揚名)
③ 임기응변(臨機應變)  ④ 자수성가(自手成家)

**18** 자기가 한 말과 행동으로 인해 자신에게 피해가 돌아오는 상황을 뜻하는 사자성어는?

① 입신양명(立身揚名)  ② 자가당착(自家撞着)
③ 입추지지(立錐之地)  ④ 자승자박(自繩自縛)

# 고전 소설 빈출 어휘로 국어 개념 잡기

| | |
|---|---|
| **일색**<br>한 一 빛 色 | 뛰어난 미인.<br>예 이 진사네 딸의 인물이 천하 ☐☐ 이라고 소문이 파다하였다. |
| **절부**<br>마디 節 며느리 婦 | 절개를 지키는 부인.<br>예 임금은 효자와 ☐☐ 에게 상을 내리라고 지시하였다. |
| **양주**<br>두 兩 주인 主 | 바깥주인과 안주인이라는 뜻으로, '부부'를 이르는 말.<br>예 싸리문 밖에 두 ☐☐ 가 서서, 아들이 돌아오기를 기다렸다. |
| **사대부**<br>선비 士 클 大 지아비 夫 | 벼슬이나 문벌이 높은 집안의 사람.<br>예 그는 명망 있는 ☐☐☐ 출신으로 넓은 학식을 갖추었다. |
| **삼정승**<br>석 三 정사 政 정승 丞 | 조선 시대 벼슬인 영의정, 좌의정, 우의정을 아울러 이르는 말.<br>예 상감의 진노에 ☐☐☐ 조차 나서서 아뢰지 못하였다. |
| **관속**<br>벼슬 官 무리 屬 | 지방 관청에서 일하는 사람과 하인을 통틀어 이르던 말.<br>예 사또는 ☐☐ 예닐곱을 거느리고 지방 순시를 나섰다. |
| **간관**<br>간할 諫 벼슬 官 | 임금에게 옳지 못하거나 잘못된 일을 조언하는 벼슬아치.<br>예 사간원의 ☐☐ 은 왕에게 과오를 시정하도록 건의하였다. |
| **필부**<br>짝 匹 지아비 夫 | 보잘것없이 평범한 남자.<br>예 그는 모든 관직에서 물러나 외딴섬에서 ☐☐ 의 삶을 살았다. |
| **문벌**<br>문 門 문벌 閥 | 대대로 내려오는 그 집안의 사회적 신분이나 지위.<br>예 세종은 당파와 ☐☐ 을 가리지 않고 인재를 등용하였다. |
| **공납**<br>바칠 貢 들일 納 | 백성이 그 지방에서 나는 특산물을 조정에 바치던 일.<br>예 조선 시대 ☐☐ 은 각 지방의 특산물이 주종을 이루었다. |

# 교과서 필수 단어로 어휘력 키우기

| 술수<br>재주 術 셈 數 | 어떤 목적을 달성하기 위해, 일을 꾸미는 교묘한 생각이나 방법.<br>예 사기꾼의 간교한 [ ][ ]에 넘어갔다. |
|---|---|
| 쇄신<br>인쇄할 刷 새 新 | 그릇된 것이나 묵은 것을 버리고 새롭게 함.<br>예 부정적인 회사 이미지 [ ][ ]을 위한 대책이 필요하다. |
| 소견<br>바 所 볼 見 | 어떤 일이나 사물을 살펴보고 느낀 생각이나 의견.<br>예 복통으로 방문한 병원에서 맹장염 [ ][ ]을 받았다. |
| 신조<br>믿을 信 가지 條 | 굳게 믿어 지키고 있는 생각.<br>예 아버지는 정직과 성실을 생활 [ ][ ]로 삼으셨다. |
| 의향<br>뜻 意 향할 向 | 마음이 끌리는 방향이나 어떤 일을 하려는 생각.<br>예 진로 선택은 학생 당사자의 [ ][ ]이 가장 중요하다. |
| 심산<br>마음 心 셈 算 | 마음속으로 하는 궁리나 계획.<br>예 친구는 무슨 [ ][ ]인지 가장 어려운 과제를 선택했다. |
| 안배<br>누를 按 밀칠 排 | 알맞게 잘 배치하거나 처리함.<br>예 공부할 때는 과목별 시간 [ ][ ]를 잘해서 계획을 짜야 한다. |
| 지칭<br>가리킬 指 일컬을 稱 | 어떤 대상을 가리켜 이르는 일.<br>예 주고받은 문자에서 대장은 신선생님을 [ ][ ]한 것이다. |
| 진의<br>참 眞 뜻 意 | 속에 품고 있는 참뜻.<br>예 애매모호한 그의 답변에서는 [ ][ ]를 파악하기 어려웠다. |
| 안위<br>편안 安 위태할 危 | 편안함과 위태로움.<br>예 민족의 장래와 국가의 [ ][ ]를 먼저 생각하는 군인이었다. |

# 사자성어로 어휘력 확장하기

## 임기응변

| 臨 | 機 | 應 | 變 |
|---|---|---|---|
| 임할 | 틀 | 응할 | 변할 |

| 臨 | 機 | 應 | 變 |
|---|---|---|---|
| 임할 임 | 틀 기 | 응할 응 | 변할 변 |

'때에 맞게 변하고 대등하다.'라는 뜻으로, 그때그때의 사정과 형편에 맞게 그 자리에서 알맞게 대처하는 능력을 의미한다.

## 입신양명

| 立 | 身 | 揚 | 名 |
|---|---|---|---|
| 설 | 몸 | 날릴 | 이름 |

| 立 | 身 | 揚 | 名 |
|---|---|---|---|

'자신의 뜻을 확립하고 이름을 날린다.'라는 뜻으로, 사회적으로 인정받고 유명해지는 것을 가리킨다.

## 입추지지

| 立 | 錐 | 之 | 地 |
|---|---|---|---|
| 설 | 송곳 | 갈 | 땅 |

| 立 | 錐 | 之 | 地 |
|---|---|---|---|

'송곳 하나 세울 만한 땅'이라는 뜻으로, 조금의 여유도 없이 매우 좁은 땅을 비유하는 표현이다.

## 자가당착

| 自 | 家 | 撞 | 着 |
|---|---|---|---|
| 스스로 | 집 | 칠 | 붙을 |

| 自 | 家 | 撞 | 着 |
|---|---|---|---|

'스스로 부딪치기도 하고 붙기도 한다.'라는 뜻으로, 한 사람의 말과 행동이 서로 앞뒤가 맞지 않고 모순된 것을 의미한다.

## 자수성가

| 自 | 手 | 成 | 家 |
|---|---|---|---|
| 스스로 | 손 | 이룰 | 집 |

| 自 | 手 | 成 | 家 |
|---|---|---|---|

'스스로의 힘으로 일가를 이룬다.'라는 뜻으로, 물려받은 재산 없이 혼자 힘으로 집안을 일으켜 세우거나 큰 성과를 이루어 놓은 경우를 가리킨다.

## 자승자박

| 自 | 繩 | 自 | 縛 |
|---|---|---|---|
| 스스로 | 노끈 | 스스로 | 얽을 |

| 自 | 繩 | 自 | 縛 |
|---|---|---|---|

'자신의 줄로 스스로를 묶는다.'라는 말로, 자기가 한 말과 행동으로 인한 피해가 자신에게 다시 돌아오는 것을 일컫는 표현이다.

# 실전 문제로 어휘력 완성하기

● 01~06 다음 설명에 맞는 단어를 보기 에서 골라 쓰시오.

보기

관속    문벌    공납    간관    절부    양주

01 절개를 지키는 부인. ( )

02 바깥주인과 안주인이라는 뜻으로, '부부'를 이르는 말. ( )

03 지방 관청에서 일하는 사람과 하인을 통틀어 이르던 말. ( )

04 임금에게 옳지 못하거나 잘못된 일을 조언하는 벼슬아치. ( )

05 대대로 내려오는 그 집안의 사회적 신분이나 지위. ( )

06 백성이 그 지방에서 나는 특산물을 조정에 바치던 일. ( )

● 07~08 다음 빈칸에 들어갈 단어를 제시된 초성과 뜻을 참고하여 쓰시오.

평강왕의 어린 딸이 잘 울었으므로 왕이 놀리면서
"너는 항상 내 귀가 아프도록 울어 대니 커서 ㅅㄷㅂ 의 아내가 될 수는
없겠구나. 바보 온달에게나 시집보내야겠다."
라고 매번 말하였다.

– 작자 미상, 「온달전」 중에서

07 ㅅㄷㅂ : 벼슬이나 문벌이 높은 집안의 사람. ( )

말뚝이   아, 이 양반들 어찌 듣는지 모르갔소. 노론, 소론, 호조, 병조, 옥당을
다 지내고 ㅅㅈㅅ, 육판서 다 지내고 퇴로 재상으로 계신 이 생원네 삼
형제 분이 나오신다고 그리하였소.

양반들   (합창) 이 생원이라네. (굿거리장단으로 모두 춤을 춘다. 도령은 때때로
형들의 면상을 치며 논다. 끝까지 그런 행동을 한다.)

– 작자 미상, 「봉산 탈춤」 중에서

08 ㅅㅈㅅ : 영의정, 좌의정, 우의정을 아울러 이르는 말. ( )

• **09~11** 다음 설명에 맞는 글자를 골라 ①한글과 ②한자로 쓰시오.

| 意 | 新 | 刷 | 向 | 眞 | 意 |
|---|---|---|---|---|---|
| 뜻 의 | 새 신 | 인쇄할 쇄 | 향할 향 | 참 진 | 뜻 의 |

**09** 그릇된 것이나 묵은 것을 버리고 새롭게 함. (① ), (② )

**10** 마음이 끌리는 방향이나 어떤 일을 하려는 생각. (① ), (② )

**11** 속에 품고 있는 참뜻. (① ), (② )

• **12~14** 제시된 초성을 참고하여 다음 예문을 완성하시오.

**12** 그는 성공을 위해서라면 별의별 ㅅ ㅅ 를 다 쓰는 사람이다. ( )

어떤 목적을 달성하기 위해, 일을 꾸미는 교묘한 생각이나 방법.

**13** 마하트마 간디는 비폭력을 독립운동의 ㅅ ㅈ 로 삼았다. ( )

굳게 믿어 지키고 있는 생각.

**14** 학생들의 성향을 고려하여 역할을 ㅇ ㅂ 하는 것이 중요하다. ( )

알맞게 잘 배치하거나 처리함.

• **15~17** 보기 를 참고하여 내용에 맞는 사자성어를 완성하시오.

보기

| 기 | 신 | 명 | 자 | 양 | 당 |
|---|---|---|---|---|---|
| 응 | 가 | 임 | 입 | 착 | 변 |

**15** 그때그때의 사정에 알맞게 대처하는 능력. ( )

**16** 사회적으로 인정받고 유명해지는 것. ( )

**17** 한 사람의 말과 행동이 서로 앞뒤가 맞지 않고 모순됨. ( )

제1차시

# 국어 실력 확인 문제

※ **01~04** 다음 설명에 맞는 단어를 **보기** 에서 찾아 쓰시오.

**보기**

성상    제수    용안    용상

**01** 임금이 정무를 볼 때 앉는 자리.
(          )

**02** 추천의 절차를 밟지 않고 임금이 직접 벼슬을 내리던 일.
(          )

**03** 살아 있는 자기 나라의 임금을 높여 이르는 말.
(          )

**04** 임금의 얼굴을 높여 이르는 말.
(          )

※ **05~08** 다음 설명에 맞는 단어를 **보기** 에서 찾아 쓰시오.

**보기**

장계    간언    입번    환곡

**05** 봄에 곡식을 백성들에게 꾸어 주고 가을에 이자를 붙여 거두던 일.
(          )

**06** 지방에 파견된 관원이 임금에게 보고하는 글.
(          )

**07** 임금에게 옳지 못한 일을 고치도록 하는 말.
(          )

**08** 관리가 관청에 들어가 숙직하거나 근무하는 일을 이르던 말.
(          )

※ **09~12** 다음 설명에 맞는 단어를 **보기** 에서 찾아 쓰시오.

**보기**

엄포    연명    찬탈    판국

**09** 일이 벌어진 사태의 형편이나 국면.
(          )

**10** 왕위, 국가 주권 따위를 억지로 빼앗음.
(          )

**11** 목숨을 겨우 이어 살아감.
(          )

**12** 실속 없이 괜한 큰소리로 남을 위협함.
(          )

※ **13~16** 다음 설명을 읽고 초성에 맞는 단어를 쓰시오.

**13** 자기 혼자의 힘.
ㅈ ㄹ

**14** 어떤 일을 위해 필요한 물건이나 자세 등이 미리 갖추어지게 함.
ㅊ ㅂ

**15** 바람처럼 떠도는 소문.
ㅍ ㅁ

**16** 물체의 잘라 낸 면.
ㄷ ㅁ

**17** 걱정거리로 마음이 괴로워 잠을 이루지 못하는 상황을 뜻하는 사자성어는?

① 자중지란(自中之亂)    ② 전전반측(輾轉反側)
③ 전전긍긍(戰戰兢兢)    ④ 적수공권(赤手空拳)

**18** 나이가 젊어서 장래가 아주 유망함을 뜻하는 사자성어는?

① 정문일침(頂門一鍼)    ② 전정만리(前程萬里)
③ 전전반측(輾轉反側)    ④ 자중지란(自中之亂)

# 고전 소설 빈출 어휘로 국어 개념 잡기

**성상**
성인 聖 윗 上

살아 있는 자기 나라의 임금을 높여 이르는 말.

예 [　　] 께서 친히 시연을 베풀어 신하들을 위로하셨다.

**성의**
성인 聖 뜻 意

임금의 뜻.

예 임금의 [　　] 를 받들어 전승한 신하들에게 위로연이 베풀어졌다.

**제수**
덜 除 줄 授

추천의 절차를 밟지 않고 임금이 직접 벼슬을 내리던 일.

예 그의 학식과 인품에 감명을 받은 임금은 직접 관직을 [　　] 하였다.

**용안**
용 龍 낯 顔

임금의 얼굴을 높여 이르는 말.

예 왕의 인자스럽던 [　　] 은 금세 돌처럼 차갑게 변하였다.

**용상**
용 龍 평상 牀

임금이 정무를 볼 때 앉는 자리.

예 임금은 내신들의 부축을 받으며 [　　] 에 앉았다.

**윤음**
벼리 綸 소리 音

임금이 신하나 백성에게 내리는 말.

예 조선 시대에는 임금의 [　　] 을 모아 책으로 만들었다.

**장계**
형상 狀 열 啓

지방에 파견된 관원이 임금에게 보고하는 글.

예 임금에게 지방 관리의 횡포를 알리는 [　　] 가 올라왔다.

**간언**
간할 諫 말씀 言

웃어른이나 임금에게 옳지 못하거나 잘못된 일을 고치도록 하는 말.

예 조선 시대 사간원에서는 왕의 과오를 시정하도록 [　　] 을 하였다.

**입번**
들 入 차례 番

관리가 관청에 들어가 숙직하거나 근무하는 일을 이르던 말.

예 궁궐과 모든 관청에서는 [　　] 하는 관직자의 이름을 기록하였다.

**환곡**
돌아올 還 곡식 穀

봄에 곡식을 백성들에게 꾸어 주고 가을에 이자를 붙여 거두던 일.

예 계속된 흉년으로 지난해 꾸어다 먹은 [　　] 을 갚지 못하게 되었다.

# 교과서 필수 단어로 어휘력 키우기

| 엄포 | 실속 없이 괜한 큰소리로 남을 위협함. |
| --- | --- |
| | 예 회사 간부가 이번 일로 불이익을 당할 거라며 □□를 놓았다. |

| 연명<br>늘일 延 목숨 命 | 목숨을 겨우 이어 살아감. |
| --- | --- |
| | 예 흉년이 들자 농민들은 산나물을 캐어 하루하루 □□해 갔다. |

| 자력<br>스스로 自 힘 力 | 자기 혼자의 힘. |
| --- | --- |
| | 예 그는 누구의 도움을 받지 않고 □□으로 대학을 졸업했다. |

| 채비 | 어떤 일을 위해 필요한 물건이나 자세 등이 미리 갖추어지게 함. |
| --- | --- |
| | 예 지금부터 삼십 분 안에 여행을 떠날 □□를 끝내야 한다. |

| 책망<br>꾸짖을 責 바랄 望 | 잘못을 꾸짖거나 나무라며 못마땅하게 여김. |
| --- | --- |
| | 예 친구의 새 옷에 얼룩을 묻혀 친구에게 □□을 들었다. |

| 찬탈<br>빼앗을 簒 빼앗을 奪 | 왕위, 국가 주권 따위를 억지로 빼앗음. |
| --- | --- |
| | 예 그들은 왕위를 □□하기 위해 반란을 일으켰다. |

| 풍문<br>바람 風 들을 聞 | 바람처럼 떠도는 소문. |
| --- | --- |
| | 예 공개 연애 중인 연예인 커플이 올가을에 결혼한다는 □□이 나돌고 있다. |

| 이면<br>속 裏 낯 面 | • 물체의 뒤쪽 면.<br>• 겉으로 나타나거나 눈에 보이지 않는 부분. |
| --- | --- |
| | 예 성공한 인물의 □□에는 가족의 희생이 숨어 있기 마련이다. |

| 단면<br>끊을 斷 낯 面 | • 물체의 잘라 낸 면.<br>• 사물이나 사건의 여러 현상 가운데 한 부분적인 측면. |
| --- | --- |
| | 예 디지털 범죄는 병든 우리 사회의 □□을 보여 주고 있다. |

| 판국 | 일이 벌어진 사태의 형편이나 국면. |
| --- | --- |
| | 예 안에만 있으니 바깥 상황이 어찌 돌아가는 □□인지 알 수가 없다. |

# 사자성어로 어휘력 확장하기

※ 한자를 따라 쓰고 뜻과 음을 쓰세요.

## 자중지란

| 自 | 中 | 之 | 亂 |
|---|---|---|---|
| 스스로 | 가운데 | 갈 | 어지러울 |

| 自 | 中 | 之 | 亂 |
|---|---|---|---|
| 스스로 자 | 가운데 중 | 갈 지 | 어지러울 란 |

'같은 편 사이에서 일어나는 혼란'이라는 뜻으로, 원인이 내부에 있는 싸움이나 난리를 의미한다.

## 적수공권

| 赤 | 手 | 空 | 拳 |
|---|---|---|---|
| 붉을 | 손 | 빌 | 주먹 |

| 赤 | 手 | 空 | 拳 |
|---|---|---|---|

'붉은 손과 맨주먹'이라는 뜻으로, 아무것도 가진 것이 없음을 의미한다. 이때 '적수'는 맨몸으로 갓 태어난 아기의 손이 붉다는 것에서 유래된 표현이다.

## 전전긍긍

| 戰 | 戰 | 兢 | 兢 |
|---|---|---|---|
| 싸움 | 싸움 | 떨릴 | 떨릴 |

| 戰 | 戰 | 兢 | 兢 |
|---|---|---|---|

'몹시 두려워서 벌벌 떨며 조심한다.'라는 뜻으로, '전전(戰戰)'은 겁을 먹고 벌벌 떠는 것을, '긍긍(兢兢)'은 조심하여 몸을 움츠리는 것을 가리킨다. 자신의 잘못이 알려질까 봐 두려워하는 모습을 가리킬 때 주로 쓰인다.

## 전전반측

| 輾 | 轉 | 反 | 側 |
|---|---|---|---|
| 돌아누울 | 구를 | 돌이킬 | 곁 |

| 輾 | 轉 | 反 | 側 |
|---|---|---|---|

'이리 뒤척 저리 뒤척 한다.'라는 뜻으로, 걱정거리로 마음이 괴로워 잠을 이루지 못하는 상황에서 쓰인다.

## 전정만리

| 前 | 程 | 萬 | 里 |
|---|---|---|---|
| 앞 | 한도 | 일만 | 마을 |

| 前 | 程 | 萬 | 里 |
|---|---|---|---|

'앞길이 만 리'라는 뜻으로, 장래가 아주 유망한 젊은이를 가리키는 표현이다.

## 정문일침

| 頂 | 門 | 一 | 鍼 |
|---|---|---|---|
| 갑옷 | 논할 | 새 | 논박할 |

| 頂 | 門 | 一 | 鍼 |
|---|---|---|---|

'정수리에 침 하나를 꽂는다.'라는 뜻으로, 상대방으로 하여금 정신이 번쩍 들게 하는 따끔한 충고나 조언, 비판을 가리킨다.

25

# 실전 문제로 어휘력 완성하기

● **01~06** 다음 설명에 맞는 단어를 **보기** 에서 골라 쓰시오.

```
┌──────────────────── 보기 ────────────────────┐
    간언    환곡    장계    입번    용안    윤음
└──────────────────────────────────────────────┘
```

**01** 임금의 얼굴을 높여 이르는 말. ( )

**02** 임금이 신하나 백성에게 내리는 말. ( )

**03** 지방에 파견된 관원이 임금에게 보고하는 글. ( )

**04** 웃어른이나 임금에게 옳지 못하거나 잘못된 일을 고치도록 하는 말.
( )

**05** 관리가 관청에 들어가 숙직하거나 근무하는 일을 이르던 말.
( )

**06** 봄에 곡식을 백성들에게 꾸어 주고 가을에 이자를 붙여 거두던 일.
( )

● **07~08** 다음 빈칸에 들어갈 단어를 제시된 초성과 뜻을 참고하여 쓰시오.

> 왕이 그를 보내 주려 하는데 위평이 은밀히 눈짓하여 말렸다. 그래서 그를 수형승에 임명하였고, 얼마 뒤 벼슬을 올려 도수사자에 ㅈ ㅅ 하였다. 다시 발탁하여 태사령을 삼고, 나랏일의 대소를 막론하고 모두 그에게 물어본 뒤에 시행하였다.
>
> – 이규보, 「청강사자현부전」(수필) 중에서

**07** ㅈ ㅅ : 추천의 절차를 밟지 않고 임금이 직접 벼슬을 내리던 일.
( )

> 한담의 고함 소리에 명제도 넋을 잃고 ㅇ ㅅ 에서 떨어졌으나, 다급히 옥새를 품에 품고 말 한 필을 잡아타고 엎어지며 자빠지며 북문으로 빠져나와 변수가로 도망했다.
>
> – 작자 미상, 「유충렬전」 중에서

**08** ㅇ ㅅ : 임금이 정무를 볼 때 앉던 자리. ( )

● 09~11 다음 설명에 맞는 글자를 골라 ①한글과 ②한자로 쓰시오.

| 延 | 望 | 奪 | 責 | 簒 | 命 |
|---|---|---|---|---|---|
| 늘일 연 | 바랄 망 | 빼앗을 탈 | 꾸짖을 책 | 빼앗을 찬 | 목숨 명 |

09 목숨을 겨우 이어 살아감.  (①         ), (②          )

10 잘못을 꾸짖거나 나무라며 못마땅하게 여김.  (①         ), (②          )

11 왕위, 국가 주권 따위를 억지로 빼앗음.  (①         ), (②          )

● 12~14 제시된 초성을 참고하여 다음 예문을 완성하시오.

12 지주는 소작인을 땅에서 쫓아내고 말겠다는 ㅇ ㅍ 를 놓았다.  (        )
               실속 없이 괜한 큰소리로 남을 위협함.

13 그는 성인이 되자 ㅈ ㄹ 으로 생활하기 시작했다.  (        )
      자기 혼자의 힘.

14 그녀의 행동 ㅇ ㅁ 에는 다른 계산이 숨어 있었다.  (        )
      겉으로 나타나거나 눈에 보이지 않는 부분.

● 15~17 보기 를 참고하여 내용에 맞는 사자성어를 완성하세요.

보기

| 전 | 침 | 지 | 문 | 자 | 긍 |
|---|---|---|---|---|---|
| 중 | 긍 | 일 | 정 | 란 | 전 |

15 원인이 내부에 있는 싸움이나 난리.  (        )

16 자신의 잘못이 알려질까 봐 두려워하는 모습.  (        )

17 상대방의 정신이 번쩍 들게 하는 따끔한 충고나 조언, 비판.  (        )

## 국어 실력 확인 문제

제1차시

※ 01~04 다음 설명에 맞는 단어를 보기에서 찾아 쓰시오.

**보기**

국문    문초    변방    병법

**01** 나라의 경계가 되는 변두리 지역.
(          )

**02** 죄나 잘못을 따져 묻거나 심문함.
(          )

**03** 군사를 지휘하여 전쟁하는 방법.
(          )

**04** 역적과 같은 중죄인을 신문하는 일.
(          )

※ 05~08 다음 설명에 맞는 단어를 보기에서 찾아 쓰시오.

**보기**

나졸    옥졸    품계    수문장

**05** 각 궁궐이나 성의 문을 지키던 무관 벼슬.
(          )

**06** 관할 구역을 순찰하고 죄인을 잡아들이던 하급 병졸.
(          )

**07** 조선 시대, 벼슬자리를 18단계로 나눈 등급.
(          )

**08** 옥에 갇힌 사람을 맡아 지키던 사람.
(          )

※ 09~12 다음 설명에 맞는 단어를 보기에서 찾아 쓰시오.

**보기**

전례    증진    조예    회귀

**09** 기운이나 세력 따위가 점점 더 늘어 가고 나아감.
(          )

**10** 본래의 자리로 돌아오거나 돌아감.
(          )

**11** 이전부터 있었던 사례.    (          )

**12** 학문이나 예술, 기술 등에 대한 지식이나 경험이 깊은 경지에 이른 정도.    (          )

※ 13~16 다음 설명을 읽고 초성에 맞는 단어를 쓰시오.

**13** 자신의 잘못을 깊이 뉘우치고 자신을 책망함.
ㅈ ㅊ □ □

**14** 아주 가까운 거리.    ㅈ ㅊ □ □

**15** 어떤 일이 일어날 것 같은 낌새.    ㅈ ㅎ □ □

**16** 어떤 사물을 실제와 다르게 보게 되는 시각적인 착각 현상.
ㅊ ㅅ □ □

**17** 생각하지 않고 함부로 주절대는 것을 뜻하는 사자성어는?

① 조령모개(朝令暮改)　　② 주마가편(走馬加鞭)
③ 좌고우면(左顧右眄)　　④ 중언부언(重言復言)

**18** 체계가 잡히지 않은 상황이나 무질서한 행동을 뜻하는 사자성어는?

① 지록위마(指鹿爲馬)　　② 지리멸렬(支離滅裂)
③ 중언부언(重言復言)　　④ 주마가편(走馬加鞭)

# 고전 소설 **빈출 어휘로** 국어 개념 **잡기**

| | |
|---|---|
| **국문**<br>공 鞫 물을 問 | 역적과 같은 중죄인을 신문하는 일.<br>예 그는 역적으로 몰려 의금부로 끌려가 [ ][ ]을 당하였다. |
| **문초**<br>물을 問 부를 招 | 죄나 잘못을 따져 묻거나 심문함.<br>예 붙잡힌 병사는 호된 [ ][ ]를 받으면서도 끝내 입을 열지 않았다. |
| **나졸**<br>순라 邏 마칠 卒 | 관할 구역을 순찰하고 죄인을 잡아들이던 하급 병졸.<br>예 사또의 호령이 떨어지자 [ ][ ]들이 죄인들을 끌고 나갔다. |
| **옥졸**<br>옥 獄 마칠 卒 | 옥에 갇힌 사람을 맡아 지키던 사람.<br>예 [ ][ ]들은 죄인을 감옥 밖으로 끌어내어 현감 앞에 꿇어앉혔다. |
| **변방**<br>가 邊 모 方 | 나라의 경계가 되는 변두리 지역.<br>예 오랑캐의 침입을 막고자 [ ][ ]의 둘레에 장성을 쌓기 시작하였다. |
| **병법**<br>병사 兵 법 法 | 군사를 지휘하여 전쟁하는 방법.<br>예 충무공은 뛰어난 [ ][ ]으로 여러 해전에서 왜적을 크게 무찔렀다. |
| **품계**<br>물건 品 섬돌 階 | 조선 시대, 벼슬자리에 매기던 등급으로 18단계로 나뉘었다.<br>예 정삼품은 조선 시대의 [ ][ ] 중에서 다섯 번째 등급이다. |
| **회군**<br>돌아올 回 군사 軍 | 군사를 돌이켜 돌아가거나 돌아옴.<br>예 적의 계략에 속은 것을 깨달은 장군은 부하들에게 [ ][ ]을 명하였다. |
| **수문장**<br>지킬 守 문 門 장수 將 | 각 궁궐이나 성의 문을 지키던 무관 벼슬.<br>예 [ ][ ][ ] 교대 의식을 통해 조선 시대의 왕실 문화를 알 수 있다. |
| **어사화**<br>거느릴 御 줄 賜 꽃 花 | 과거에 급제한 사람에게 임금이 하사하던 종이로 만든 꽃.<br>예 암행어사는 마패를 차고 [ ][ ][ ]를 쓰고 관아로 나섰다. |

# 교과서 필수 단어로 어휘력 키우기

**자책**
스스로 自 꾸짖을 責

자신의 결함이나 잘못에 대하여 스스로 깊이 뉘우치고 자신을 책망함.

예 모둠 활동에서 내가 한 실수로 점수가 깎여 [　][　]이 들었다.

---

**전례**
앞 前 법식 例

이전부터 있었던 사례.

예 남쪽 지역에 내린 [　][　] 없는 폭설로 많은 피해가 예상된다.

---

**정립**
바를 正 설 立

바로 섬. 또는 바로 세움.

예 젊은 세대에 만연한 왜곡된 역사관의 [　][　]이 시급하다.

---

**증진**
더할 增 나아갈 進

기운이나 세력 따위가 점점 더 늘어 가고 나아감.

예 이번 정상회담의 주제는 양국 간의 군사 협력과 우호 [　][　]이었다.

---

**조예**
지을 造 이를 詣

학문이나 예술, 기술 등에 대한 지식이나 경험이 깊은 경지에 이른 정도.

예 그녀는 미술사뿐만 아니라 클래식에도 상당히 [　][　]가 깊다.

---

**지척**
여덟 치 咫 자 尺

아주 가까운 거리.

예 고향을 [　][　]에 두고도 갈 수 없는 실향민들의 아픔이 느껴졌다.

---

**회귀**
돌아올 回 돌아갈 歸

본래의 자리로 돌아오거나 돌아감.

예 자유가 없는 과거로의 [　][　]는 바람직하지 않다.

---

**중재**
버금 仲 마를 裁

제삼자가 분쟁 당사자들 사이에서 화해를 모색하는 일.

예 노사 간의 갈등이 심해지자 노동부가 [　][　]에 나섰다.

---

**징후**
부를 徵 기후 候

어떤 일이 일어날 것 같은 낌새.

예 일기 예보와 달리 태풍의 [　][　]는 보이지 않았다.

---

**착시**
어긋날 錯 볼 視

어떤 사물을 실제와 다르게 보게 되는 시각적인 착각 현상.

예 도깨비 도로에서는 오르막길이 내리막길로 보이는 [　][　] 현상이 나타난다.

# 사자성어로 어휘력 확장하기

※ 한자를 따라 쓰고 뜻과 음을 쓰세요.

## 조령모개

| 朝 | 令 | 暮 | 改 |
|---|---|---|---|
| 아침 | 하여금 | 저물 | 고칠 |

| 朝 | 令 | 暮 | 改 |
|---|---|---|---|
| 아침 조 | 하여금 령 | 저물 모 | 고칠 개 |

'아침에 명령을 내리고서 저녁에 다시 바꾼다.'라는 뜻으로, 일관성 없는 정책이나 방침을 빗댄 표현이다.

## 좌고우면

| 左 | 顧 | 右 | 眄 |
|---|---|---|---|
| 왼 | 돌아볼 | 오른쪽 | 곁눈질할 |

| 左 | 顧 | 右 | 眄 |
|---|---|---|---|

'왼쪽을 둘러보고 오른쪽을 곁눈질해 살핀다.'라는 뜻으로, 이쪽저쪽 눈치를 살피고 이것저것 생각하면서 망설이는 태도를 비유하는 말이다.

## 주마가편

| 走 | 馬 | 加 | 鞭 |
|---|---|---|---|
| 달릴 | 말 | 더할 | 채찍 |

| 走 | 馬 | 加 | 鞭 |
|---|---|---|---|

'달리는 말에 채찍질한다.'라는 뜻으로, 잘하는 사람을 더욱 열심히 하도록 권장할 때 사용한다.

## 중언부언

| 重 | 言 | 復 | 言 |
|---|---|---|---|
| 무거울 | 말씀 | 회복할 | 말씀 |

| 重 | 言 | 復 | 言 |
|---|---|---|---|

'같은 말을 계속 되풀이한다.'라는 뜻으로, 이미 한 말을 자꾸 반복해서 말하거나 생각하지 않고 함부로 주절대는 것을 말한다.

## 지록위마

| 指 | 鹿 | 爲 | 馬 |
|---|---|---|---|
| 가리킬 | 사슴 | 할 | 말 |

| 指 | 鹿 | 爲 | 馬 |
|---|---|---|---|

'사슴을 가리켜 말이라고 한다.'라는 뜻으로, 윗사람을 농락하여 권력을 휘두르는 경우를 말한다. 중국 진(秦)나라의 실권자였던 승상 조고가 자신의 권세를 시험하고자, 허울뿐인 황제 호해 앞에서 사슴을 '말'이라고 한 고사에서 유래한다.

## 지리멸렬

| 支 | 離 | 滅 | 裂 |
|---|---|---|---|
| 지탱할 | 떠날 | 꺼질 | 찢을 |

| 支 | 離 | 滅 | 裂 |
|---|---|---|---|

'이리저리 흩어지고 찢기어 갈피를 잡을 수 없다.'라는 뜻으로, 체계가 잡히지 않은 상황이나 무질서한 행동을 일컫는다.

# 실전 문제로 어휘력 완성하기

● 01~06 다음 설명에 맞는 단어를 보기 에서 골라 쓰시오.

보기

| 병법 | 회군 | 품계 | 옥졸 | 나졸 | 국문 |

01 역적과 같은 중죄인을 신문하는 일.                    (            )

02 관할 구역을 순찰하고 죄인을 잡아들이던 하급 병졸.       (            )

03 옥에 갇힌 사람을 맡아 지키던 사람.                  (            )

04 군사를 지휘하여 전쟁하는 방법.                    (            )

05 조선 시대에 벼슬자리를 매기던 18단계의 등급.          (            )

06 군사를 돌이켜 돌아가거나 돌아옴.                   (            )

● 07~08 다음 빈칸에 들어갈 단어를 제시된 초성과 뜻을 참고하여 쓰시오.

> 그때에 집정자 중에는 경제 문제를 잘 아는 이가 있었다. 그는 ㅂㅂ 을 막는 정책을 세우려 했다. 이에 방이 한 일을 미워하는 자들이 그를 위해 말을 거들었다. 위에서 그 사룀을 들어 방이 드디어 쫓겨나게 되었다.
>
> – 임춘, 「공방전(孔方傳)」(수필) 중에서

07 ㅂ ㅂ : 나라의 경계가 되는 변두리 지역.             (            )

> 숙영이 크게 놀라 안색이 변하였으나 이내 곧 마음을 가라앉히고 태연하게 말하였다.
> "밤이 되면 늘 잠을 설치는 춘앵이와 동춘이 남매를 데리고 매월이와 얘기를 나누며 지내었사오나, 외간 남자가 어찌 제 방에 와서 이야기를 하겠나이까? 저로서는 정말 천만 뜻밖의 말씀이옵니다."
> 백공은 더 이상 물을 수가 없어서 며느리를 돌려보내고, 시녀 매월이를 불러 엄하게 ㅁㅊ 했다.
>
> – 작자 미상, 「숙영낭자전」 중에서

08 ㅁ ㅊ : 죄나 잘못을 따져 묻거나 심문함.             (            )

● **09~11** 다음 설명에 맞는 글자를 골라 ①한글과 ②한자로 쓰시오.

| 造 | 例 | 增 | 詣 | 前 | 進 |
|---|---|---|---|---|---|
| 지을 조 | 법식 례 | 더할 증 | 이를 예 | 앞 전 | 나아갈 진 |

**09** 이전부터 있었던 사례.　　　　　　　　　　　　　　　　(①　　　　　　　　), (②　　　　　　　　)

**10** 기운이나 세력 따위가 점점 더 늘어 가고 나아감.　　　　　(①　　　　　　　　), (②　　　　　　　　)

**11** 학문, 예술, 기술 등에 대한 지식이나 경험이 깊은 경지에 이른 정도.
　　　　　　　　　　　　　　　　　　　　　　　　　　　　(①　　　　　　　　), (②　　　　　　　　)


● **12~14** 제시된 초성을 참고하여 다음 예문을 완성하시오.

**12** 그는 아이에게 너무 소홀했던 자신을 ㅈ ㅊ 하며 괴로워했다.　　　　　　(　　　　　　　)
　　　자신의 잘못을 스스로 깊이 뉘우치고 자신을 책망함.

**13** 두 선수는 국제 올림픽 위원회에 ㅈ ㅈ 를 요청하였다.　　　　　　　　(　　　　　　　)
　　　제삼자가 분쟁 당사자들 사이에서 화해를 모색하는 일.

**14** 현재 질병을 의심할만한 뚜렷한 ㅈ ㅎ 는 보이지 않는다.　　　　　　　(　　　　　　　)
　　　어떤 일이 일어날 것 같은 낌새.


● **15~17** 보기를 참고하여 내용에 맞는 사자성어를 완성하세요.

보기

| 고 | 편 | 면 | 주 | 우 | 지 |
|---|---|---|---|---|---|
| 록 | 마 | 좌 | 마 | 위 | 가 |

**15** 이것저것 생각하면서 망설이는 태도.　　　　　　　　　　(　　　　　　　)

**16** 잘하는 사람을 더욱 열심히 하도록 권장함.　　　　　　　(　　　　　　　)

**17** 윗사람을 농락하여 권력을 휘두름.　　　　　　　　　　(　　　　　　　)

## 국어 실력 확인 문제

제1차시

※ 01~04 다음 뜻에 맞는 단어를 보기에서 찾아 쓰시오.

보기

| 공양 | 명부 | 윤회 | 진언 |

**01** 죽어도 다시 태어나 생이 반복된다고 하는 불교 사상. (          )

**02** 윗사람에게 자기의 의견을 말함.
(          )

**03** 부처 앞에 음식물이나 재물 등을 바침.
(          )

**04** 어떤 일에 관련된 사람의 이름, 주소, 직업 따위를 적어 놓은 장부. (          )

※ 05~08 다음 설명에 맞는 단어를 보기에서 찾아 쓰시오.

보기

| 간계 | 천상 | 환신 | 횡액 |

**05** 뜻밖에 닥쳐오는 불행. (          )

**06** 허망하고 덧없는 몸이라는 뜻. (          )

**07** 하늘 위의 세계. (          )

**08** 간사한 꾀. (          )

※ 09~12 다음 설명에 맞는 단어를 보기에서 찾아 쓰시오.

보기

| 지양 | 지향 | 절호 | 휴면 |

**09** 쉬면서 거의 아무런 활동도 하지 아니함.
(          )

**10** 작정하거나 목표한 방향으로 나아감.
(          )

**11** 무엇을 하기에 기회나 시기 따위가 더할 수 없이 좋음. (          )

**12** 더 발전된 단계로 나아가기 위하여 어떤 것을 하지 않음. (          )

※ 13~16 다음 설명을 읽고 초성에 맞는 단어를 쓰시오.

**13** 계획이나 방책을 세워 결정함.     ㅊ ㅈ □□

**14** 어떤 일이 발전하여 나아감.     ㅈ ㅈ □□

**15** 혹독하게 일을 시킴.     ㅎ ㅅ □□

**16** 어느 한도에 차고 남은 부분.     ㅇ ㅂ □□

**17** 아무리 지혜로운 사람도 잘못된 생각을 할 수 있다는 뜻의 사자성어는?

① 지성감천(至誠感天)     ② 천우신조(天佑神助)
③ 천려일실(千慮一失)     ④ 천의무봉(天衣無縫)

**18** 좀처럼 만나기 어려운 좋은 기회를 뜻하는 사자성어는?

① 천재일우(千載一遇)     ② 추풍낙엽(秋風落葉)
③ 천의무봉(天衣無縫)     ④ 천려일실(千慮一失)

# 고전 소설 빈출 어휘로 국어 개념 잡기

| | |
|---|---|
| **간계**<br>간사할 奸 셀 計 | 간사한 꾀.<br>예 조선 수군을 속이기 위해 왜군은 ☐☐를 꾸미고 있었다. |
| **공양**<br>이바지할 供 기를 養 | 부처 앞에 음식물이나 재물 등을 바침.<br>예 동지에는 팥죽을 끓여 부처님에게 ☐☐을 바치는 풍습이 있다. |
| **명부**<br>이름 名 문서 簿 | 어떤 일에 관련된 사람의 이름, 주소, 직업 따위를 적어 놓은 장부.<br>예 관리자는 ☐☐에서 그의 이름을 찾았다. |
| **윤회**<br>바퀴 輪 돌 廻 | 생명이 있는 것은 죽어도 다시 태어나 생이 반복된다고 하는 불교 사상.<br>예 불교에서는 인간이 죽으면 영혼이 끊임없이 ☐☐한다고 한다. |
| **진언**<br>나아갈 進 말씀 言 | 윗사람에게 자기의 의견을 말함.<br>예 왕은 신하의 ☐☐을 받아들여 백성들에게 구휼미를 배포하였다. |
| **천명**<br>하늘 天 목숨 命 | 하늘의 명령.<br>예 고대 국가에서는 지도자가 ☐☐을 받아 나라를 다스린다고 여겼다. |
| **천상**<br>하늘 天 윗 上 | 하늘 위의 세계.<br>예 그녀는 마치 ☐☐에서 내려온 선녀처럼 아름다운 모습이었다. |
| **천행**<br>하늘 天 다행 幸 | 하늘이 준 큰 행운.<br>예 그는 포로로 잡혔다가 ☐☐으로 도망쳐 고향으로 돌아왔다. |
| **환신**<br>헛보일 幻 몸 身 | '허망하고 덧없는 몸'이라는 뜻으로, 사람의 몸을 비유적으로 이르는 말.<br>예 「이생규장전」은 죽은 아내의 ☐☐과 사랑을 나누는 내용이다. |
| **횡액**<br>가로 橫 액 厄 | 뜻밖에 닥쳐오는 불행.<br>예 산신령을 노하게 하면 ☐☐을 당한다는 이야기가 전해진다. |

# 교과서 필수 단어로 어휘력 키우기

| | |
|---|---|
| **지양**<br>그칠 止 날릴 揚 | 더 발전된 단계로 나아가기 위하여 어떤 것을 하지 않음.<br>例 미래 교육은 획일적 사고를 〔　　　〕하고 다양성을 인정해야 한다. |
| **지향**<br>뜻 志 향할 向 | 작정하거나 목표한 방향으로 나아감.<br>例 입시 교육보다 인성 교육을 〔　　　〕하는 교육 정책이 필요하다. |
| **진전**<br>나아갈 進 펼 展 | 어떤 일이 발전하여 나아감.<br>例 새로운 인력의 투입으로 작업에 빠른 〔　　　〕을 보이고 있다. |
| **질감**<br>바탕 質 느낄 感 | 재료가 가지는 성질의 차이에 따라 달리 느껴지는 독특한 느낌.<br>例 그 탁자는 천연 나무의 〔　　　〕이 그대로 느껴졌다. |
| **혹사**<br>심할 酷 하여금 使 | 혹독하게 일을 시킴.<br>例 관광 상품으로 〔　　　〕를 당하던 코끼리가 자유를 되찾았다. |
| **참상**<br>참혹할 慘 형상 狀 | 비참하고 끔찍한 상태나 상황.<br>例 폐허가 된 도시의 모습은 전쟁의 〔　　　〕을 고스란히 보여 준다. |
| **책정**<br>꾀 策 정할 定 | 계획이나 방책을 세워 결정함.<br>例 소비자들의 불신을 해소하기 위해 공정하게 수리비를 〔　　　〕하였다. |
| **절호**<br>끊을 絕 좋을 好 | 무엇을 하기에 기회나 시기 따위가 더할 수 없이 좋음.<br>例 득점을 할 수 있는 〔　　　〕의 기회가 찾아왔다. |
| **여분**<br>남을 餘 나눌 分 | 어느 한도에 차고 남은 부분.<br>例 여행 기간 내내 날씨가 좋지 않으니 〔　　　〕의 옷을 준비하는 게 좋겠다. |
| **휴면**<br>쉴 休 잘 眠 | • 쉬면서 거의 아무런 활동도 하지 아니함.<br>• 동식물이 생활 기능을 활발히 하지 않거나 성장을 멈추는 일.<br>例 인터넷 계정을 사용하지 않아 〔　　　〕 상태로 바뀌었다. |

# 사자성어로 어휘력 확장하기

※ 한자를 따라 쓰고 뜻과 음을 쓰세요.

### 지성감천

| 至 | 誠 | 感 | 天 |
|---|---|---|---|
| 이를 | 정성 | 느낄 | 하늘 |

| 至 | 誠 | 感 | 天 |
|---|---|---|---|
| 이를 지 | 정성 성 | 느낄 감 | 하늘 천 |

'지극한 정성에 하늘이 감동한다.'라는 뜻으로, 어떤 일이든지 정성을 다하면 좋은 결과를 얻을 수 있다는 말이다.

### 천려일실

| 千 | 慮 | 一 | 失 |
|---|---|---|---|
| 일천 | 생각할 | 한 | 잃을 |

| 千 | 慮 | 一 | 失 |
|---|---|---|---|

'천 가지 생각 가운데 한 가지 실책'이라는 뜻으로, 아무리 지혜로운 사람도 많은 생각을 하다 보면 잘못을 저지를 수 있다는 의미이다.

### 천우신조

| 天 | 佑 | 神 | 助 |
|---|---|---|---|
| 하늘 | 도울 | 귀신 | 도울 |

| 天 | 佑 | 神 | 助 |
|---|---|---|---|

'하늘이 돕고 신(神)이 돕는다.'라는 뜻으로, 도저히 이루어질 수 없다고 여긴 일이 성공하거나 힘든 상황에서 극적으로 벗어난 경우를 가리킨다.

### 천의무봉

| 天 | 衣 | 無 | 縫 |
|---|---|---|---|
| 하늘 | 옷 | 없을 | 꿰맬 |

| 天 | 衣 | 無 | 縫 |
|---|---|---|---|

'하늘나라 옷에는 바느질한 흔적이 없다.'라는 뜻으로, 일부러 꾸민 데 없이 자연스럽고 완벽에 가깝게 아름다운 대상이나 작품을 일컫는 표현이다.

### 천재일우

| 千 | 載 | 一 | 遇 |
|---|---|---|---|
| 일천 | 실을 | 한 | 만날 |

| 千 | 載 | 一 | 遇 |
|---|---|---|---|

'천 년에 한 번 만난다.'라는 뜻으로, 살면서 좀처럼 만나기 어려운 좋은 기회를 의미한다.

### 추풍낙엽

| 秋 | 風 | 落 | 葉 |
|---|---|---|---|
| 가을 | 바람 | 떨어질 | 잎 |

| 秋 | 風 | 落 | 葉 |
|---|---|---|---|

'가을바람에 떨어지는 낙엽'이라는 뜻으로, 어떤 세력이 갑자기 기울어지는 모양, 또는 한데 모여 있던 것이 사방으로 흩어지는 모양을 비유적으로 이르는 말이다.

# 실전 문제로 어휘력 완성하기

● **01~06** 다음 설명에 맞는 단어를 보기 에서 골라 쓰시오.

보기

천상    횡액    환신    공양    진언    명부

**01** 부처 앞에 음식물이나 재물 등을 바침.                          (                    )

**02** 어떤 일에 관련된 사람의 이름, 주소, 직업 따위를 적어 놓은 장부.
                                                                (                    )

**03** 윗사람에게 자기의 의견을 말함.                               (                    )

**04** 하늘 위의 세계.                                            (                    )

**05** 허망하고 덧없는 몸이라는 뜻으로, 사람의 몸을 비유적으로 이르는 말.
                                                                (                    )

**06** 뜻밖에 닥쳐오는 불행.                                        (                    )

● **07~08** 다음 빈칸에 들어갈 단어를 제시된 초성과 뜻을 참고하여 쓰시오.

    매월은 목숨이 아까워서 밤낮으로 아씨 방을 지켰으나, 외간 남자는 씨도 안
보이니, 없는 도적을 어떻게 잡을 수가 있겠는가? 백공의 엄명은 괜히 매월로
하여금 ㄱ ㄱ 를 꾸미게 하는 기회를 만들어 주었다.

                                                    – 작자 미상, 「숙영낭자전」 중에서

**07** ㄱ ㄱ : 간사한 꾀.                              (                    )

    성진이 머리를 조아리고 눈물을 흘리며 하는 말이,
    "성진이 이미 깨달았나이다. 제자가 불초하여 생각을 그릇되게 하여 죄를 지
었으니 마땅히 인간 세상에서 ㅇ ㅎ 하는 벌을 받아야 하거늘, 사부께서 자비
하시어 하룻밤 꿈으로 제자의 마음을 깨닫게 하시니 사부의 은혜는 천만 겁이
지나도 갚기 어렵나이다."

                                                    – 김만중, 「구운몽」 중에서

**08** ㅇ ㅎ : 죽어도 다시 태어나 생이 반복된다는 불교 사상.
                                                                (                    )

● **09~11** 다음 설명에 맞는 글자를 골라 ①한글과 ②한자로 쓰시오.

| 志 | 揚 | 止 | 好 | 絶 | 向 |
|---|---|---|---|---|---|
| 뜻 지 | 날릴 양 | 그칠 지 | 좋을 호 | 끊을 절 | 향할 향 |

**09** 더 발전된 단계로 나아가기 위하여 어떤 것을 하지 않음.　　(① 　　　　　), (② 　　　　　)

**10** 작정하거나 목표한 방향으로 나아감.　　(① 　　　　　), (② 　　　　　)

**11** 무엇을 하기에 기회나 시기 따위가 더할 수 없이 좋음.　　(① 　　　　　), (② 　　　　　)


● **12~14** 제시된 초성을 참고하여 다음 예문을 완성하시오.

**12** 나이가 어릴수록 부드러운 　ㅈ　ㄱ　의 옷감을 선호한다.　　( 　　　　　)
　　　　　재료가 가지는 성질의 차이에 따라 달리 느껴지는 독특한 느낌.

**13** 눈을 지나치게 　ㅎ　ㅅ　한 탓에 아이들의 시력이 급속히 나빠지고 있다.　　( 　　　　　)
　　　　혹독하게 일을 시킴.

**14** 기아에 허덕이는 아프리카의 　ㅊ　ㅅ　은 우리의 상상을 뛰어넘었다.　　( 　　　　　)
　　　　　참하고 끔찍한 상태나 상황.


● **15~17** [보기]를 참고하여 내용에 맞는 사자성어를 완성하시오.

[보기]

| 천 | 풍 | 지 | 추 | 우 | 감 |
|---|---|---|---|---|---|
| 성 | 조 | 천 | 엽 | 낙 | 신 |

**15** 어떤 일이든지 정성을 다하면 좋은 결과를 얻을 수 있음.　　( 　　　　　)

**16** 힘든 상황에서 극적으로 벗어난 경우를 의미함.　　( 　　　　　)

**17** 어떤 세력이 갑자기 기울어지거나 한데 모여 있던 것이 사방으로 흩어지는 모양.　　( 　　　　　)

## 국어 실력 확인 문제

제1차시

※ **01~04** 다음 설명에 맞는 단어를 보기 에서 찾아 쓰시오.

**보기**

| 망연히 | 분연히 | 표연히 | 언연히 |

**01** 모든 것을 떨치고 얽매인 것 없이 매우 가볍게.
( )

**02** 성을 벌컥 내며 분해하는 기색으로.
( )

**03** 아무 생각이 없이 멍한 태도로.
( )

**04** 거드름을 피우며 거만하게. ( )

※ **05~08** 다음 설명에 맞는 단어를 보기 에서 찾아 쓰시오.

**보기**

| 대저 | 응당 | 숫제 | 필시 |

**05** 아마도 틀림없이. ( )

**06** 처음부터 차라리. ( )

**07** 이치로 보아 그렇게 하거나 되는 것이 옳게.
( )

**08** 대체로 보아서. 무릇. ( )

※ **09~12** 다음 설명에 맞는 단어를 보기 에서 찾아 쓰시오.

**보기**

| 선동적 | 비약적 | 미온적 | 보편적 |

**09** 모든 것에 두루 미치거나 통하는 것.
( )

**10** 어떤 일에 적극성이 없고 미지근하게 대응하는 것.
( )

**11** 남을 부추겨 어떤 일이나 행동을 하게 하는 것.
( )

**12** 지위나 수준이 갑자기 빠른 속도로 향상되는 것.
( )

※ **13~16** 다음 설명을 읽고 초성에 맞는 단어를 쓰시오.

**13** 오래되어 바로잡기 어려운 것.

ㄱ ㅈ | | 적

**14** 변화나 발전의 속도가 급하게 이루어지는 것.

ㄱ ㅈ | | 적

**15** 곧바로 가지 않고 멀리 돌아서 가는 것.

ㅇ ㅎ | | 적

**16** 온 나라에서 국민이 모두 하는 것.

ㄱ ㄱ | | 적

**17** 부모에게 효도하려고 생각할 때는 이미 돌아가셔서 그 뜻을 이룰 수 없음을 한탄하는 사자성어는?

① 풍수지탄(風樹之歎)   ② 한단지몽(邯鄲之夢)
③ 함포고복(含哺鼓腹)   ④ 허장성세(虛張聲勢)

**18** 사물과 한 몸이 되는 물아일체의 경지에 이름을 뜻하는 사자성어는?

① 호가호위(狐假虎威)   ② 호접지몽(胡蝶之夢)
③ 한단지몽(邯鄲之夢)   ④ 풍수지탄(風樹之歎)

# 고전 소설 빈출 어휘로 국어 개념 잡기

| **가상히** 아름다울 嘉 오히려 尚 | 사람이나 그 마음, 행동이 착하고 기특하게. |
| 예 임금께서 그 백성의 정성을 [　][　] 여겨 큰 상을 내리셨다. |

| **대저** 클 大 막을 抵 | 대체로 보아서. 무릇. |
| 예 [　][　] 혼인이란 개인 간의 결합이면서 두 집안 간의 만남이다. |

| **망연히** 아득할 茫 그럴 然 | 아무 생각 없이 멍한 태도로. |
| 예 대감은 [　][　] 서 있다가 인기척에 놀라 돌아보았다. |

| **분연히** 분할 憤 그럴 然 | 성을 벌컥 내며 분해하는 기색으로. |
| 예 소식을 들은 대왕대비는 [　][　] 역정을 내었다. |

| **응당** 응할 應 마땅 當 | 이치로 보아 그렇게 하거나 되는 것이 옳게. |
| 예 사람으로 태어났으면 [　][　] 동물보다는 도덕적으로 살아야 한다. |

| **숫제** | 처음부터 차라리. |
| 예 그렇게 하다가 말 것이라면 [　][　] 안 하는 편이 나았다. |

| **연이나** | '그러하나', '그러나'의 고풍스러운 표현. |
| 예 아버님께서는 출타하시지 않겠다고 하셨네. [　][　] 채비를 하는 것이 좋겠네. |

| **표연히** 나부낄 飄 그럴 然 | 모든 것을 떨쳐 버려 얽매인 것 없이 매우 가볍게. |
| 예 그렇게 한 보름 지난 뒤 그는 [　][　] 종적을 감추었다. |

| **필시** 반드시 必 이 是 | 아마도 틀림없이. |
| 예 눈에 발자국이 없으니 [　][　] 이 길로 가진 않았으리라. |

| **언연히** 나부낄 偃 그럴 然 | 거드름을 피우며 거만하게. |
| 예 그는 고개를 빳빳이 세우고 [　][　] 앉아 있었다. |

# 교과서 필수 단어로 어휘력 키우기

| 거국적 | 온 나라에서 국민이 모두 하는 것. |
| --- | --- |
| 들 擧 나라 國 | 예 식목일을 맞아 나무 심기 운동이 [    ][    ][    ]으로 전개되었다. |

| 고질적 | 오래되어 바로잡기 어려운 것. |
| --- | --- |
| 고질 痼 병 疾 | 예 이 도로는 [    ][    ][    ]인 교통 체증으로 악명 높은 구간이다. |

| 급진적 | 변화나 발전의 속도가 급하게 이루어지는 것. |
| --- | --- |
| 급할 急 나아갈 進 | 예 [    ][    ][    ] 성향의 학자들을 중심으로 개혁 정책이 펼쳐졌다. |

| 물리적 | 신체와 관련되어 있거나 신체를 써서 폭력을 행사하는 것. |
| --- | --- |
| 물건 物 다스릴 理 | 예 시위대의 [    ][    ][    ] 충돌을 대비해 경찰이 투입되었다. |

| 미온적 | 어떤 일에 대해 적극성이 없고 미적지근하게 대응하는 것. |
| --- | --- |
| 작을 微 따뜻할 溫 | 예 많은 기업이 친환경 제품 개발에 [    ][    ][    ]인 태도를 보인다. |

| 보편적 | 모든 것에 두루 미치거나 통하는 것. |
| --- | --- |
| 넓을 普 두루 遍 | 예 빈부 격차는 세계 어느 나라에서나 볼 수 있는 [    ][    ][    ]인 현상이다. |

| 비약적 | 지위나 수준 따위가 갑자기 빠른 속도로 높아지거나 향상되는 것. |
| --- | --- |
| 날 飛 뛸 躍 | 예 우리나라 반도체 산업은 짧은 기간에 [    ][    ][    ]인 발전을 이루었다. |

| 선동적 | 남을 부추겨 어떤 일이나 행동을 하게 하는 것. |
| --- | --- |
| 부채질할 煽 움직일 動 | 예 집회 참가자들은 [    ][    ][    ]인 구호를 외치며 거리 시위에 나섰다. |

| 암묵적 | 자기의 생각이나 의사를 겉으로 드러내지 않는 것. |
| --- | --- |
| 어두울 暗 잠잠할 默 | 예 계약 기간이 지나도 아무런 말이 없다면 [    ][    ][    ] 합의로 간주한다. |

| 우회적 | 곧바로 가지 않고 멀리 돌아서 가는 것. |
| --- | --- |
| 에돌 迂 돌 廻 | 예 그녀는 그가 상처를 덜 받도록 애정 고백에 대한 거절 의사를 [    ][    ][    ]으로 밝혔다. |

# 사자성어로 어휘력 확장하기

※ 한자를 따라 쓰고 뜻과 음을 쓰세요.

## 풍수지탄

| 風 | 樹 | 之 | 歎 |
|---|---|---|---|
| 바람 | 나무 | 갈 | 탄식할 |

| 風 | 樹 | 之 | 歎 |
|---|---|---|---|
| 바람 풍 | 나무 수 | 갈 지 | 탄식할 탄 |

'바람과 나무의 탄식'이라는 뜻으로, 자녀가 효도하려 마음먹어도 부모가 이미 돌아가셔서 그 뜻을 이룰 수 없음을 한탄하는 경우를 말한다.

## 한단지몽

| 邯 | 鄲 | 之 | 夢 |
|---|---|---|---|
| 땅 이름 | 나라 이름 | 갈 | 꿈 |

| 邯 | 鄲 | 之 | 夢 |
|---|---|---|---|

'한단에서 꾼 꿈'이라는 뜻으로, 인간의 한평생이 헛되고 덧없음을 의미한다. 한단 땅에서 여옹의 베개를 빌려서 잠든 노생이 80년간 영화로운 꿈을 꾸고 깨어났다는 고사에서 유래한 표현이다.

## 함포고복

| 含 | 哺 | 鼓 | 腹 |
|---|---|---|---|
| 머금을 | 먹일 | 북 | 배 |

| 含 | 哺 | 鼓 | 腹 |
|---|---|---|---|

'잔뜩 먹고 배를 두드린다.'라는 뜻으로, 음식이 풍족하여 즐겁게 지내는 경우를 가리키는 말로 쓰인다.

## 허장성세

| 虛 | 張 | 聲 | 勢 |
|---|---|---|---|
| 빌 | 베풀 | 소리 | 형세 |

| 虛 | 張 | 聲 | 勢 |
|---|---|---|---|

'비어 있고 과장된 형세로 소리를 낸다.'라는 뜻으로, 실력이 없으면서 허세를 부리는 모습을 비꼬는 표현이다.

## 호가호위

| 狐 | 假 | 虎 | 威 |
|---|---|---|---|
| 여우 | 거짓 | 범 | 위엄 |

| 狐 | 假 | 虎 | 威 |
|---|---|---|---|

'여우가 호랑이의 위엄을 빌려 위세를 부린다.'라는 뜻으로, 남의 권세를 마치 자신의 것처럼 휘두르는 사람을 비유하는 말이다.

## 호접지몽

| 胡 | 蝶 | 之 | 夢 |
|---|---|---|---|
| 되 | 나비 | 갈 | 꿈 |

| 胡 | 蝶 | 之 | 夢 |
|---|---|---|---|

'나비가 되어 날아다닌 꿈'이라는 뜻으로, 사물과 자신이 한 몸이 되는 물아일체(物我一體)의 경지를 일컫는다. 중국 전국 시대의 사상가인 장자(莊子)가 꿈속에서 나비가 자신인지, 자신이 나비인지 분간하지 못하였다는 고사에서 유래하였다.

# 실전 문제로 어휘력 완성하기

● **01~04** 다음 설명에 맞는 단어를 보기에서 골라 쓰시오.

┌─── 보기 ───┐
연이나    언연히    분연히    응당
└───────────┘

**01** 성을 벌컥 내며 분해하는 기색으로.　　　　　　( 　　　　　　 )

**02** 이치로 보아 그렇게 하거나 되는 것이 옳게.　( 　　　　　　 )

**03** '그러하나', '그러나'의 고풍스러운 표현.　　　( 　　　　　　 )

**04** 거드름을 피우며 거만하게.　　　　　　　　　( 　　　　　　 )

● **05~07** 제시된 초성과 뜻을 참고하여 다음 빈칸에 들어갈 단어를 쓰시오.

┌─────────────────────────────────────────────┐
│　ㄷ ㅈ 하늘이 만물을 낳을 때 저마다 정해진 분수가 있어 명을 타고난 것이
니 원망할 무엇이 있겠는가.

　　　　　　　　　　　　　　　　　　　　 – 박지원, 「예덕선생전」 중에서
└─────────────────────────────────────────────┘

**05** ┌ㄷ┬ㅈ┐ : 대체로 보아서. 무릇.　　　　　( 　　　　　　 )

┌─────────────────────────────────────────────┐
│　수염과 머리털은 모두 희어졌고 ㅁ ㅇ ㅎ 세상일에 뜻이 없다. 괴롭게 살
아가는 것도 이미 싫어졌고 마치 한평생의 고생을 다 겪고 난 것과 같아 재물을
탐하는 마음도 얼음 녹듯이 깨끗이 없어졌다.

　　　　　　　　　　　　　　 – 『삼국유사』 수록, 「조신의 꿈」(설화) 중에서
└─────────────────────────────────────────────┘

**06** ┌ㅁ┬ㅇ┬ㅎ┐ : 아무 생각이 없이 멍한 태도로.　( 　　　　　　 )

┌─────────────────────────────────────────────┐
│　그러나 우리 홍랑이 세상에 살아 있어 여기서 만난 것은 꿈에서도 예기치 못
한 일이라. 이는 ㅍ ㅅ 홍랑의 원혼이 흩어지지 못한 것이리라.

　　　　　　　　　　　　　　　　　　　　 – 남영로, 「옥루몽」 중에서
└─────────────────────────────────────────────┘

**07** ┌ㅍ┬ㅅ┐ : 아마도 틀림없이.　　　　　　( 　　　　　　 )

● **08~10** 다음 설명에 맞는 단어를 **보기** 에서 골라 쓰시오.

보기

| 거국적 | 고질적 | 급진적 |
|---|---|---|
| 미온적 | 비약적 | 보편적 |

**08** 어떤 일에 적극성이 없고 미지근하게 대응하는 것.     (           )

**09** 오래되어 바로잡기 어려운 것.     (           )

**10** 지위나 수준 따위가 갑자기 빠른 속도로 높아지거나 향상되는 것.     (           )

● **11~13** 제시된 초성을 참고하여 다음 예문을 완성하시오.

**11** 우리나라 경제는 1980년대에 ㄱㅈㅈ 으로 발전하였다.     (           )
　　　　　　　　　　　　변화나 발전의 속도가 급하게 이루어지는 것.

**12** 환경 단체는 정부의 정책에 ㅇㅁㅈ 으로 동의하였다.     (           )
　　　　　　　　　　　　자기의 생각이나 의사를 겉으로 드러내지 않는 것.

**13** 업무에 대한 불만을 직접 토로하지 않고 ㅇㅎㅈ 으로 표현하였다.     (           )
　　　　　　　　　　　　곧바로 가지 않고 멀리 돌아서 가는 것.

● **14~16** **보기** 를 참고하여 내용에 맞는 사자성어를 완성하세요.

보기

| 지 | 장 | 호 | 호 | 가 | 한 |
|---|---|---|---|---|---|
| 세 | 단 | 성 | 위 | 몽 | 허 |

**14** 인간의 삶이 헛되고 덧없음.     (           )

**15** 실력이 없으면서 허세를 부리는 상황을 비꼬는 표현.     (           )

**16** 남의 권세를 마치 자기 것처럼 휘두르는 사람을 비유한 말.     (           )

28

## 국어 실력 확인 문제

제1차시

※ **01~04** 다음 설명에 맞는 단어를 보기 에서 찾아 쓰시오.

보기

| 고하다 | 읍하다 | 궁벽하다 | 담박하다 |

**01** 욕심이 없고 마음이 깨끗하다. (　　　)

**02** 매우 후미지고 으슥하다.　(　　　)

**03** 어떤 사실을 알리거나 말하다. (　　　)

**04** 두 손을 맞잡고 허리를 굽혔다가 펴면서 손을 내리며 인사하다.　　　(　　　)

※ **05~08** 다음 설명에 맞는 단어를 보기 에서 찾아 쓰시오.

보기

| 공교하다 | 미령하다 | 범상하다 | 비상하다 |

**05** 특별하지 않고 흔히 있을 만하다.
（　　　）

**06** 몸이 병으로 인해 편안하지 못하다.
（　　　）

**07** 솜씨나 꾀 따위가 재치가 있고 교묘하다.
（　　　）

**08** 평상시와 다르거나 일상적이지 않아 특별하다.
（　　　）

※ **09~12** 다음 설명에 맞는 단어를 보기 에서 찾아 쓰시오.

보기

| 의례적 | 종속적 | 통상적 | 통속적 |

**09** 일반에게 널리 통하는 대중성과 보편성을 가진 것.
（　　　）

**10** 특별하지 아니하고 흔히 있을 만한 것.
（　　　）

**11** 마음은 없으면서 형식이나 격식만 갖춘 것.
（　　　）

**12** 어떤 것에 딸려 붙어 있는 것. (　　　)

※ **13~16** 다음 설명을 읽고 초성에 맞는 단어를 쓰시오.

**13** 자기 나라가 아닌 다른 나라에 특징적인 것.

ㅇ ㄱ [　] [　] 적

**14** 자연의 힘이 아닌 사람의 힘으로 이루어지는 것.

ㅇ ㅇ [　] [　] 적

**15** 꾸미거나 둘러대지 않고 바른대로 말하는 것.

ㅈ ㅅ [　] [　] 적

**16** 태어날 때부터 지닌 것.　ㅊ ㅂ [　] [　] 적

**17** 잘못된 주장으로 사람들을 선동하는 것을 뜻하는 사자성어는?

① 호천망극(昊天罔極)　② 호형호제(呼兄呼弟)
③ 혹세무민(惑世誣民)　④ 혼정신성(昏定晨省)

**18** 아무리 마음에 들어도 가질 수 없음을 뜻하는 사자성어는?

① 혼정신성(昏定晨省)　② 화사첨족(畵蛇添足)
③ 화중지병(畵中之餠)　④ 호천망극(昊天罔極)

# 고전 소설 빈출 어휘로 국어 개념 잡기

| **고하다**<br>고할 告 | 어떤 사실을 알리거나 말하다.<br>예 조선이 자주국임을 만방에 ☐☐☐ . |
| **읍하다**<br>읍할 揖 | 두 손을 맞잡아 얼굴 앞으로 들어 올리고 허리를 공손하게 굽혔다가 펴면서 손을 내리며 인사하다.<br>예 그는 손님들에게 공손하게 ☐ 하고 다소곳이 한 곁에 앉았다. |
| **공교하다**<br>장인 工 공교할 巧 | 솜씨나 꾀 따위가 재치가 있고 교묘하다.<br>예 도자기를 만든 장인(匠人)의 솜씨가 매우 ☐☐ 하다. |
| **궁벽하다**<br>다할 窮 궁벽할 僻 | 매우 후미지고 으슥하다.<br>예 이 길은 인적이 뜸해서 ☐☐ 하기로 소문이 나 있다. |
| **낭자하다**<br>이리 狼 깔 藉 | (무엇이 어떤 곳에) 여기저기 묻혀 있거나 흩어져 있어 어지럽다.<br>예 바람에 떨어진 꽃잎들이 발밑에 ☐☐ 하였다. |
| **담박하다**<br>맑을 淡 머무를 泊 | 욕심이 없고 마음이 깨끗하다.<br>예 그는 ☐☐ 하고 솔직한 그녀에게 첫눈에 반하였다. |
| **미령하다**<br>쓰러질 靡 편안할 寧 | (윗사람이) 몸이 병으로 인해 편안하지 못하다.<br>예 임금께서 옥체 ☐☐ 하시어 모든 집무를 행하지 못하게 되었다. |
| **범상하다**<br>무릇 凡 떳떳할 常 | 중요하게 여길 만하지 아니하고 흔히 있을 만하다.<br>예 홍 판서는 길동이 ☐☐☐ 아이가 아니라 영특한 신동임을 알아보았다. |
| **비상하다**<br>아닐 非 떳떳할 常 | (어떤 일이나 현상이) 평상시와 다르거나 일상적이지 않아 특별하다.<br>예 고려는 서희의 ☐☐☐ 책략 덕분에 강동 6주를 얻을 수 있었다. |
| **비창하다**<br>슬플 悲 슬플 愴 | 마음이 몹시 상하고 슬프다.<br>예 환란을 피해 피난길에 오르며 ☐☐☐ 마음을 억누를 수가 없었다. |

# 교과서 필수 단어로 어휘력 키우기

| | |
|---|---|
| **의례적**<br>거동 儀 예도 禮 | • 행사를 치르는 일정한 형식과 절차에 맞는 것.<br>• 마음은 없으면서 형식이나 격식만 갖춘 것.<br>예 앞집 사람들과는 ☐☐☐ 인 안부만 묻는 사이다. |
| **이국적**<br>다를 異 나라 國 | 자기 나라가 아닌 다른 나라에 특징적인 것.<br>예 그는 ☐☐☐ 인 외모 때문에 어디서든 주목을 받는다. |
| **인위적**<br>사람 人 할 爲 | 자연의 힘이 아닌 사람의 힘으로 이루어지는 것.<br>예 석촌 호수는 흐르는 강물을 막아 ☐☐☐ 으로 만든 호수다. |
| **잠재적**<br>잠길 潛 있을 在 | 겉으로 드러나지 않고 숨은 상태로 존재하는 것.<br>예 타깃 광고는 ☐☐☐ 고객을 대상으로 해야 한다. |
| **잠정적**<br>잠깐 暫 정할 定 | 임시로 정하는 것.<br>예 수도관 공사 때문에 통행로를 ☐☐☐ 으로 폐쇄하였다. |
| **종속적**<br>좇을 從 무리 屬 | 주가 되거나 강한 힘을 가진 것에 딸려 있는.<br>예 근로자는 사업주와의 ☐☐☐ 인 관계에서 벗어나기 힘들다. |
| **직설적**<br>곧을 直 말씀 說 | 꾸미거나 둘러대지 않고 바른대로 말하는 것.<br>예 사람에 대한 ☐☐☐ 평가는 오해를 불러일으킬 수 있다. |
| **통상적**<br>통할 通 떳떳할 常 | 특별하지 아니하고 흔히 있을 만한 것.<br>예 이번 감사는 다른 때처럼 ☐☐☐ 인 절차대로 진행되었다. |
| **통속적**<br>통할 通 풍속 俗 | 일반에게 널리 통하는 대중성과 보편성을 가진 것.<br>예 주말에 하는 드라마는 보통 ☐☐☐ 인 재미를 추구한다. |
| **천부적**<br>하늘 天 부세 賦 | 태어날 때부터 지닌 것.<br>예 그 사람은 피아노에 ☐☐☐ 인 재능을 지녔다. |

# 사자성어로 어휘력 확장하기

※ 한자를 따라 쓰고 뜻과 음을 쓰세요.

### 호천망극

| 昊 | 天 | 罔 | 極 |
|---|---|---|---|
| 하늘 | 하늘 | 그물 | 극진할 |

| 昊 | 天 | 罔 | 極 |
|---|---|---|---|
| 하늘 호 | 하늘 천 | 그물 망 | 극진할 극 |

'하늘이 넓고 끝이 없다.'라는 뜻으로, 어버이의 은혜가 매우 크고 끝이 없음을 의미한다.

### 호형호제

| 呼 | 兄 | 呼 | 弟 |
|---|---|---|---|
| 부를 | 형 | 부를 | 아우 |

| 呼 | 兄 | 呼 | 弟 |
|---|---|---|---|

'서로 형이니 아우니 하고 부른다.'라는 뜻으로, 매우 가까운 친구로 지내는 절친한 사이를 가리키는 표현이다.

### 혹세무민

| 惑 | 世 | 誣 | 民 |
|---|---|---|---|
| 미혹할 | 인간 | 속일 | 백성 |

| 惑 | 世 | 誣 | 民 |
|---|---|---|---|

'세상을 어지럽히고 백성을 속인다.'라는 뜻으로, 잘못된 이론이나 주장으로 사람들을 속이고 선동하는 경우를 일컫는다.

### 혼정신성

| 昏 | 定 | 晨 | 省 |
|---|---|---|---|
| 어두울 | 정할 | 새벽 | 살필 |

| 昏 | 定 | 晨 | 省 |
|---|---|---|---|

'저녁에는 잠자리를 살피고, 새벽에는 문안을 드린다.'라는 뜻으로, 자녀가 부모를 잘 섬기고 효성을 다하는 태도를 이르는 말이다.

### 화사첨족

| 畵 | 蛇 | 添 | 足 |
|---|---|---|---|
| 그림 | 긴 뱀 | 더할 | 발 |

| 畵 | 蛇 | 添 | 足 |
|---|---|---|---|

'뱀을 그리고 발을 더한다.'라는 뜻으로, 줄여서 '사족(蛇足)'이라고도 한다. 하지 않아도 될 일을 하거나 필요 이상으로 쓸데없는 일을 하여 도리어 일을 그르치는 경우에 쓰인다.

### 화중지병

| 畵 | 中 | 之 | 餠 |
|---|---|---|---|
| 그림 | 가운데 | 갈 | 떡 |

| 畵 | 中 | 之 | 餠 |
|---|---|---|---|

'그림 속의 떡'이라는 뜻으로, 아무리 마음에 들어도 이용할 수 없거나 가질 수 없는 것을 비유적으로 표현한 말이다.

# 실전 문제로 어휘력 완성하기

● 01~03 다음 설명에 맞는 단어를 보기 에서 골라 쓰시오.

**보기**

담박하다    고하다    비상하다    미령하다

**01** 욕심이 없고 마음이 깨끗하다.                    (                    )

**02** 몸이 병으로 인해 편안하지 못하다.              (                    )

**03** 평상시와 다르거나 일상적이지 않아 특별하다.    (                    )


● 04~06 다음 빈칸에 들어갈 단어를 제시된 초성과 뜻을 참고하여 쓰시오.

> 이생은 가족들을 데리고 ㄱㅂ한 산골에 숨어 있었는데 한 도적이 칼을 빼어들고 쫓아왔다. 이생은 겨우 달아났는데 여인은 도적에게 사로잡힌 몸이 되었다.
>
> – 김시습, 「이생규장전」 중에서

**04** ㄱ ㅂ 하다: 매우 후미지고 으슥하다.          (                    )


> 그 소리는 끊겼다 이어졌다 해서 소리가 나는 것인지 아닌지 분간하기도 어려웠다. 가서 보니 온몸이 칼로 베이고 흐르는 피가 얼굴에 ㄴㅈ하여 어떤 사람인지 알아볼 수가 없었다.
>
> – 조위한, 「최척전」 중에서

**05** ㄴ ㅈ 하다: 여기저기 묻혀 있거나 흩어져 있어 어지럽다.    (                    )


> "조웅이 필연 무슨 아는 일이 있는가 싶으니 괴이하도다."
> 하고 행여 천기를 누설할까 두려워하더라. 원수가 본진으로 돌아와 강백더러 왈,
> "삼대는 용맹이 실로 ㅂㅅ한 장수가 아니라, 쉽사리 잡지 못할 것이니 내일은 강장이 먼저 나아가 싸우라. 내 기세를 타 함께 싸우리라."
>
> – 작자 미상, 「조웅전」 중에서

**06** ㅂ ㅅ 하다: 중요하게 여길 만하지 아니하고 흔히 있을 만하다.    (                    )

● 07~09 다음 설명에 맞는 단어를 **보기** 에서 골라 쓰시오.

┌─────────── 보기 ───────────┐

| 의례적 | 통속적 | 인위적 |

| 잠재적 | 잠정적 | 통상적 |

└────────────────────────────┘

**07** 겉으로 드러나지 않고 숨은 상태로 존재하는 것.　　　　　(　　　　　)

**08** 마음은 없으면서 형식이나 격식만 갖춘 것.　　　　　(　　　　　)

**09** 특별하지 아니하고 흔히 있을 만한 것.　　　　　(　　　　　)

● 10~12 제시된 초성을 참고하여 다음 예문을 완성하시오.

**10** 이태원에는 ㅇ ㄱ ㅈ 인 분위기의 가게들이 즐비하다.　　　　　(　　　　　)
　　　　자기 나라가 아닌 다른 나라에 특징적인 것.

**11** 중요한 결정일수록 애매하게 굴지 않고 ㅈ ㅅ ㅈ 으로 말해야 한다.　　　　　(　　　　　)
　　　　　　　　　　　　　　　꾸미거나 둘러대지 않고 바른대로 말하는 것.

**12** 그녀는 ㅊ ㅂ ㅈ 인 패션 감각을 지닌 디자이너이다.　　　　　(　　　　　)
　　　태어날 때부터 지닌 것.

● 13~15 **보기** 를 참고하여 내용에 맞는 사자성어를 완성하세요.

┌─────────── 보기 ───────────┐

| 형 | 세 | 호 | 사 | 민 | 호 |

| 무 | 족 | 첨 | 제 | 화 | 혹 |

└────────────────────────────┘

**13** 매우 가까운 친구로 지내는 절친한 사이.　　　　　(　　　　　)

**14** 잘못된 이론이나 주장으로 사람들을 속이고 선동함.　　　　　(　　　　　)

**15** 하지 않아도 될 일을 하거나 필요 이상으로 쓸데없는 일을 하여 도리어 일을 그르침.　(　　　　　)

## 제1차시 국어 실력 확인 문제

※ **01~04** 다음 뜻에 맞는 단어를 **보기** 에서 찾아 쓰시오.

**보기**

| 박명하다 | 빈한하다 | 상서롭다 | 신고하다 |

**01** 살림이 가난하여 집안이 쓸쓸하다.
( )

**02** 팔자나 운명이 복이 없고 사납다.
( )

**03** 복되고 좋은 일이 있을 기미가 있다.
( )

**04** 어려운 일을 당하여 몹시 애쓰다.
( )

※ **05~08** 다음 설명에 맞는 단어를 **보기** 에서 찾아 쓰시오.

**보기**

| 용렬하다 | 처연하다 | 황망하다 | 황겁하다 |

**05** 마음이 급하여 허둥지둥하다. ( )

**06** 겁이 나고 두려운 기색이 있다.
( )

**07** 애달프고 구슬프다. ( )

**08** 사람이 변변하지 못하고 졸렬하다.
( )

※ **09~12** 다음 설명에 맞는 단어를 **보기** 에서 찾아 쓰시오.

**보기**

| 가당찮다 | 괴괴하다 | 에두르다 | 오롯하다 |

**09** 바로 말하지 않고 짐작하여 알아듣도록 둘러대다.
( )

**10** 어떤 것이 사리에 합당하지 않다.
( )

**11** 쓸쓸한 느낌이 들 정도로 아주 고요하다.
( )

**12** 모자람이 없이 온전하다. ( )

※ **13~16** 다음 설명에 맞는 단어를 **보기** 에서 찾아 쓰시오.

**보기**

| 완곡하다 | 웃자라다 | 융숭하다 | 한량없다 |

**13** 말하는 투가, 모나지 않고 부드럽다.
( )

**14** 대하는 태도가 정중하고 극진하다.
( )

**15** 보통 이상으로 많이 자라 연약하게 되다.
( )

**16** 정해진 분량이나 끝이 없다. ( )

**17** 낡은 제도나 관습이 새롭게 바뀐 것을 뜻하는 사자성어는?

① 화풍난양(和風暖陽)　　② 환골탈태(換骨奪胎)
③ 회자정리(會者定離)　　④ 후안무치(厚顏無恥)

**18** 얼굴 가득히 미소를 띠고 있는 것을 뜻하는 사자성어는?

① 후안무치(厚顏無恥)　　② 흥진비래(興盡悲來)
③ 희색만면(喜色滿面)　　④ 화풍난양(和風暖陽)

# 고전 소설 빈출 어휘로 국어 개념 잡기

| **박명하다**<br>엷을 薄 목숨 命 | 팔자나 운명이 복이 없고 사납다.<br>(예) 부인은 혼인한지 일 년이 채 못 되어 ☐☐ 일생을 마치었다. |
|---|---|
| **빈한하다**<br>가난할 貧 찰 寒 | 살림이 가난하여 집안이 쓸쓸하다.<br>(예) 그 선비는 ☐☐☐ 가정에서 태어나 어렵게 공부하였다. |
| **상서롭다**<br>상서 祥 상서 瑞 | 복되고 좋은 일이 있을 기미가 있다.<br>(예) ☐☐로운 기운이 그 아이의 주위를 감돌고 있었다. |
| **신고하다**<br>매울 辛 쓸 苦 | 어려운 일을 당하여 몹시 애쓰다.<br>(예) 그는 산속까지 걸어오느라 ☐☐하였던 탓에, 금세 잠이 들었다. |
| **용렬하다**<br>떳떳할 庸 못할 劣 | 사람이 변변하지 못하고 졸렬하다.<br>(예) 약자만 괴롭히는 그의 행동이 ☐☐하기 짝이 없다. |
| **처연하다**<br>슬퍼할 悽 그럴 然 | 애달프고 구슬프다.<br>(예) 그는 절망에 빠진 자신의 감정을 ☐☐하게 풀어내었다. |
| **퇴락하다**<br>무너질 頹 떨어질 落 | 낡아서 무너지고 떨어지다.<br>(예) 그는 ☐☐하여 돌담이 무너진 기와집으로 들어갔다. |
| **명랑하다**<br>밝을 明 밝을 朗 | 흐린 데 없이 밝고 환하다.<br>(예) 이날은 하늘조차 축하하듯 햇살이 ☐☐하게 비쳤다. |
| **황겁하다**<br>두려울 惶 겁낼 怯 | 겁이 나고 두려운 기색이 있다.<br>(예) 그들은 적을 보자 싸워 보지도 않고 ☐☐하게 달아났다. |
| **황망하다**<br>어리둥절할 慌 바쁠 忙 | 마음이 급하여 허둥지둥하다.<br>(예) 대장의 죽음을 보고 적진이 ☐☐하여 일시에 도망하였다. |

30

# 교과서 필수 단어로 어휘력 키우기

| 가당찮다<br>옳을 可 마땅 當 | (말이나 일이) 사리에 합당하거나 마땅하지 않다.<br>예 그들은 합의하기 어려운 □□□□ 조건들만 늘어놓는다. |
|---|---|
| 괴괴하다 | 쓸쓸한 느낌이 들 정도로 아주 고요하다.<br>예 밤이 되니 마치 동굴 속처럼 썰렁하고 □□□□. |
| 단행하다<br>끊을 斷 다닐 行 | 결단하여 실행하다.<br>예 교육 정책 전반에 걸쳐 과감한 개혁을 □□ 할 필요가 있다. |
| 에두르다 | • 에워서 둘러막다.<br>• 바로 말하지 않고 짐작하여 알아듣도록 둘러대다.<br>예 그가 기분이 상하지 않도록 □□□□ 말하였다. |
| 오롯하다 | 모자람이 없이 온전하다.<br>예 도시락에는 어머니의 정성이 □□□□ 담겨 있었다. |
| 완곡하다<br>순할 婉 굽을 曲 | 말하는 투가, 듣는 사람의 감정이 상하지 않도록 모나지 않고 부드럽다.<br>예 그의 영입 제안은 파격적이었으나, 나는 □□□ 사양하였다. |
| 웃자라다 | 보통 이상으로 많이 자라 연약하게 되다.<br>예 식물에 물을 너무 많이 주면 위로만 길게 □□□□. |
| 융숭하다<br>높을 隆 높을 崇 | 대하는 태도가 정중하고 극진하다.<br>예 외갓집에 머무르는 동안 □□□ 대접을 받았다. |
| 한량없다<br>한할 限 헤아릴 量 | (어떠하기가) 정해진 분량이나 끝이 없다.<br>예 아들이 시험에 합격하여 기쁘기가 □□□. |
| 호젓하다 | 인적이 없어 쓸쓸한 느낌이 들 만큼 고요하다.<br>예 노부부는 도시를 떠나 시골에서 □□□□ 살고 있었다. |

# 사자성어로 어휘력 확장하기

※ 한자를 따라 쓰고 뜻과 음을 쓰세요.

## 화풍난양

| 和 | 風 | 暖 | 陽 |
|---|---|---|---|
| 화할 | 바람 | 따뜻할 | 볕 |

| 和 | 風 | 暖 | 陽 |
|---|---|---|---|
| 화할 화 | 바람 풍 | 따뜻할 난 | 볕 양 |

'화창한 바람과 따스한 햇볕'이라는 뜻으로, 따뜻한 봄 날씨를 의미한다.

## 환골탈태

| 換 | 骨 | 奪 | 胎 |
|---|---|---|---|
| 바꿀 | 뼈 | 빼앗을 | 아이 밸 |

| 換 | 骨 | 奪 | 胎 |
|---|---|---|---|
| | | | |

'뼈대를 바꾸어 끼고 태를 바꾸어 쓴다.'라는 뜻으로, 용모가 몰라볼 정도로 아름답게 변하거나 낡은 제도나 관습이 완전히 새롭게 바뀐 것을 비유한 말이다.

## 회자정리

| 會 | 者 | 定 | 離 |
|---|---|---|---|
| 모일 | 놈 | 정할 | 떠날 |

| 會 | 者 | 定 | 離 |
|---|---|---|---|
| | | | |

'만나면 언젠가는 헤어지게 되어 있다.'라는 뜻으로, 인생의 무상함, 또는 인간의 힘으로 어찌할 수 없는 이별의 아쉬움을 일컫는다.

## 후안무치

| 厚 | 顔 | 無 | 恥 |
|---|---|---|---|
| 두터울 | 낯 | 없을 | 부끄러울 |

| 厚 | 顔 | 無 | 恥 |
|---|---|---|---|
| | | | |

'얼굴이 두껍고 부끄러움이 없다.'라는 뜻으로, 뻔뻔해서 부끄러워할 줄 모르는 사람을 비꼬는 표현이다.

## 흥진비래

| 興 | 盡 | 悲 | 來 |
|---|---|---|---|
| 일 | 다할 | 슬플 | 올 |

| 興 | 盡 | 悲 | 來 |
|---|---|---|---|
| | | | |

'즐거운 일이 지나가면 슬픈 일이 온다.'라는 뜻으로, 세상일이 늘 좋거나 나쁠 수는 없고 좋은 일과 나쁜 일이 차례로 일어난다는 말이다.

## 희색만면

| 喜 | 色 | 滿 | 面 |
|---|---|---|---|
| 기쁠 | 빛 | 찰 | 낯 |

| 喜 | 色 | 滿 | 面 |
|---|---|---|---|
| | | | |

'기쁜 빛이 얼굴에 가득하다.'라는 뜻으로, 얼굴 가득히 미소를 띠고 있는 모습을 가리킨다.

# 실전 문제로 어휘력 완성하기

● 01~03 다음 설명에 맞는 단어를 보기 에서 골라 쓰시오.

보기

용렬하다      황망하다      처연하다      상서롭다

**01** 복되고 좋은 일이 있을 기미가 있다.                    (                    )

**02** 애달프고 구슬프다.                    (                    )

**03** 마음이 급하여 허둥지둥하다.                    (                    )

● 04~06 제시된 초성과 뜻을 참고하여 다음 빈칸에 들어갈 단어를 쓰시오.

낭군이 가신 뒤 우연히 병을 얻었습니다. 병이 깊어져 약을 먹어도 소용이 없으니, 이제 곧 죽게 될 듯
하옵니다. 저처럼 ㅂ ㅁ 한 사람이 살아 무엇하겠는지요. 다만 세 가지 큰 한이 남아 있어 죽어도 눈을
감지 못할 것 같사옵니다.

– 이옥, 「심생전」 중에서

**04** ㅂ ㅁ 하다: 팔자나 운명이 복이 없고 사납다.                    (                    )

나도 젊어서부터 책을 들고 학문을 닦았으나 아직 성공을 하지 못했습니다. 그러니 노복들은 뿔뿔이
흩어져 가고 친척들도 도와주지 않아서 생활이 치밀하지 못해 살림이 궁색해졌습니다. 그런데 어찌 권세
있는 가문에서 ㅂ ㅎ 한 선비의 자제를 사위로 삼으려 하겠습니까?

– 김시습, 「이생규장전」 중에서

**05** ㅂ ㅎ 하다: 살림이 가난하여 집안이 쓸쓸하다.                    (                    )

경업이 노기충천하여 맞아 내달아 칼을 들어 호장의 머리를 베어 내리치고, 진중을 짓쳐 들어가 좌충
우돌하여 호병을 베기를 무인지경같이 하니, 호병이 ㅎ ㄱ 하여 각각 헤어져 목숨을 도모하여 달아나
고, 남은 군사는 아무리 할 줄 몰라 죽는 자가 무수하더라.

– 작자 미상, 「임경업전」 중에서

**06** ㅎ ㄱ 하다: 겁이 나고 두려운 기색이 있다.                    (                    )

● 07~09 다음 설명에 맞는 단어를 보기에서 골라 쓰시오.

보기

| 가당찮다 | 괴괴하다 | 오롯하다 |
| 완곡하다 | 웃자라다 | 한량없다 |

07 정해진 분량이나 끝이 없다. ( )

08 어떤 말이나 일이 사리에 합당하거나 마땅하지 않다. ( )

09 모자람이 없이 온전하다. ( )


● 10~12 제시된 초성을 참고하여 다음 예문을 완성하시오.

10 그는 시장으로 취임하자마자 파격적인 인사를 ㄷㅎ 하였다. ( )
결단하여 실행함.

11 잔치에 참석하기 위해 먼 길을 찾아온 손님을 ㅇㅅ 하게 대접하였다. ( )
대하는 태도가 정중하고 극진함.

12 오랜만에 혼자만의 자유를 느끼며 ㅎㅈ 한 산길을 걸었다. ( )
인적이 없어 쓸쓸한 느낌이 들 만큼 고요함.

● 13~15 보기를 참고하여 내용에 맞는 사자성어를 완성하세요.

보기

13 인생의 무상함, 또는 인간의 힘으로 어찌할 수 없는 이별의 아쉬움. ( )

14 뻔뻔해서 부끄러워할 줄 모르는 사람을 비꼬는 표현. ( )

15 세상일이 늘 좋거나 나쁠 수는 없고, 좋은 일과 나쁜 일이 차례로 일어남. ( )

Foreign Copyright:
Joonwon Lee
Address: 3F, 127, Yanghwa-ro, Mapo-gu, Seoul, Republic of Korea
          3rd  Floor
Telephone: 82-2-3142-4151, 82-10-4624-6629
E-mail: jwlee@cyber.co.kr

중등 내신 잡고 ➕ 수능 국어 실력 다지는

# 개념어·어휘력 2 - 현대·고전 소설 -

2023.  2.  6. 1판 1쇄 인쇄
**2023.  2. 15. 1판 1쇄 발행**

저자와의
협의하에
검인생략

지은이 | 꿈씨앗연구소
펴낸이 | 이종춘
펴낸곳 | BM ㈜도서출판 성안당

주소 | 04032 서울시 마포구 양화로 127 첨단빌딩 3층(출판기획 R&D 센터)
     | 10881 경기도 파주시 문발로 112 파주 출판 문화도시(제작 및 물류)

전화 | 02) 3142-0036
     | 031) 950-6300
팩스 | 031) 955-0510
등록 | 1973. 2. 1. 제406-2005-000046호
출판사 홈페이지 | **www.cyber.co.kr**
ISBN | 978-89-315-5922-4 (53710)
**정가 | 14,000원**

이 책을 만든 사람들
책임 | 최옥현
기획·진행 | 정지현
교정·교열 | 신현정
표지·본문 디자인 | 이플앤드
홍보 | 김계향, 유미나, 이준영, 정단비
국제부 | 이선민, 조혜란
마케팅 | 구본철, 차정욱, 오영일, 나진호, 강호묵
마케팅 지원 | 장상범
제작 | 김유석

www.cyber.co.kr
성안당 Web 사이트

■ 도서 A/S 안내

성안당에서 발행하는 모든 도서는 저자와 출판사, 그리고 독자가 함께 만들어 나갑니다.
좋은 책을 펴내기 위해 많은 노력을 기울이고 있습니다. 혹시라도 내용상의 오류나 오탈자 등이
발견되면 **"좋은 책은 나라의 보배"**로서 우리 모두가 함께 만들어 간다는 마음으로 연락주시기
바랍니다. 수정 보완하여 더 나은 책이 되도록 최선을 다하겠습니다.
성안당은 늘 독자 여러분들의 소중한 의견을 기다리고 있습니다. 좋은 의견을 보내주시는 분께는
성안당 쇼핑몰의 포인트(3,000포인트)를 적립해 드립니다.

잘못 만들어진 책이나 부록 등이 파손된 경우에는 교환해 드립니다.

중등 내신 잡고 + 수능 국어 실력 다지는

# 개념어 어휘력

꿈씨앗연구소 지음

# 개념어

중등 내신 잡고  수능 국어 실력 다지는

# 어휘력

# 2

## 현대·고전 소설

### 정답과 해설

 시대별 한국 단편 소설 목록

BM (주)도서출판 성안당

중등 내신 잡고  수능 국어 실력 다지는

꿈씨앗연구소 지음

# 개념어 어휘력

# 2
### 현대·고전 소설

## 정답과 해설

**부록** 시대별 한국 단편 소설 목록

# 정답 및 해설

## 01

### STEP 1 기본 실력 점검하기

**01** 서사성 **02** 산문성 **03** 개연성 **04** 사실성 **05** 진실성
**06** 허구성 **07** 가속화 **08** 가치관 **09** 경각심 **10** 부득불
**11** 가독성 **12** 공염불 **13** 동질성 **14** 모집단 **15** ④ 간담상조
**16** ③ 감탄고토

### STEP 5 실전 문제로 어휘력 완성하기

**01** 허구성 **02** 진실성 **03** 개연성 **04** 사실성 **05** 산문성
**06** ① 가속화 ② 加速化 **07** ① 경각심 ② 警覺心
**08** ① 부득불 ② 不得不 **09** 가독성 **10** 공염불 **11** 다반사
**12** 각고면려 **13** 각골통한 **14** 갑론을박

**01, 02** 현진건의 「운수 좋은 날」에 나오는 인물과 사건은 작가가 꾸며 낸 허구의 이야기지만, 일제 강점기에서 고통받는 도시 빈민들의 실제 삶을 반영하였다는 점에서 진실성이 드러난다.
**03** 아무리 소설이 꾸며 낸 이야기라도 독자가 공감하며 읽기 위해서는 실제 일어날 법한 소재와 사건이어야 한다. 김성한의 「바비도」에서 권력의 횡포에 대한 저항은 오늘날에도 겪을 수 있는 일이므로 충분히 개연성을 가지고 있다.
**04** 실제 지명과 구체적인 장소를 배경으로 하면 소설에 사실성을 부여하고 생생한 현실성을 높여준다.

## 02

### STEP 1 기본 실력 점검하기

**01** 구성 **02** 문체 **03** 인물 **04** 사건 **05** 배경
**06** 저작물 **07** 집대성 **08** 재구성 **09** 시사점 **10** 피란민
**11** 이방인 **12** 선입견 **13** 전리품 **14** ② 건곤일척 **15** ④ 격물치지

### STEP 5 실전 문제로 어휘력 완성하기

**01** 인물 **02** 주제 **03** 배경 **04** 문체 **05** 구성
**06** 사건 **07** ① 집대성 ② 集大成 **08** ① 저작물 ② 著作物
**09** ① 시사점 ② 示唆點 **10** 애당초 **11** 어깃장 **12** 전리품
**13** 거자필반 **14** 격세지감 **15** 견마지로

**01** 인물은 소설에 등장하는 사람으로 사건과 갈등의 주체가 된다.

**02** 주제는 작가가 작품을 통해 말하고자 하는 핵심적인 의미이다.

**03** 구체적인 배경 묘사를 통해 소설 속 분위기, 인물의 심리와 감정 등이 잘 드러난다.

**05** 구성은 작가가 계획한 작품의 짜임새로, 주제의 효과적인 전달을 위해 인물들의 행동과 사건 등을 인과 관계에 따라 유기적으로 질서 있게 배치한 것이다.

# 03

## STEP1 기본 실력 점검하기

**01** 주동 인물  **02** 중심인물  **03** 반동 인물  **04** 주변 인물  **05** 전형적

**06** 개성적  **07** 순기능  **08** 유해성  **09** 응집성  **10** 진정서

**11** 화수분  **12** 호사가  **13** 언저리  **14** 조바심  **15** ① 견문발검

**16** ② 고량진미

## STEP 5 실전 문제로 어휘력 완성하기

**01** 주동  **02** 평면적  **03** 전형적  **04** 입체적 인물  **05** 전형적 인물

**06** 반동  **07** ① 호사가  ② 好事家  **08** ① 응집성  ② 凝集性

**09** ① 진정서  ② 陳情書  **10** 역기능  **11** 엉겁결  **12** 조바심

**13** 견문발검  **14** 계명구도  **15** 고립무원

**01, 02, 03** 작가는 일본 유학까지 다녀온 고학력자인 P를 통해 식민지 교육 정책과 사회의 구조적 병폐를 비판하고 있다. P는 작가가 의도하는 방향에 부합하는 인물이므로 주동 인물이지만, 작품의 처음부터 끝까지 변하지 않으므로 평면적인 인물이다. 또한, 일제 강점기의 지식인을 대표하는 전형적 인물이다.

**04** 입체적 인물은 어떤 사건이나 상황에 의해 작품이 진행되면서 점차 성격이 변하는 인물이다. 김유정의 「만무방」에 나오는 '응오'는 초반에는 모범적인 인물로 그려지다 마지막에 벼를 훔치는 사람으로 변하므로 입체적 인물로 볼 수 있다.

**05** 전광용의 「꺼삐딴 리」는 1940년대 일제 강점기 말기에서 1950년대 때까지 우리 민족의 수난기를 역사적 배경으로 하고 있다. 주인공 이인직은 급변하는 시류에 따라 변절하며 살았던 당시 기회주의자의 모습을 대표하므로 전형적 인물이라 할 수 있다.

**06** 주인공과 대립하며 갈등을 일으키는 인물을 반동 인물이라고 한다. 김유정의 「봄·봄」에서 장인은 주인공 '나'의 목표를 방해하고 갈등을 일으키는 반동 인물이다.

# 04

## STEP 1  기본 실력 점검하기

**01** 서술  **02** 서술자  **03** 직접  **04** 간접  **05** 역발상

**06** 익명성  **07** 함구령  **08** 타당성  **09** 오지랖  **10** 처세술

**11** 호불호  **12** 신작로  **13** ③ 교각살우  **14** ④ 구밀복검

## STEP 5  실전 문제로 어휘력 완성하기

**01** 직접 제시  **02** 간접 제시  **03** 간접 제시  **04** 직접 제시  **05** 간접 제시

**06** 간접 제시  **07** ① 역발상  ② 逆發想  **08** ① 함구령  ② 緘口令

**09** ① 타당성  ② 妥當性  **10** 짜깁기  **11** 은연중  **12** 익명성

**13** 고장난명  **14** 구우일모  **15** 권불십년

**01** 서술자가 생김새와 성격을 설명하므로 직접 제시(말하기)이다.
**02** 충격을 받은 인물의 감정 상태를 표정과 행동을 통해 간접적으로 보여 주고 있다.
**05** 외양 묘사를 통해 박 선생님의 옹졸하고 사나운 성격을 간접적으로 드러냈다.
**06** 무안을 당한 점순의 노여움과 분노를 표정과 행동을 통해 간접적으로 표현하였다.

# 05

## STEP 1  기본 실력 점검하기

**01** 1인칭 관찰자  **02** 1인칭 주인공  **03** 전지적 작가 시점

**04** 3인칭 관찰자 시점  **05** 비평  **06** 호평  **07** 혹평

**08** 기색  **09** 맹신  **10** 공상  **11** 명소  **12** 미물

**13** ① 금과옥조  **14** ④ 기호지세

## STEP 5  실전 문제로 어휘력 완성하기

**01** ① 1  ② 3  ③ 1인칭 주인공  ④ 1인칭 관찰자  ⑤ 전지적 작가  ⑥ 3인칭 관찰자

**02** 1인칭 관찰자  **03** 전지적 작가  **04** ① 경의  ② 敬意

**05** ① 경황  ② 景況  **06** ① 비평  ② 批評  **07** 호평

**08** 혹평  **09** 맹신  **10** 금시초문  **11** 금의야행  **12** 기호지세

**02** 채만식의 「치숙」은 친일적인 인물인 '나'가 사회주의 운동으로 옥살이를 하고 나온 숙부인 주인공에 관해 이야기하는 1인칭 관찰자 시점이다.
**03** 뜨거운 땡볕에 아픈 아내를 지게에 지고 대학병원을 찾아가는 주인공 덕순의 심리에 초점을 맞추어 사건을 서술하고 있는 전지적 작가 시점이다.

## 06

### STEP 1 기본 실력 점검하기

**01** 요약적 제시 **02** 묘사 **03** 대화 **04** 방책 **05** 논거
**06** 논지 **07** 가설 **08** 반감 **09** 공생 **10** 실언
**11** 악용 **12** ③ 난공불락 **13** ② 논공행상

### STEP 5 실전 문제로 어휘력 완성하기

**01** 묘사 **02** 대화 **03** 요약적 제시 **04** ① 가설 ② 假說
**05** ① 방책 ② 方策 **06** ① 논지 ② 論旨 **07** 반감
**08** 실언 **09** 악용 **11** 남가일몽 **12** 낭중지추 **13** 논공행상

**01** 푸른 달빛을 품은 메밀 꽃밭의 모습과 아름다운 여름밤의 정취가 생생하게 묘사되어 있다.
**02** 허 생원과 동이의 대화를 통해 두 사람이 혈육일 수 있다는 가능성을 제시하고 있다.
**03** 전국을 돌아다닌 허 생원의 이십 년 장돌뱅이 삶을 요약적으로 제시하고 있다.

## 07

### STEP 1 기본 실력 점검하기

**01** 서술자의 개입 **02** 신뢰성 없는 서술자 효과 **03** 의식의 흐름 기법
**04** 인용 **05** 편찬 **06** 신망 **07** 관문 **08** 초고
**09** 탈고 **10** 변이 **11** 복식 **12** ② 누란지위 **13** ① 단사표음

### STEP 5 실전 문제로 어휘력 완성하기

**01** 서술자의 개입, 편집자적 논평 **02** ⑤ **03** ① 결속 ② 結束
**04** ① 편찬 ② 編纂 **05** ① 신망 ② 信望 **06** 인용
**07** 탈고 **08** 관문 **09** 누란지위 **10** 단도직입 **11** 대경실색

**01** 점잖은 모습의 아들 윤 주사와 가벼운 행동의 아버지 윤 직원이 서로 바뀌는 것이 적당할 것 같다는 서술자의 의견이다. 서술자의 직접적 개입(편집자 논평)을 통해 윤 직원의 경망스러운 모습을 비꼬고 있다.
**02** 이상의 「날개」는 혼란스러운 주인공의 내면을 머릿속에 떠오르는 그대로 의식의 흐름에 따라 서술하는 의식의 흐름 기법으로 전개되고 있다. 그렇기 때문에 사건 자체도 뚜렷하지 않고, 사건들 사이의 연계성도 찾아보기 어렵다.

## 08

STEP 1 **기본 실력 점검하기**

**01** 문어체    **02** 우유체    **03** 강건체    **04** 만연체    **05** 과오
**06** 개요    **07** 논박    **08** 논증    **09** 능선    **10** 표절
**11** 절판    **12** 묵독    **13** ② 도탄지고    **14** ② 독불장군

STEP 5 **실전 문제로 어휘력 완성하기**

**01** ④ 강건체    **02** ① 구어체    **03** ③ 간결체    **04** ① 필사 ② 必死
**05** ① 표절 ② 剽竊    **06** ① 개요 ② 槪要    **07** 절판
**08** 과오    **09** 논증    **10** 대기만성    **11** 도탄지고    **12** 독수공방

**01** 장지연의 「시일야방성대곡」은 1905년에 일본의 강요로 을사늑약이 체결된 것에 분노하여 쓴 논설로, 강렬하고 호소력이 느껴지는 강건체로 되어 있다.
**02** 채만식의 「치숙」은 구어체로 표현되어 마치 독자와 대화하는 것과 같은 분위기를 형성하고, 서술자와 독자 간의 친밀감을 높이고 있다.
**03** 김동인의 「배따라기」는 문장이 화려하지 않고 군더더기 없이 간결하며 짧은 간결체로 되어 있다.

## 09

STEP 1 **기본 실력 점검하기**

**01** 사건 전개    **02** 극적 긴장감 부여    **03** 인물의 성격 부각
**04** 주제 표출    **05** 아량    **06** 행간    **07** 만용    **08** 결탁
**09** 말살    **10** 개시    **11** 거장    **12** 미간    **13** ② 독야청청
**14** ① 동상이몽

STEP 5 **실전 문제로 어휘력 완성하기**

**01** 극적 긴장감    **02** ⑤    **03** ① 행간 ② 行間
**04** ① 만용 ② 蠻勇    **05** ① 탈수 ② 脫水    **06** 아량
**07** 결탁    **08** 말살    **09** 독서삼매    **10** 동고동락    **11** 두문불출

**01** 김동인의 「감자」에서는 복녀가 결혼한 왕 서방을 찾아갔다가 살해되는 부분에서 갈등이 심화되고 위기감이 높아지며 극적 긴장감이 최고조에 이르게 된다.
**02** 갈등은 사건 전개에 필연성을 부여하므로 앞뒤 사건의 갈등은 서로 밀접한 관계가 있다.

# 10

## STEP 1 기본 실력 점검하기

**01** 인물과 사회 간의 갈등 **02** 인물과 운명 간의 갈등 **03** 내적 갈등
**04** 인물과 인물 간의 갈등 **05** 격조 **06** 결재 **07** 결제
**08** 화법 **09** 감회 **10** 오한 **11** 원조 **12** 우화
**13** ③ 마부작침 **14** ④ 만고불변

## STEP 5 실전 문제로 어휘력 완성하기

**01** 내적 갈등 **02** 외적 갈등 **03** 인물 vs. 인물 **04** 인물 vs. 사회
**05** ① 격조 ② 格調 **06** ① 결재 ② 決裁
**07** ① 결제 ② 決濟 **08** 감회 **09** 유세 **10** 홀대
**11** 등고자비 **12** 마부작침 **13** 막역지우

**01** 주인공 '나'는 수술비를 빌려달라는 권 씨의 부탁에 '돈을 받지 못할 수 있으니 거절해야 한다'는 생각과 '돈을 빌려주지 않으면 권 씨의 아내가 위험할지도 모른다'는 생각 사이에서 내적 갈등을 겪는다.
**02** '나'가 권 씨의 부탁을 거절하는 부분에서 '권 씨'와의 외적 갈등이 드러난다.
**03** 점순이가 자기 마음을 무시한 '나'의 닭을 괴롭혀 약을 올리는 부분으로, 점순이와 '나' 두 인물 사이의 갈등이 심화된다.
**04** 일본 유학까지 다녀온 고학력자인 P를 통해 인텔리를 기성품처럼 만들어 버리는 식민지 사회의 구조를 비판하고 있으므로 '인물과 사회 간의 갈등'이라 할 수 있다.

# 11

## STEP 1 기본 실력 점검하기

**01** 위기 **02** 발단 **03** 절정 **04** 열린 결말 **05** 사익
**06** 배양 **07** 반색 **08** 부아 **09** 복원 **10** 공익
**11** 육안 **12** 풍광 **13** ② 면종복배 **14** ① 목불인견

## STEP 5 실전 문제로 어휘력 완성하기

**01** 절정 **02** 결말 **03** ① 절개 ② 節槪
**04** ① 풍광 ② 風光 **05** ① 행색 ② 行色 **06** 복원
**07** 공익 **08** 육안 **09** 면종복배 **10** 명약관화 **11** 목불식정

**01** 작품에서 사건과 갈등이 가장 격렬해지고 최고조에 이르는 부분이므로 절정에 해당한다.
**02** 아내의 죽음을 확인한 김 첨지가 독백조로 아내의 죽음을 슬퍼하며 눈물을 흘리는 부분으로, 모든 사건이 해결되고 주인공의 운명이 정해지는 마무리 단계인 결말에 해당한다.

# 12

**STEP 1** **기본 실력 점검하기**

**01** 복합 구성    **02** 역순행적 구성    **03** 액자식 구성    **04** 단일 구성    **05** 뇌리
**06** 도량    **07** 모종    **08** 도모    **09** 실소    **10** 안목
**11** 뒷전    **12** 염치    **13** ② 무위도식    **14** ④ 문경지교

**STEP 5** **실전 문제로 어휘력 완성하기**

**01** 복합 구성    **02** 외화    **03** 내화    **04** 액자식    **05** 역순행적 구성
**06** ① 자각   ② 自覺    **07** ① 개관   ② 開館
**08** ① 뇌리   ② 腦裏    **09** 염치    **10** 실소    **11** 안목
**12** 무소불위    **13** 문전성시    **14** 발본색원

**01** 안수길의 『북간도』는 황무지인 북간도로 이주한 우리 민족의 수난과 항일 투쟁을 그린 작품으로, 여러 인물과 다양한 사건들이 교차되어 전개되는 복합 구성이다.
**02 03, 04** 액자식 구성은 하나의 이야기 속에 또 하나의 이야기가 들어 있는 구성이다. 이야기의 핵심 내용을 가리키는 내부 이야기를 '내화', 이를 둘러싸고 있는 외부 이야기를 '외화'라고 한다.
**05** 사건이 현재에서 과거로, 가까운 과거에서 먼 과거로 시간을 거슬러 올라가 전개되는 구성이 역순행적 구성이다. 인물의 심리를 나타내거나 어느 특정 장면을 강조하고자 할 때 주로 활용된다.

# 13

**STEP 1** **기본 실력 점검하기**

**01** 삽화적 구성    **02** 병렬적 구성    **03** 옴니버스 구성    **04** 피카레스크 구성
**05** 심문    **06** 근절    **07** 극치    **08** 육성    **09** 타지
**10** 오용    **11** 칭호    **12** 막간    **13** ② 백년하청    **14** ② 백중지세

**STEP 5** **실전 문제로 어휘력 완성하기**

**01** 피카레스크 구성    **02** 옴니버스    **03** 삽화식 구성
**04** ① 육성   ② 育成    **05** ① 탐문   ② 探問
**06** ① 동태   ② 動態    **07** 오용    **08** 타지    **09** 칭호
**10** 방약무인    **11** 백절불굴    **12** 부지기수

**01** 조세희의 『난장이가 쏘아올린 작은 공』은 12가지의 작은 이야기들로 구성된 소설로, 어느 한 편만 따로 읽어도 하나의 독립된 단편의 성격을 갖는 피카레스크 구성이다. 모든 이야기가 등장인물과 소재, 주제 면에서 하나의 통일성과 일관성을 유지하고 있다.

**02** 김시습의 『금오신화』는 5개의 단편으로 되어 있는데, 이승과 저승의 세계를 넘나들거나, 과거와 현재의 시간 경계를 무너뜨리면서 현실적인 제도나 관습, 운명 등에 저항하는 인간의 의지를 드러낸다. 이처럼 하나의 주제 아래 다양한 인물들이 등장하여 이야기나 사건을 펼쳐 나가는 구성을 '옴니버스'라고 한다.

**03** 김동리의 『화랑의 후예』에서는 황 진사의 몰염치한 성격을 보여 주기 위해 명약이라 우겨 아침밥을 얻은 이야기, 쓸데없는 책상으로 돈을 우려낸 것, 새해 인사를 드린다며 남의 덕에 설을 지내는 등의 일화를 소개하고 있다. 이처럼 주제와 관련된 일화를 소개하면서 이야기를 전개하는 형식을 '삽화적 구성'이라 한다.

## 14

### STEP 1 기본 실력 점검하기

| | | | | |
|---|---|---|---|---|
| **01** 아이러니 | **02** 모티프 | **03** 플롯 | **04** 스토리 | **05** 추이 |
| **06** 진위 | **07** 파장 | **08** 통념 | **09** 만행 | **10** 지탄 |
| **11** 굉음 | **12** 추론 | **13** ① 분기탱천 | **14** ④ 불치하문 | |

### STEP 5 실전 문제로 어휘력 완성하기

| | | | | |
|---|---|---|---|---|
| **01** 아이러니 | **02** 복선 | **03** 모티프 | **04** ① 파장 ② 波長 | |
| **05** ① 구제 ② 救濟 | | **06** ① 주입 ② 注入 | | **07** 만행 |
| **08** 지탄 | **09** 굉음 | **10** 불철주야 | **11** 사고무친 | **12** 사상누각 |

**01** 땅속에 금이 있다는 친구의 꼬임에 넘어간 영식은 수확을 앞둔 멀쩡한 콩밭을 파헤치게 된다. 금이 나오지 않자 후환이 두려운 친구가 영식 부부에게 황토를 금이라고 거짓말을 하고 도망치려는 부분에서 상황적 아이러니가 드러난다.

**02** 복선은 이후에 일어날 사건을 암시하여 독자들의 흥미를 유발하고, 사건에 필연성 부여하는 역할을 한다. '무시무시한 정적', '바다 같은 정적', '무덤 같은 침묵'은 아내의 죽음을 암시하는 복선이다.

## 15

### STEP 1 기본 실력 점검하기

| | | | | |
|---|---|---|---|---|
| **01** 시간적 배경 | **02** 공간적 | **03** 상황적 | **04** 사회적 | **05** 계책 |
| **06** 소신 | **07** 고갈 | **08** 방류 | **09** 급증 | **10** 빈도 |
| **11** 괄시 | **12** 깜냥 | **13** ② 삼고초려 | **14** ④ 상전벽해 | |

**01** ①　　　**02** 사회적　　　**03** 공간적　　　**04** ① 발상　② 發想

**05** ① 급감　② 急減　　　**06** ① 고갈　② 枯渴　　　**07** 급증

**08** 빈도　　　**09** 괄시　　　**10** 삼순구식　　　**11** 선공후사　　　**12** 수구초심

**01** 이인직의 『혈의 누』의 시작 부분으로 '청일전쟁(1894~1895년)'이라는 시대적 배경과 '평양성의 모란 봉'이라는 공간적 배경이 제시되어 있고, 옥련의 가족이 뿔뿔이 흩어질 것을 암시하고 있다. 이 글에 서는 '신교육 사상과 개화 의식 고취'라는 이 소설의 주제는 드러나지 않는다.

**02** 사회적 배경은 소설 속에 나타난 사회 현실과 역사적 상황을 의미한다. 이 작품에서는 권 씨가 처한 상황은 개인적인 문제에서 비롯된 것이 아니라 '산업화'라는 화려한 국가 발전의 이면에 소외된 이들 에게 가해진 사회적 폭력임을 고발하고 있으므로, 1970년대의 사회적 현실이 작품의 배경이다.

**03** 이효석의 「메밀꽃 필 무렵」의 공간적 배경인 메밀꽃 핀 산길은 낭만적이고 서정적인 분위기를 연출 한다. 또한 '봉평'은 허 생원과 동이 어머니를 만나게 한 곳이면서도 허 생원과 동이를 만나게 한 공 간으로 구성상 중요한 구실을 하고 있다.

# 16

**01** 군담 소설　　　**02** 몽유 소설　　　**03** 성장 소설　　　**04** 여로형 소설　　　**05** 상시

**06** 상설　　　**07** 반목　　　**08** 관망　　　**09** 판독　　　**10** 편법

**11** 허상　　　**12** 낌새　　　**13** ① 수불석권　　　**14** ① 십벌지목

**01** 여로형 소설　　　**02** 몽유 소설　　　**03** 성장　　　**04** ① 관전　② 觀戰

**05** ① 반목　② 反目　　　**06** ① 상책　② 上策　　　**07** 판독

**08** 편법　　　**09** 허상　　　**10** 수주대토　　　**11** 순망치한　　　**12** 아전인수

**01** 등장인물이 머물러 있던 곳을 떠나 다른 곳으로 이동하는 여정이 중심 구조를 이루는 소설을 '여로 형 소설'이라고 한다. 황석영의 「삼포 가는 길」에 나오는 등장인물들은 모두 떠돌이 삶을 사는 사람 들로, 우연히 삼포로 동행하면서 벌어지는 이야기를 담고 있는 여로형 소설이다.

**02** 김만중의 『구운몽』은 남악 형산 육관 대사의 제자 성진이 꿈속에서 양소유로 태어나 여덟 부인을 만 나는 과정에서 다시 꿈을 꾸어 용궁으로 들어가는 '꿈속 꿈'의 구조로 되어 있는 몽유 소설이다.

**03** 성장 소설에서는 아이가 어떤 계기를 통해 자신의 지적·도덕적·정신적 미숙함을 깨닫고 성장을 경 험하는 내용으로 전개된다. 독자는 작품 속 인물의 성장 과정을 지켜보면서, 자신의 삶과 관련지어 스스로 성찰하게 된다.

## 17

STEP 1 **기본 실력 점검하기**

| | | | | |
|---|---|---|---|---|
| **01** 희곡 | **02** 지문 | **03** 해설 | **04** 방백 | **05** 관철 |
| **06** 반증 | **07** 귀결 | **08** 군림 | **09** 관측 | **10** 운치 |
| **11** 궁지 | **12** 극한 | **13** ③ 암중모색 | **14** ① 애이불비 | |

STEP 5 **실전 문제로 어휘력 완성하기**

| | | | | |
|---|---|---|---|---|
| **01** 막 | **02** 해설 | **03** 대화 | **04** 지문 | **05** 방백 |
| **06** ① 고역  ② 苦役 | | **07** ① 관철  ② 貫徹 | | |
| **08** ① 원경  ② 遠景 | | **09** 관측 | **10** 운치 | **11** 극한 |
| **12** 악전고투 | **13** 안분지족 | **14** 양두구육 | | |

## 18

STEP 1 **기본 실력 점검하기**

| | | | | |
|---|---|---|---|---|
| **01** 각설 | **02** 화설 | **03** 희언 | **04** 차시 | **05** 격문 |
| **06** 허언 | **07** 구전 | **08** 담소 | **09** 관행 | **10** 반포 |
| **11** 반출 | **12** 공헌 | **13** 국면 | **14** 귀환 | **15** 덕목 |
| **16** 동조 | **17** ② 안빈낙도 | **18** ④ 언감생심 | | |

STEP 5 **실전 문제로 어휘력 완성하기**

| | | | | |
|---|---|---|---|---|
| **01** 각설 | **02** 차시 | **03** 화설 | **04** 희언 | **05** 허언 |
| **06** 격문 | **07** 행장 | **08** 정표 | **09** ① 반출  ② 搬出 | |
| **10** ① 반포  ② 頒布 | | **11** ① 관행  ② 慣行 | | **12** 기별 |
| **13** 공헌 | **14** 물정 | **15** 어불성설 | **16** 역지사지 | **17** 연목구어 |

## 19

STEP 1 **기본 실력 점검하기**

| | | | | |
|---|---|---|---|---|
| **01** 삼경 | **02** 달포 | **03** 일각 | **04** 해포 | **05** 촌각 |
| **06** 식경 | **07** 파루 | **08** 경각 | **09** 구명 | **10** 시효 |
| **11** 모태 | **12** 규명 | **13** 도용 | **14** 무상 | **15** 편파 |
| **16** 동선 | **17** ② 연하고질 | **18** ③ 와신상담 | | |

## 22

STEP 1 **기본 실력 점검하기**

**01** 적삼  **02** 만석  **03** 도화  **04** 주렴  **05** 화상
**06** 회포  **07** 절행  **08** 만절  **09** 산출  **10** 병행
**11** 변통  **12** 표출  **13** 묘안  **14** 발화  **15** 속물
**16** 허울  **17** ④ 일사불란  **18** ② 일사천리

STEP 5 **실전 문제로 어휘력 완성하기**

**01** 도화  **02** 만석  **03** 절행  **04** 지락  **05** 화상
**06** 회포  **07** 적삼  **08** 주렴  **09** ① 변통  ② 變通
**10** ① 병행  ② 竝行  **11** ① 표출  ② 表出  **12** 발화
**13** 속물  **14** 허울  **15** 이열치열  **16** 일벌백계  **17** 일언반구

## 23

STEP 1 **기본 실력 점검하기**

**01** 비복  **02** 노복  **03** 초동  **04** 시비  **05** 규수
**06** 소저  **07** 소자  **08** 여식  **09** 소양  **10** 전제
**11** 폐단  **12** 상충  **13** 일각  **14** 항거  **15** 호령
**16** 성패  **17** ③ 일자무식  **18** ② 일진일퇴

STEP 5 **실전 문제로 어휘력 완성하기**

**01** 노복  **02** 비복  **03** 초동  **04** 과인  **05** 규수
**06** 여식  **07** 소저  **08** 시비  **09** 소자
**10** ① 상충  ② 相衝  **11** ① 전제  ② 前提
**12** ① 폐단  ② 弊端  **13** 성패  **14** 일가  **15** 수장
**16** 일언지하  **17** 일필휘지  **18** 일희일비

## 24

STEP 1 **기본 실력 점검하기**

**01** 필부  **02** 양주  **03** 절부  **04** 일색  **05** 간관
**06** 관속  **07** 문벌  **08** 공납  **09** 신조  **10** 안위
**11** 의향  **12** 쇄신  **13** 술수  **14** 소견  **15** 심산
**16** 지칭  **17** ① 입추지지  **18** ④ 자승자박

## 27

## 28

## 29

단편 소설은 아이들의 정서와 진솔한 삶을 담은 작품부터 그 시대의 사회상과 삶의 현실이 생생하게 반영된 작품까지 아우르는 문학 작품입니다. 분량은 짧아도 인물, 사건, 배경과 같은 구성 요소와 소설의 짜임을 완벽하게 익힐 수 있습니다. 다양한 문화적 경험을 제공하므로, 단편 소설을 읽으면 인생을 폭넓게 이해하고 삶에 대한 통찰력을 기를 수 있습니다.

## 시대별 주요 단편 소설 읽기

단편 소설을 읽을 때 근대 단편 소설부터 현대 단편 소설까지 시대별로 작품을 읽거나, 작가별로 묶어 읽으면 좋습니다. 읽기 전에 작품 속 배경에 대한 정보를 미리 알아 둔다면 훨씬 깊이 있게 작품을 이해할 수 있습니다. 그 시대의 사회적·정치적 배경을 알고 소설을 읽으면, 그 시대 사람들은 어떻게 살았으며 어떤 상황에서 어떤 마음으로 살았는지 공감하면서 읽을 수 있습니다.

### 개화기 시대 상황과 소설의 특징

갑오개혁(1984)에서 국권피탈(1910)에 이르는 시기를 '개화기'라고 합니다. 이 시기는 서구 열강과 일본, 중국이 한반도에서 치열한 세력 다툼을 벌였던 시대로, 외세의 침탈에 맞서 독립·의병 운동이 거국적으로 일어났습니다. 갑오개혁 이후 보수와 개화 세력의 대립이 심해지고, 일본을 거쳐 유입된 서구의 문화가 하나의 신문학 운동으로 확산되었습니다.

문학적 측면에서는 고전 소설에서 현대 소설로 넘어가는 과도기적 시기였습니다. 근대 지향적 문학이 태동하고, 개화, 계몽, 자주독립, 애국 등이 문학의 중요한 주제로 부상하였습니다. 소설에 현실적 인물을 등장시켜 자주독립, 신교육, 남녀평등 같은 개화사상을 고취하고자 한 것이 특징입니다.

| 작품 | 저자 | 내용 |
|---|---|---|
| 「은세계」 | 이인직 | 지배층의 수탈과 이에 대한 민중의 항거 |
| 「추월색」 | 최찬식 | 봉건적 인습을 타파, 신교육 사상 |
| 「자유종」 | 이해조 | 자주독립, 여권 신장 |
| 「구마검」 | 이해조 | 미신 타파의 사상 |

### 1920년대 시대 상황과 소설의 특징

1919년 3·1 운동 이후 일제의 회유적인 문화 정책으로 인해 문학의 창작과 소통이 활발해졌습니다. 각종 문예 동인지들이 생겨나면서 한국 문학사는 커다란 전환점을 맞게 되었습니다.

이 시기 작품들은 일제 강점기 현실에서 민족의 나아갈 길을 모색하였으며, 개성의 자각을 담고 시대 현실의 어두운 면을 포착한 사실적인 단편 소설이 주류를 이루었습니다. 도시 노동자들과 농민들의 궁핍하고 참혹한 삶을 소재로 한 계급주의 작품들 또한 많이 창작되었습니다.

| 작품 | 저자 | 내용 |
|---|---|---|
| 「배따라기」 | 김동인 | 운명 앞에 선 한 인간의 무력감과 회한 |
| 「만세전」 | 염상섭 | 암담한 현실에 대한 지식인의 고뇌(중편) |

| 「운수 좋은 날」 | 현진건 | 하층민의 궁핍한 삶을 사실적, 반어적으로 표현 |
|---|---|---|
| 「감자」 | 김동인 | 환경으로 인하여 파멸해 가는 인간상 |
| 「화수분」 | 전영택 | 굶어 죽은 어느 부부의 참혹한 실상 |
| 「고향」 | 현진건 | 일제 강점기 우리 민중의 참혹한 생활상 폭로 |

## 1920년대 시대 상황과 소설의 특징

1930년대 일제는 만주 사변(1931)을 신호탄으로 대륙 침략을 본격적으로 시작하였습니다. 한반도를 대륙 침략의 병참기지로 삼으면서 억압과 수탈이 더욱 심해졌습니다. 일제는 국가 총동원령을 내려 강제 징용으로 한국인 노동력을 착취했고, 학도 지원병, 징병제 등으로 수많은 젊은이를 전쟁에 동원하였습니다. 젊은 여성은 물론이고 어린 소녀들까지 '정신대'라는 이름으로 군수 공장에 강제 동원하여 혹사시켰으며, 그중 일부는 '일본군 위안부'라는 명목 아래 성노예로 삼는 만행을 저질렀습니다.

1940년대에는 일제의 군국주의 강화와 태평양 전쟁의 발발로 인해, 우리 문화계가 강한 탄압을 받게 되면서 각종 검열이 강화되었습니다. 아예 우리말을 사용하지 못하게 했기 때문에 우리말로 된 소설은 거의 발표되지 못하였고, 주제 의식이 모호한 농촌 소설, 순수 소설, 역사 소설 몇몇 단편만이 명맥을 유지하였습니다.

| 작품 | 저자 | 내용 |
|---|---|---|
| 「서화(鼠火)」 | 이기영 | 쥐불놀이를 통해 본 황폐한 농촌의 현실 |
| 「달밤」 | 이태준 | 사회에서 소외된 인물에 대한 연민 |
| 「인간문제」 | 강경애 | 일제 강점기 농민과 노동자의 힘든 삶과 투쟁 |
| 「모범 경작생」 | 박영준 | 농촌 현실의 부조리와 가난한 농민들의 저항 |
| 「레디메이드 인생」 | 채만식 | 식민지 현실을 살아가는 지식인의 비애 |
| 「화랑의 후예」 | 김동리 | 과거의 권위에 갇힌 몰락한 양반에 대한 풍자 |
| 「무녀도」 | 김동리 | 무속 신앙과 종교의 갈등으로 인한 혈육 간의 비극 |
| 「금 따는 콩밭」 | 김유정 | 비참한 현실에서 헛된 꿈을 꾸는 인간의 어리석음 |
| 「만무방」 | 김유정 | 식민지 농촌 사회에서 농민들이 겪는 가혹한 현실 |
| 「봄·봄」 | 김유정 | 순박한 데릴사위와 교활한 장인 간의 갈등 |
| 「동백꽃」 | 김유정 | 사춘기 시골 남녀의 풋풋한 사랑 |
| 「사랑손님과 어머니」 | 주요섭 | 봉건적 윤리관과 애틋한 사랑 사이의 갈등 |
| 「날개」 | 이상 | 무력한 삶 속에서 자아를 찾고자 하는 의지 |
| 「메밀꽃 필 무렵」 | 이효석 | 떠돌이 삶의 애환과 육친의 정(情)을 그림 |
| 「복덕방」 | 이태준 | 근대화의 변화 속에서 소외된 세대의 좌절과 비애 |
| 「치숙」 | 채만식 | 일제 강점기에 순응하는 삶에 대한 풍자 |
| 「돌다리」 | 이태준 | 물질만 중시하는 근대적 사고방식에 대한 비판 |
| 「나비를 잡는 아버지」 | 현덕 | 소작인과 마름의 갈등, 아들을 향한 아버지의 사랑 |

## 광복 이후~1950년대 시대 상황과 소설의 특징

광복 이후 6·25 전쟁이 발발하기까지 우리 문학계는 민족 문학 건설에 대한 의견 차이로 좌익과 우익으로 나뉘어 극심한 이데올로기의 갈등을 보였습니다.

문학계에서도 계급 이념을 주도하는 문인들과 민족주의 이념을 내세운 문인들로 양분되었습니다. 이 시기 작품들에는 광복 이후의 사회적 혼란을 다룬 작품들이 많이 나왔습니다.

1950년부터 3년간에 걸친 비극적인 6·25 전쟁과 분단 상황은 문학계에도 큰 영향을 미쳤습니다. 전쟁의 상처를 안고 있는 전후의 사회 현실을 바탕으로, 민족 분단의 비극적 상황, 전후의 가치관 혼란 등을 형상화된 작품들이 많았습니다.

| 작품 | 저자 | 내용 |
| --- | --- | --- |
| 「고무신」 | 오영수 | 엿장수와 식모의 순수하고 애틋한 사랑 |
| 「후조」 | 오영수 | 각박한 현실 속에서도 사라지지 않는 따뜻한 인정 |
| 「독 짓는 늙은이」 | 황순원 | 전통적 가치의 붕괴와 이를 지키려는 노인의 집념 |
| 「이리도」 | 황순원 | 이리의 생존력과 한민족의 생명력을 결부시킨 작품 |
| 「소나기」 | 황순원 | 소년과 소녀의 첫사랑을 서정적으로 그린 작품 |
| 「학」 | 황순원 | 전쟁의 이념을 넘어서는 우정과 인간애의 회복 |
| 「너와 나만의 시간」 | 황순원 | 전쟁의 극한 상황 속에서 발휘되는 삶의 의지 |
| 「오 분간」 | 김성한 | 인간 사회의 부조리 고발하고 인간의 근원을 해명 |
| 「유예」 | 오상원 | 전쟁 속에서 죽을 수밖에 없는 인간 실존의 문제 |
| 「탈향」 | 이호철 | 전쟁으로 고향을 버리고 월남한 실향민들의 애환 |
| 「나상」 | 이호철 | 극한 상황에서 모색하는 올바른 삶의 방향 |
| 「모반」 | 오상원 | 정치적·사회적 혼란 속에서의 인간성 회복 |
| 「비 오는 날」 | 손창섭 | 전쟁 직후의 비참하고 절망적인 삶 |
| 「잉여인간」 | 손창섭 | 전쟁 직후의 혼란스러운 사회와 인간 소외 |
| 「오발탄」 | 이범선 | 전후 부조리한 사회 속 소시민들의 삶과 비애 |
| 「흰 종이수염」 | 하근찬 | 전쟁 직후의 고달픈 삶과 이를 극복하려는 의지 |
| 「수난 이대」 | 하근찬 | 민족의 수난과 그에 대한 극복 의지 |

## 1960~1970년대 시대 상황과 소설의 특징

1960년대와 1970년대는 급속한 산업화로 농어촌 공동체의 해체와 도시 인구의 급증에 따른 농촌 문제, 도시 빈민 문제, 노동 문제 등이 발생했습니다.

이전의 전후 소설과는 달리 분단의 원인과 치유 방안에 대한 새로운 인식을 형상화하였습니다. 작품 속에서 민족의 분단이 현재의 삶에 얼마나 큰 상처로 남아 있는가를 날카롭게 제시했습니다. 또한 인간의 기본 권리와 자유를 구속하는 것에 대해 비판하는 작품들도 나왔습니다.

| 작품 | 저자 | 내용 |
| --- | --- | --- |
| 「젊은 느티나무」 | 강신재 | 현실의 굴레를 극복한 순수한 남녀의 사랑 |
| 「꺼삐딴 리」 | 전광용 | 사회 지도층의 반민족적 행태를 비판하고 풍자 |
| 「동행」 | 전상국 | 분단이 남긴 아픔과 그것을 치유하는 인간애 |
| 「전쟁과 다람쥐」 | 이동하 | 생명을 하찮게 만드는 전쟁의 폭력성 |
| 「큰 산」 | 이호철 | 현대인들의 이기적인 태도에 대한 비판 |
| 「산거족」 | 김정한 | 가난한 사람들의 애환과 노력 |
| 「타인의 방」 | 최인호 | 자기 정체성을 상실한 현대인의 소외 의식 |
| 「삼포 가는 길」 | 황석영 | 산업화 과정에서 소외된 하층민들의 삶과 연대 |
| 「겨울 나들이」 | 박완서 | 가족 간의 사랑을 통한 분단의 아픔 극복 |
| 「노새 두 마리」 | 최일남 | 급변하는 시대에 적응하지 못하는 서민의 삶 |
| 「뫼비우스의 띠」 | 조세희 | 도시 빈민 계층의 좌절과 고통 |
| 「전차 구경」 | 하근찬 | 시대의 변화에 대한 노인의 감회와 세대교체 |

| 「무진기행」 | 김승옥 | 일상을 벗어나고 싶어 하는 현대인의 심리 |
|---|---|---|
| 「서울, 1964년 겨울」 | 김승옥 | 도시인들의 방황과 분열로 인한 절망 |
| 「우리 동네 황 씨」 | 이문구 | 농촌의 공동체 의식 상실과 회복 |
| 「눈길」 | 이청준 | 어머니의 무한한 사랑과 화해 |
| 「잔인한 도시」 | 이청준 | 폭력적인 세계에 대한 부정과 현대인의 소외 |
| 「기억 속의 들꽃」 | 윤흥길 | 전쟁의 참혹함과 인간성 상실 |
| 「땡감」 | 윤흥길 | 가난 때문에 도둑질을 하게 되는 비극적인 현실 |
| 「옥상의 민들레꽃」 | 박완서 | 물질만능주의에 대한 반성과 인간성 회복 |
| 「중국인 거리」 | 오정희 | 중국인 거리를 배경으로 한 아이의 성장 |

## 1980년대 시대 상황과 소설의 특징

1980년대는 5·18 광주 민주화 운동을 계기로 민주화에 대한 열망이 커졌고, 자본가와 노동자, 반공 사상, 남녀평등 등의 문제들이 제기되어 정치적으로나 사회적으로 큰 변화의 시기였습니다. 소시민들의 삶과 정서를 담은 작품들이 창작되었습니다.

| 작품 | 저자 | 내용 |
|---|---|---|
| 「유년의 뜰」 | 오정희 | 전쟁으로 인한 혼란과 가족의 해체 |
| 「모든 별들은 음악 소리를 낸다」 | 윤후명 | 모든 인간이 지닌 고유한 가치에 대한 깨달음 |
| 「사평역」 | 임철우 | 산업화에 대한 비판과 삶의 성찰 |
| 「어린 왕자」 | 조세희 | 억압당하는 현실과 작가의 고뇌 |
| 「아버지의 땅」 | 임철우 | 이념 대립이 가져온 아픔과 화해 |
| 「신열」 | 현길언 | 역사적 진실을 왜곡하는 사회 비판 |
| 「비 오는 날이면 가리봉동에 가야 한다」 | 양귀자 | 변두리에 사는 소외된 사람들의 갈등과 화해 |
| 「원미동 시인」 | 양귀자 | 이기적인 생활에 대한 비판과 인간애에 대한 향수 |
| 「일용할 양식」 | 양귀자 | 소시민들의 일상과 이웃 간의 갈등, 화해 |
| 「한계령」 | 양귀자 | 현대 사회에서 소외된 소시민의 삶과 소박한 꿈 |
| 「흐르는 북」 | 최일남 | 예술과 삶에 대한 세대 간의 갈등과 화해 |
| 「육촌 형」 | 이현주 | 분단의 아픔과 화해 |

## 1990년대 시대 상황과 소설의 특징

1990년대 들어서는 민주적인 정권 교체를 이루었고, 문민정부의 시작과 함께 대중문화의 황금기가 시작되었습니다. 정치적 이념 대신 문화와 개성을 중시하게 되었으며, 무한 경쟁 시대에 돌입했고, 개인주의가 강화되었습니다. 시대적 문제에서 점차 일상적인 삶의 문제들과 개인의 내면과 개성을 다룬 작품들이 창작되었습니다.

| 작품 | 저자 | 내용 |
|---|---|---|
| 「은어 낚시 통신」 | 윤대녕 | 건조한 일상에서 벗어나고 싶은 현대인의 갈망 |
| 「댈러웨이의 창」 | 박성원 | 진실과 거짓에서 방황하는 현대인의 삶 |
| 「아내의 상자」 | 은희경 | 현대인의 존재론적 비극과 아픔 |
| 「염소를 모는 여자」 | 전경린 | 억압된 삶을 벗어나 자기 정체성을 찾기 |
| 「곰팡이꽃」 | 하성란 | 쓰레기에 진실이 있다고 믿는 남자의 이야기 |